金石文獻叢刊

曝書亭金石文字跋尾

〔清〕朱彝尊 撰

鐵橋金石跋

〔清〕嚴可均 撰

古墨齋金石跋

〔清〕趙紹祖 撰

上海古籍出版社

圖書在版編目（CIP）數據

曝書亭金石文字跋尾 /（清）朱彝尊撰 . 鐵橋金石跋 /（清）嚴可均撰 . 古墨齋金石跋 /（清）趙紹祖撰 . 一 上海：上海古籍出版社，2020.5
（金石文獻叢刊）
ISBN 978－7－5325－9534－1

Ⅰ . ①曝… ②鐵… ③古… Ⅱ . ①朱… ②嚴… ③趙… Ⅲ . ①金石學—中國—清代 Ⅳ . ① K877.24

中國版本圖書館 CIP 數據核字（2020）第 055931 號

金石文獻叢刊

曝書亭金石文字跋尾　鐵橋金石跋　古墨齋金石跋

［清］朱彝尊　嚴可均　趙紹祖　撰
上海古籍出版社出版發行
（上海瑞金二路 272 號　郵政編碼 200020）
（1）網址：www.guji.com.cn
（2）E-mail：guji1@guji.com.cn
（3）易文網網址：www.ewen.co
浙江新華數碼印務有限公司印刷
開本 890×1240　1/32　印張 23.625　插頁 5
2020 年 5 月第 1 版　2020 年 5 月第 1 次印刷
ISBN 978－7－5325－9534－1
K・2806　定價：118.00 元

出版説明

金文石刻作爲一種特殊的文獻形式，負載着中國古代文明的大量信息，是珍貴的文化遺産，其相關研究具有重要文化價值與傳承意義。金石專門研究興起於宋，而在清代達到鼎盛，名家迭出，先後撰寫了一批高水平的研究專著，其成果對於今天我們的歷史學、文學、文字學、考古學、古文獻學、古器物鑒定學、書法篆刻學等研究具有重要的參考價值。有鑒於此，本社特推出《金石文獻叢刊》，彙聚兩宋以降金石學重要著作，以期助益於相關研究。

本書爲《金石文獻叢刊》之一，收録文獻三種，分别爲：清朱彝尊撰《曝書亭金石文字跋尾》，以光緒十六年新會劉氏藏修書屋刻本爲底本影印；清嚴可均撰《鐵橋金石跋》、清趙紹祖撰《古墨齋金石跋》，以光緒間貴池劉氏《聚學軒叢書》本爲底本影印。

上海古籍出版社　二〇二〇年四月

石刻文獻歷代研究述要（代序）

陳尚君

「人生忽如寄，壽無金石固。」古人感到生命短暫，常將重要的事件、著作和死者的生平銘諸金石，形成豐富的金石文獻。一般來説，金銀器上的銘文均較簡短，銅器銘文盛於商周時期，漢以後可資研究的僅有銅鏡銘文等。石刻文獻則興於漢，盛於唐，歷宋、元、明、清而不衰，存世文獻爲數極巨，爲研究古代歷史文化提供了大量記載，也爲研究古典文學者所寶重。

一、古代石刻的分類

古代石刻品類衆多，舉其大端，可分以下幾類：

一、墓志銘。多爲正方形石刻，置於死者墓穴中，記載死者生平事蹟。始於漢，盛於北朝和隋唐時期，宋以後仍相沿成習。南朝禁止埋銘，故甚罕見。近代以來，出土尤多。因深埋地下，所存文字多清晰而完整。

二、墓碑。也稱神道碑，是置於墓道前記載死者生平事蹟的長方形巨大石碑。舊時王公大臣方得立碑記德，故所載多爲歷史上有影響的人物。因其突立於地表，歷經日曬雨淋，人爲破壞，石刻多斷裂殘壞，磨蝕漫漶，不易卒讀。

三、刻經。可分儒、釋兩大類。儒家經典的刊刻多由官方主持，爲士人提供準確可信的經典文本。歷史上有七次大規模的刻經，即東漢熹平間、曹魏正始間、唐開成間、後蜀廣政間、北宋嘉祐間、南宋紹興間、清乾隆間。今僅開成、乾隆石經保存完整，其餘僅存殘石。佛教刻經又可分爲兩類：一類是僧人恐遭逢法難，經籍失傳，因而刻石收存，以備不虞。最著名的是房山石經，始於隋，歷唐、遼、金、元而不衰，現存有一萬五千多石。二是刻經以求福祐，如唐代經幢刻《尊勝陀羅尼經》，爲一時風氣。

四、造像記。佛教最多，道教稍少。受佛教浄土宗佛陀信仰的影響，信佛的士庶僧人多喜造佛像以積功德，大者連山開龕，小者可握於掌間。造像記記載造像緣由，一般均較簡短，僅記時間、像主姓名及所求之福祐庇蔭，文辭多較程式，可藉以瞭解風俗世情，有文學價值的很少。

五、題名。即是古人「到此一游」的記録。多存於山川名勝，多出於名臣、文士之手，雖較簡短，於考事究文，彌足珍貴。如長安慈恩寺題名：「韓愈退之、李翺翔之、孟郊東野、柳宗元子厚、石洪濬川同。」鍾山題名：「乾道乙酉七月四日，笠澤陸務觀，冒大雨，獨游定林。」均至簡，前者可考知韓、柳交游之始，知李翺另一表字，後者可見詩人陸游之風神。

六、詩詞。唐以前僅一二見，以雲峰山鄭道昭詩刻最著名。唐代始盛，宋以後尤多。詩詞刻石以摩崖和詩碑兩種形式爲多見。許多重要作家都有石刻詩詞留存。

七、雜刻。指上述六類以外的各種石刻。凡建橋立廟、興學建祠、勸善頌德、序事記游等，皆可立石以記，所涉範圍至廣。

此外，還有石刻叢帖，爲彙聚名家法書上石，供人觀賞臨習，其文獻價值與上述各種石刻有所不同，兹不贅述。

二、從石刻到拓本、帖本

石刻爲古人當時所刻，所記爲當時事，史料價值很高；所録文章亦得存原貌，不似刊本之迭經傳刻，多魚魯亥豕之誤，故前代學者考史論文，尤重石刻。然而石刻或依山摩崖，遠處荒山僻野，或形制巨大，散在各地，即便最優秀的金石學家，也不可能全部親見原石。學者援據，主要是石刻拓本。

拓本是由拓工將宣紙受濕後，蒙於碑刻之上，加以捶椎，使宣紙呈凹凸狀，再蘸墨拓成。同一石刻之拓本，因傳拓時間之早晚及拓技之精粗，常有很大不同。一般來説，早期拓本因石刻保存完好，文字存留較多，晚近所拓，則因石刻剥蝕，存字較少。如昭陵諸碑，今存碑石存字已無多，遠不及《金石萃編》之録文，而羅振玉《昭陵碑録》據早期精拓録文，録文得增多於《金石萃編》。即使同一時期所拓，也常因拓工之拓技與態度而有所不同。如永州浯溪所存唐李諒《湘中紀行》詩，王昶據書賈售拓録入《金石萃編》，有十餘處缺文訛誤；稍後瞿中溶親至浯溪，督工精拓，乃精好無損（詳《古泉山館金石文編》卷三）。至於帖賈爲牟利而或草率摩拓，或僅拓一部分，甚或竄改文字，以唐宋冒魏晋，則更等而下之了。

拓本均存碑石原狀，大者可長丈餘，寬數尺，鋪展盈屋，不便研習。舊時藏家爲便臨習，將拓本逐行剪開，重加裱帖，裝成册頁，成爲帖本。帖本經剪接重拼，便於閲讀臨摹，已不存原碑形貌。在拼帖時，遇原拓空缺或殘損處，常剪去不取，以致帖本文字常不可卒讀。原石、原拓失傳，僅靠拓本保存至今的石刻文獻，不是太多，較著名的有唐代崔鉉撰文而由柳公權書寫的《神策軍碑》。唐初著名的《信行禪師碑》，因剪棄較多，通篇難以卒讀。

現存最早的石刻拓本，大約是見於敦煌遺書中的唐太宗《温泉銘》和歐陽詢《化度寺碑》。宋以後各種善拓、精拓本，因流布不廣，傳本又少，藏家視同拱璧，書賈索價高昂。近現代影印技術普及，使碑帖得以大批刊布，許多稀見的拓本，得以大批縮印彙編出版，給學者極大方便。影響較大者有《漢魏南北朝墓志集釋》（趙萬里編，科學出版社一九五三年版）、《千唐志齋藏志》（張鈁藏，文物出版社一九八五年版）、《曲石精廬藏唐墓志》（李希泌藏，齊魯書社一九八七年版）、《北京圖書館藏歷代石刻拓本彙編》（中州古籍出版社一九八八年版）、《隋唐五代墓志彙編》（天津古籍書店一九九一年版）。重要的石刻拓本，在上述諸書中均能找到。

三、宋代的石刻研究及重要著作

南北朝至唐代，已有學者注意記載碑刻，據以訂史證文，但有系統地加以搜集研究，使之成爲專學，則始於宋代。首倡者爲北宋文學宗匠歐陽修。

歐陽修自宋仁宗慶曆五年（一〇四五）開始裒聚金石拓本，歷十八年，「集録三代以來遺文一千卷」（《六一居士傳》），編爲《集古録》，其中秦漢至唐五代的石刻約占全書的十之九五。參政之暇，歐陽修爲其中三百八十多篇碑銘寫了跋尾，對石刻文獻的史料價值作了全面的闡釋。其大端爲：一、可見政事之修廢；二、可訂史書之闕失；三、可觀書體之妍醜；四、可見文風之轉變；五、可訂詩文傳本之訛誤；六、可據以輯録遺文。這些見解，可説爲後代金石學的研究奠定了基礎。録一則如下：

右《德州長壽寺舍利碑》，不著書撰人名氏。碑，武德中建，而所述乃隋事也。其事蹟文辭皆無取，獨録其書爾。余屢歎文章至陳、隋不勝其弊，而怪唐家能臻致治之盛，而不能遽革文弊，以謂積習成俗，難於驟變。及讀斯碑有云：「浮雲共嶺松張蓋，明月與巖桂分叢。」乃知王勃云：「落霞與孤鶩齊飛，秋水共長天一色。」當時士無賢愚，以爲警絶，豈非其餘習乎！

《集古録》原書已不傳。歐陽修的題跋編爲《集古録跋尾》十卷，收入其文集，單行本或題《六一題跋》。其子歐陽棐有《集古録目》，爲逐卷撰寫提要，原書久佚，今存清人黄本驥和繆荃蓀的兩種輯本。

北宋末趙明誠輯《金石録》三十卷，沿歐陽修之舊規而有出藍之色。明誠出身顯宦，又得賢妻之助，窮二十年之力，所得達二千卷之富，倍於歐陽修所藏。其書前十卷爲目録，逐篇著録二千卷金石拓本之篇題、撰書者姓名及年月，其中唐以前五百餘品，其餘均爲唐代石刻。後二十卷爲明誠所撰題跋，凡五百零二篇。趙跋不同於歐陽修之好發議論，更注重於考訂史實，糾正前賢和典籍中的誤説，録存重要史料，考訂也更爲細密周詳。

南宋治石刻學者甚衆，如《京兆金石録》《復齋碑録》《天下碑録》《諸道石刻録》

等，頗具規模，惜均不存。存世者以下列諸書最爲重要。

洪适《隸釋》二十七卷、《隸續》二十一卷，前者録漢魏碑碣一百八十九種，後者已殘，尚存録一百二十餘品。二書均全録碑碣文字，加以考釋，保存了大量漢代文獻，許多碑文僅賴此二書以存。

陳思《寶刻叢編》二十卷，傳本缺三卷。此書彙録兩宋十餘家石刻專書，分地域著録石刻，附存題跋，保存史料十分豐富。

佚名《寶刻類編》八卷，清人輯自《永樂大典》。此書以時代爲序，以書篆者立目，記録石刻篇名、作者、年代及所在地，間存他書不見之石刻。

另鄭樵《通志》中有《金石略》一卷，王象之《輿地紀勝》於每一州府下均有《碑記》一門，也有大量珍貴的記録。後者明人曾輯出單行，題作《輿地碑記目》。

宋人去唐未遠，搜羅又勤，所得漢唐石刻見於上述各書記載的約有四五千品。歐、趙諸人已有聚之難而散之易之感歎，趙明誠當南奔之際仍盡攜而行，但除漢碑文字因洪适輯録而得保存較多外，唐人石刻存留到後世的僅約十之二三，十之七八已失傳。幸賴上述諸書的記載，使今人能略知其一二，其中有裨文學研究的記載至爲豐富。如唐末詞人温庭筠的卒年，史書不載。《寶刻類編》載有：「《唐國子助教温庭筠墓》，弟庭皓撰，咸通七年。」因可據以論定。再如盛唐文學家李邕，當時極負文名，《全唐文》録其文僅五十餘篇。據上述宋人記載，可考知其所撰文三十餘篇之篇名及梗概，對研究其一生的文學活動十分重要。

四、清代的石刻研究及重要著作

元、明兩代是石刻研究的中衰時期，可稱者僅有三五種：陶宗儀輯《古刻叢鈔》僅録所見，篇幅不大；都穆《金薤琳琅》，録存漢唐石刻五十多種；趙崡《石墨鐫華》存二百五十多種石刻題跋，「多歐、趙所未收者」（《四庫提要》）。

清代經史之學發達，石刻研究也盛極一時。清初重要的著作有顧炎武《金石文字記》、葉奕苞《金石録補》、朱彝尊《金石文字跋尾》。三書雖仍沿歐、趙舊規，但所録多前人未經見者，考訂亦時有創獲。至乾隆間，因樸學之興，學者日益重視石刻文獻，史學大家如錢大昕、阮元、畢沅等均有石刻研究專著。全録石刻文字的專著也日見刊布，自乾隆後期至嘉慶初的十多年間，即有翁方綱《兩漢金石記》《粵東金石略》、吴玉搢《金石存》、趙紹祖《金石文鈔》《續鈔》等十餘種專著行世。在這種風氣下，王昶於嘉慶十年（一八〇五）編成堪稱清代金石學集大成的著作《金石萃編》一百六十卷。

王昶自稱有感於洪适、都穆、吴玉搢三書存文太少，「愛博者頗以爲憾」，自弱冠之年起,「前後垂五十年」,始得成編。其書兼載金、石,但録自器銘者僅當全書百之二三,其餘均爲石刻。所録始於周宣王時的《石鼓文》,迄於金代,凡一千五百多種。其中漢代十八卷,魏晋南北朝十五卷,隋代三卷,唐五代八十二卷,宋代三十卷,遼金七卷。各種石刻無論完殘,均照録原文,務求忠實準確。遇有篆、隸字體,或照録原字形。原石殘缺之處,或以方框標識,或備記所缺字數,遇殘字也予保存。又備載「碑制之長短寬博」和「行字之數」,「使讀者一展卷而宛見古物焉」(引文均見《金石萃編序》)。同時,王昶又廣搜宋代以來學者的著録題跋,附載於各石刻録文之次,其本人也逐篇撰寫考按,附於篇末。《金石萃編》搜羅廣博,録文忠實,附存文獻豐富,代表了乾嘉時期石刻研究的最高水平。

王昶以個人力量廣搜石刻,難免有所遺漏,其録文多據得見之拓本,未必盡善。其書刊布後,大受學界歡迎,爲其續補訂正之著,也陸續行世,較重要的有陸耀遹《金石續編》二十一卷、王言《金石萃編補遺》二卷等。至光緒初年,陸增祥撰成《八瓊室金石補正》一百三十卷,規模與學術質量均堪與王書齊駕。陸書體例多沿王書,凡王書已録之石刻,不復重録。王書録文不全或有誤者,陸氏援據善拓,加以補訂,一般僅録補文。這部分份量較大,因陸氏多見善拓,録文精審,對王書的糾訂多可信從。此外,陸書補録王書未收的石刻也多達二千餘通。

清代學者肆力於地方石刻的搜録整理，也有可觀的成績。録一省石刻而爲世所稱者，有阮元《山左金石志》二十四卷（山東）、《兩浙金石志》十八卷（浙江）、謝啓崑《粤西金石略》十五卷（廣西）、胡聘之《山右石刻叢編》四十卷（山西）、劉喜海《金石苑》六卷（四川）等。録一州一縣石刻而重要者有武億《安陽縣金石録》十二卷、沈濤《常山貞石志》二十四卷、陸心源《吴興金石記》十六卷等。

五、近現代的石刻文獻要籍

近代以來，因學術風氣的轉變，漢唐石刻研究不及清代之盛。由於各地大規模的基建工程和現代科學田野考古的實施，地下出土石刻的總數已大大超越清代以前八百年間發現的石刻數量。大批石刻得以彙集出版，給學者以方便。

端方《匋齋藏石記》四十四卷，是清季最有份量的專著。端方其人雖多有争議，但該書收羅宏富，題跋又多出李詳、繆荃蓀等名家之手，頗多精見。另一位大節可議的學者羅振玉，於古代文獻的搜集刊布尤多建樹。其石刻方面的專著多達二十餘種，《昭陵碑録》和《冢墓遺文》（包括《芒洛》《廣陵》《東都》《山左》《襄陽》等十多種）以録文精確、收羅宏富而爲世所稱。

二十世紀三十年代，由於隴海路的施工，洛陽北邙一帶出土魏、唐墓志尤衆。其大宗石刻分别爲于右任鴛鴦七志齋、張鈁千唐志齋和李根源曲石精廬收存。于氏所收以北魏志石爲主，今存西安碑林，張、李以唐代爲主。其中張氏所得達一千二百多方，原石存其故里河南新安鐵門鎮，民國間曾以拓本售於各高校及研究機構，近年已影印行世。其中對唐代文學研究有關係者頗衆。曲石所得僅九十多方，但多精品，王之涣墓志最爲著名，今存南京博物院。

民國間由於各省組織學者編纂省志，也連帶完成了一批石刻專著。其中曾單獨刊行而流通較廣者，有《江蘇金石志》二十四卷、《陝西金石志》三十二卷、《安徽通志金石古物考稿》十六卷，頗多可觀。

二十世纪五十年代，趙萬里輯《漢魏南北朝墓志集釋》，收漢至隋代墓志六百五十九方，均據善拓影印，又附歷代學者對這些墓志的考釋文字，編纂方法上較前人所著有很大進步，是研究唐前歷史、文學的重要參考書。

二十世紀最後二十年間，學術研究空前繁榮，前述自宋以降的許多著作都曾影印或整理出版。今人纂輯的著作，以下列幾種最爲重要。

《北京圖書館藏歷代石刻拓本彙編》，收録了北圖五十年代以前入藏的所有石刻拓本，全部影印，甚便讀者。不足處是一些大碑拓本縮印後，文字多不易辨識。

陳垣《道家金石略》，收録漢至元代與道教有關的石刻文字，於宋元道教研究尤爲有用。

周紹良主編《唐代墓志彙編》及《續集》，收録一九九九年以前出土或發表的唐代墓志逾五千方，其中四分之三爲《全唐文》等書所失收，可視作唐文的補編。

趙超編《漢魏南北朝墓志彙編》，據前述趙萬里書録文，但不收隋志，補收了一九八六年以前的大量新出石刻。

《隋唐五代墓志彙編》，據出土地區影印墓志拓本約五千方，以洛陽爲最多，約占全書之半，陝西、河南、山西、北京等地次之。其中包括了大批近四十年間新出土的墓志，不見於上述各書者逾一千五百方。

進入新世紀，石刻文獻研究成爲中古文史研究之顯學，更多學者關注石刻之當時書寫與私人書寫之特殊價值，成爲敦煌文獻研究以後有一學術熱點。同時，新見文獻尤以墓志爲大宗，每年的刊布數也以幾百至上千方的數量增長。其中最重要的，一是《新中國出土墓志》，已出版十多輯，爲會聚各地文物部門所藏者爲主；二是《大唐西市博物館藏唐墓志》，所收皆館藏，整理則延請史學界學者；三是《长安高陽原新出土隋唐墓志》，將考古報告與新見墓志結合，最見嚴謹。其他搜輯石刻或拓本的尚有十多家，所得豐富則可提到趙君平的《秦晉豫新發現墓志搜逸》三編，毛陽光的《洛陽新見流散墓志彙編》，以及齊運通洛陽九朝石刻博物館編的幾種專書。還應説到的是，日本學者氣賀澤保規編《唐代墓志所在總合目録》，不到二十年已經出版四版，爲唐代墓志利用提供極大的方便。陝西社科院古籍所編《全唐文補遺》十册，所據主要是石刻，校點尚屬認真。

上海古籍出版社編刊《金石文獻叢刊》，主要收録宋、清兩代有關金石學的基本著作，本文前所介紹諸書，大多得以收録。如王昶《金石萃編》，將清後期的幾種補訂專書彙集在一起，陸增祥《八瓊石金石補正》之正續編合爲一帙，也便於讀者全面瞭解這位傑出金石學家的整體成就。書將付刊，胡文波君囑序於我，是不能辭。然時疫方熾，出行不便，未能通讀全編，率爾操觚，總難塞責。乃思此編爲彙聚宋、清兩代金石學之菁華，爲滿足當代以中古文史學者爲主之石刻文獻研究之急需，或可將二十四年前爲當時還是江蘇古籍出版社的《古典文學知識》所撰小文《石刻文獻述要》稍作潤飾增補，用爲代序，敬請方家諒宥。

目録

曝書亭金石文字跋尾卷四

鐵橋金石跋

古墨齋金石跋

古墨齋金石跋卷五

曝書亭金石文字跋尾

金石文字跋尾

張文翰題

金石文字跋尾序

金石家之見重於世也豈僅足以見古蹟之存亡攷字學之源流已哉彼前喆之究心於此實與經學諸儒之剖析微文攷證墜簡相等者將藉以徵文攷獻舉凡氏族所繫功績所存以及官職之異同爵秩之遷轉於諸史志傳所載有可攷證其得失訂正其謬訛正不特其文之引用經傳爲說經家所取資也吾郡竹垞先生擘經攷古爲當世推重其於金石之品題祇緒餘耳然而鑒賞之精攷訂之碻亦足以見其

淵博爲獨絶矣念自亭林顧先生肈究於此其所箸金石文字記採輯至廣至先生而視亭林爲尤精當其時吾郡收藏之富甲於東南若項氏天籟閣李氏六硯齋以及曹氏倦圃菁英所聚稍稍流散先生或得而藏之或觀而識之其聞見之廣尤足以供審核肈辨者以故先生所箸曾有吉金貞石志一書逮編定全集并入諸題跋於其中不復别爲成書厥後繼先生而起者嘉定錢先生研精於是其所以取證乎經史者益精覈蓋踵於後者固不易而發於前者爲

光難耳今朱君懋之於亭林箸述已重爲刋行至竹汀諸書亦有重刻惟竹垞先生所箸未有取金石題跋單行之者因就其集中掇取之爲書六卷世之攷訂金石文字者獲據爲辨證之資夫豈徒小補之哉刻既成屬序於余辭不獲已乃竊陳其管見如是

光緒乙酉歲小春月鄉後學陳其榮謹序

金石文字跋尾目録

第一卷

第二卷

第三卷

第四卷

第五卷

第六卷

金石文字跋尾目錄終

金石文字跋尾卷一

秀水朱彝尊著

商祖丁爵銘跋

右爵一銘二字曰祖丁在右柱外薛紹彭曰祖丁者商十四君祖辛之子也內有文作弓形中包六字不可辨識山陽張弨曰此商之酒器蓋射者必繼以飲詩言發彼有的以祈爾爵是也爵今存弨家弨字力臣精六書貧而嗜古賓至繞席皆尊彝敦卣之屬昔歐陽子撰集古錄藉劉仲原父楊南仲諸子釋文自

力臣歿後雖有奇字爲余釋其文者寡矣

商父己敦銘跋

父己敦一上圜下方崇一尺五寸脣廣四尺底二尺八寸腹受五升舟五尺四寸其文雲靁其耳饕餮銘二字在腹蓋商器也商人尚質作祭器以薦祖考猶以父稱故鼎有父甲父乙父丁父己父辛父癸尊有父乙父丁父己父癸彝有父甲父乙父丙父丁父己父辛父癸卣有父乙父丙父丁父己父辛父癸爵有父乙父丁父戊父己父庚父壬父癸觚有父乙父庚

觶有父己父辛斝有父丁甗有父乙父己鬲有父己
盉有父丁父癸舉有父己父辛盤有父辛匜有父癸
然則敦以父己名固其宜已不惟是也有以祖名者
尊之祖丁祖戊卣之祖乙祖丁祖庚祖辛爵之祖丙
祖丁觚之祖丁甗之祖己匜之祖戊是也有以母名
者卣與鬲之母乙是也他如世母辛兄丁兄癸婦庚
子乙女乙孫己名得通於下銘辭不若周人之煩取
足以紀行次而已歲在上章執徐春觀于王公子士
駿書齋椎拓而還裝界于冊

宋拓鐘鼎款識跋

宋紹興中秦相當國其子熺伯陽居賜第十九年日治書畫碑刻是冊殆其所集如楚公鐘師旦鼎皆一德格天閣中物也餘或得之畢少董或得之朱希眞或得之曾大中蓋希眞晚爲伯陽客而少董時視盱眙榷場因摹款識十五種標以青箋未書良史拜呈以納伯陽至今裝池冊內秦氏既敗冊歸王厚之每款鈐以復齋珍玩厚之私印且爲釋文疏其藏弆之所後轉入趙子昂家子昂復用大雅印鈐兼書薛氏

攷證于後于時錢德平柯敬仲王叔明陳惟寅均有賞鑒私印隆慶六年項子京獲之尋歸倦圃曹先生康熙戊申先生出示予予愛玩不忍釋手先生屬予跋之未果也辛酉冬予留吳下先生寓書及册復命予跋予仍不果改歲乃封完寄焉先生既逝所收書畫多散失久之是册竟歸于予藏篋中十載宗人寒中嗜古見而愛玩之猶予之曩日也因以畀之每歎書畫金石文銘心絕品恆納諸炙手可熱之人若秦會之賈師憲嚴惟中物之尤者悉歸焉然千人所指

其亡也可立而待曾不若山林寂寞之鄉儲藏可久則予託之寔中庶其守而勿失也夫冊中所拓鐘七鼎二十有一㱃二爵六鬲四卣九敦四簠一甗二壺二刀一盤二鐙一尺一漢器一中有樂次新手跋及書林羲叟公輔諸圖記

周鼎銘跋

右周鼎銘一新城王吏部子底見之焦山佛寺中俾程處士穆倩讀之其文可辨識者七十有八字存其疑者八字不可識者七字吏部爲長歌述之其弟禮

部貽上和焉而摹其文授予二君者可謂好古之士矣昔歐陽永叔得古器銘必屬楊南仲釋其字南仲之言曰古文自漢世知者已希賈逵許慎輩多無其說而蔡君謨亦曰古之篆字或多或省或移之左右上下惟其意之所欲甚哉辨識之難也鼎銘詞曰惠敢對揚天子丕顯敷休其人莫考曰王格于周曰司徒南仲殆周初器也其曰立中庭按毛伯敦銘文亦有之薛尚功釋爲立而楊氏謂古立位同字古文春秋書公卽位爲公卽立則是銘曰立亦當作位穆倩

定爲立從薛氏讀也古之勳在王室者既受之冊歸必銘其器論撰其祖父之德善功烈以明示後世如申伯召虎韓侯文侯錫予之盛詩書所載僅千百之一二而銘諸器者無窮蓋不特鼊盉医医敦卣爲然舉凡鋒矛刀劍莫不有銘自秦銷金咸陽厲禁所至爲段冶改煎殆不可勝數世徒懲秦燔詩書之禍不知銷金爲禍之益烈也嗚呼三代之文自九經而外其得見于今者希矣顧神物顯晦或有時復出惜乎又委之荒山梵宇中莫之寶惜徒令好古君子摩挲

歎息之不已也鼎崇尺有三寸腹深八寸脣廣一尺四寸其耳三寸禮部語予云

周司成頌寶尊壺銘跋

右周司成頌寶尊壺注以酒容一斛項腹均有銘按其文一百五十字可辨識者維三年五月既死魄甲戌王在周康卲宮旦王格太室卽位宰弘右頌入門立中庭尹氏受王命書王呼史虢口冊命頌王曰頌命汝官司成賜汝玄衣鳥帶赤芾朱黃鑾旂鋚勒用事頌拜稽首敢對揚天子丕顯口休用作朕皇考龔

叔寶尊壺用追孝蘄吉康頌其萬年眉壽口臣天子令終子子孫孫寶用此其大畧也攷周轍末東王宮名著于載紀者不聞有康邵宮惟郝敦載吕大臨考古圖有王在周邵宮之文薛尚功釋邵作昭蓋惑于竹書紀年穆天子傳西王母來賓昭宮之故吕氏定作邵今斯銘文甚顯其爲邵無疑椒舉曰康有酆宮之朝冠以康者或康王所築未可定爾太室者明堂中央之室書言王入太室祼是以司成分職不載于周官戴記文王世子篇大司成論説在東序侍坐者

遠近間三席北海鄭氏以爲卽周官司徒之屬師氏而新安王氏駁其非謂世子國子之德業大司樂教之使成故名蓋大司樂也二說均可通要之周官有是名矣銘稱皇考龔叔郍敦稱皇考龔伯二器宜出于同時尊壺今藏錢唐王太僕益朋家識者比于郜之大鼎燕之重器

周延陵季子劍銘跋

康熙九年冬十有二月偕嘉興李亘年吳江潘耒上海蔡湘過退谷孫先生蟄室出延陵季子佩劍相示

以周尺度之長三尺臘廣二寸有半重九鋝上士之制也臘有銘篆字文不可辨合之韋續五十六體書無一似其曰季子劍者先生審定之辭云爾先生命四人聯句詠之詩成摹銘文于前俾書聯句于後裝界爲册藏之硯山書屋

南海廟二銅鼓圖跋

廣州波羅江上南海神廟銅鼓二大者唐嶺南節度使鄭絪出鎮時高州守林靄得之峒戸以獻絪納諸廟面闊五尺臍隱起羅布海魚蝦蟇等紋旁設兩耳

通體色微青雜以丹砂瘢其光可鑑小者殺大者五之一從潯州灘水湧出色純綠雜以鷓鴣斑審視之隱隱若八卦畫每歲二月上壬土人擊以樂神民間有疾禱于廟亦擊之考周官六鼓四金鼓人辨其聲用籥章以土鞾人以木革以冒之不聞范金也迨伏波將軍平交阯諸葛丞相渡瀘始鑄銅爲鼓流傳三川百粵頗多嶺南一道廉州有塘欽州有村博白有潭萬州靈山文昌有嶺取以名其地傳聞鼓初成懸于廣庭宰牲置酒子女鯀會出金銀釵叩之納諸主

者曰都老有讎怨相攻則鳴鼓集衆俄頃烏合蜀則凡鼓悉稱孔明所遺其直易牛千頭苗民得此雄視一方要其制無若南海廟中之大者至于金錞和鼓亦名錞于掌之鼓人見于春秋内外傳先銅鼓有之鄭康成謂圓如碓頭大上小下乃宋聶崇義繪三禮圖誤懸以龍牀狀若杯盂而宣和博古圖一十九器不繪繩索以龍馬虎蜼龜魚棲鳳山花鎮之仰若井口是皆以下爲上矣南齊始興王鑑鎮益州什邡人段祖獲錞于以獻史稱高三尺六寸六分圍三尺

四寸圓如箭色黑如漆甚薄上有銅馬以繩懸馬合去地尺餘灌之以水又以器盛水于下以芒莖當心跪注錞于以手振芒則聲如雷其釋器差詳竊思作錞本以和鼓度其形亦畧似第鼓穹其腰而錞削其下鼓蒙兩面而錞去其底銅鼓初鑄必取二器折衷之蜀人所以名錞于鼓云爾鼓無銘乃俾畫手繪爲圖書其後

漢尚方鑑銘跋

處士鍾嶔立獲古鏡于新塍市之西以百錢購之田

父土蝕其半命工刮摩之晶光澄澈處士出以相示挂諸壁若弦月之燭霄漢也驗其背銘辭曰尚方作鏡眞大好上有仙人不知老渴飲玉泉飢食棗鏡省文作竟蓋漢尚方鑑也漢宮闕有尚方掖門官制設尚方令丞待詔職屬少府主作禁器物掌上手工作以宦者爲之蔡倫之造紙及祕劍是已自武帝好神仙宣帝亦信方士所製隋侯劍寶玉寶璧寶鼎皆尚方爲之既而劉更生獻淮南枕中洪寶苑祕之方合尚方鑄作事不驗張敞上言請斥遠方士尚方待詔

皆罷然則鏡銘殆出方士作也宣和博古圖載漢鑑一百有三尚方鑑居其四銘辭損益各殊古人制器不屑雷同若此處士曰有是哉既摹其銘遂裝于册

書漢鏡銘

金有時而爍惟鏡巨室小家均有之故自漢以來制器間有存者衎齋所藏是鏡蓋漢時物也其銘作韻語曰樂無事日有喜宜酒食豈非知止不殆之君子爲之乎

跋新莽錢范文

易龜貝爲泉布師尚父立其法退而行之齊周官則泉府掌之景王分小大二品權其子毋爲利溥矣然仲尼之徒無道其事者利固孔子所罕言也新莽閏位特重錢法錢凡六品刀凡二品布凡十品既而以剛卯金刀合劉氏文乃禁佩剛卯除刀錢以大錢小錢二品並行防民盜鑄挾銅炭者入鐘官其時鼓鑄多故至今猶有存者若夫錢范竊疑排纂譜錄圖志諸家或未之見也歲在丁亥夏觀于衎齋上舍小胡蘆山書屋范形正方中央輪廓四其二有文曰大泉

五十徧體青綠詩家所云活碧庶幾近之上舍得之石門呂編修葆中案頭古銅器雖多當以此居第一矣

跋甘羅城小錢文

右錢薄而且小文止一字不可辨識下穿一小孔相傳淮口有土阜土人目爲甘羅城淮流變遷遺跡莫考有掘得此錢者名之曰甘羅錢殆鵝眼綖環榆莢荇葉之類此之謂幺錢幼錢也

景雲觀鐘銘跋

景雲觀在修業坊見宋次道長安志鐘銘睿宗景雲二年所撰并書字體與順陵碑文略似猶有八分遺意間雜篆法姿態横出妙品也由唐以來歷年既久當時古蹟高臺已傾曲池已平殘碑斷碣僅存千百之一而睿宗之書獨留至今無恙鐘虡不移亦事之希有者也

咸甯縣唐治金五佛像銘贊跋

唐自太宗崇奉釋教凡索戰之地輒念國殤破劉武周于汾州立弘濟寺破宋先生于呂州立普濟寺破

宋金剛于晉州立慈雲寺破王世充于印山立昭覺寺破竇建德于汜水立等慈寺破劉黑闥于洺州立昭福寺征高麗還于幽州立憫忠寺猶曰悼兵士死戰而爲之薦福不失發政施仁之一端迨武后竊位橫征苛索增建佛寺匪一當是時敕春官尚書王攸甯充檢校大像使於白司馬坂冶金爲像都下嚮風煉金銅成佛身者益多矣今咸甯縣尚存五軀皆長安中所鑄軀必有銘有贊作銘者三人韋均李承嗣姚元景作贊者二人高延貴蕭元昚吾鄉曹侍郎潔

躬遣人椎拓合裝界成一冊惜未經跋尾像設本末不得其詳惟姚元景銘乃爲光宅坊光宅寺造像而作攷唐會要儀鳳二年望氣者言此坊有異采掘石得舍利萬粒因立爲寺元景元之之弟也仕至潭州刺史見宰相世系表

吳大安寺鐵香鑪題名跋

曹生曰瑚好集金石文字從上元燈市購得鐵香鑪識十紙以示余文稱吳太和五年歲次癸巳七月己丑鑄此香鑪收買鐵仄錢打造計重一萬二千斤安

大安寺大殿上爲國王吳主府尊令公十方萬姓永充供養證因僧智玄鑄鑪匠巨師立所云國王吳主者唐亡十二年吳猶不改天祐年號至楊行密次子隆演乃始建元第四子溥雖御文明殿即帝位國人猶稱曰王而以主代帝也府尊令公者太和三年以中書令徐知誥爲金陵尹也十國之主率多佞佛楊氏所有二十九州往往鑄金刊石若昇之興化院江之開福院安國寺均有鐘鐘有銘見于王象之碑目若大安有寺金陵梵刹志不載然銘既有拓本則茲

器尚存無疑題名百人中有金一娘段二娘雷三娘魏四娘張五娘孫六娘金七娘戴十三娘巨六十娘雜之都勾當工人姓名中畫字天斜丁口無別夫爲國以禮務使男女各正其位故授受不親不雜坐不交爵不同巾櫛椸枷言不出梱所以防民閑其可踰乎竊國之主敎民無術失禮制之防混衣冠于巾幗而民不知恥君子以爲國非其國矣

書錢武肅王造金塗塔事

寺塔之建吳越武肅王倍于九國按咸淳臨安志九

廂四壁諸縣境中一王所建已盈八十八所合一十四州悉數之且不能舉其目矣當日嘗于宮中治烏金爲瓦繪梵夾故事塗之以金合以成塔鄮陽姜堯章得其一版乃如來舍身相陽穀周晉仙賦長歌紀其事有云錢王本是英雄人白蓮花見國主身蛇鄉虎落狗脚朕何如錦袍玉帶稱功臣破羅平僭號王遺董昌書曰與其閉門作天子九族塗炭不若開門作節度使終身富貴無憂晉仙卽演其辭使聞者足戒此詩人之善于取材者已鄉人蔣爾齡亦得一版

作放下屠刀立地成佛相以施城東白蓮寺僧吾友周青士所目擊曾以語予及予歸田則爾齡青士皆逝詢之寺僧堅不肯承眞跡不復可覩遂書其事附錄晉仙之詩冀此瓦未鑠好古之君子或一遇焉

附錄

周文璞方泉集詩白石招我入書齋使我速禮金塗塔我疑此塔非世有白石云是錢王禁中物上作如來舍身相飢鷹餓虎紛相向拈起靈山受記時龍天帝釋應惆悵形模遠自流沙至鑄出今回更精緻錢王納土歸京師流落都在西湖寺錢王本是英雄人白蓮花見國主身蛇鄉虎落狗腳朕何如錦袍玉帶稱功臣天封圻開郎退聽兩浙不聞笳鼓競歸來佛子作護持太師尚父尚書令一枚傳到白石生生今但有能詩聲同袍方外銛師兄哦詩禮塔作佛事同喫地爐山芋羹何曾薰陸綺牀供但見相輪銅綠明

哦詩禮塔猶未畢
蘆葉低飛山雨溼

溪州銅柱記跋

右銅柱記楚王馬希範與溪州刺史彭士愁立誓范金爲柱命掌書記天策府學士李弘皐作記柱高一丈二尺入地六尺重五千斤環以石蓮花臺在今辰州溪蠻境上去府治百餘里以是罕有摹拓本流傳于世即好古如翟趙曾洪諸家亦未之著錄也予年三十讀歐陽子五代史愛其文辭及覽觀司馬公通鑑編年敘事反詳于國史之紀傳心竊未安因與鍾

秀才淵映約分注歐陽子書既而予從雲中轉客太
原訪沙陀北漢故蹟殘碑斷碣靡不摩挲抄撮淵映
亦多所攷證不幸客死于燕遺槀盡失從此予無相
助者與轉閩散矣康熙戊午崑山葉徵士奕苞相聚
京師語及金石文自言家有銅柱記拓本乃託其鄉
致具錄記文審定楚世家之誤弘皋止名曰皋彭士
愁易以士然其子師杲易以師晷劉勍本靜江軍指
揮使不書其官未免太畧亦且失實斯當以記爲正
也

續題溪州銅柱記後

溪州銅柱記卷還葉氏求之三十年不得歲在己丑七月忽獲之西吳書估舟中文字完好出于意表檢視曩時跋尾于弘皋本末未之詳乃命裝潢手作冊綴舊題于前續書其末焉希範之喪天策府都尉希廣其同母弟武陵師希萼其庶弟弘皋主立希廣而大校張少敵憂之謂曰希萼次長負氣必不爲都尉下且與九溪蠻通好若不得立勢將引蠻軍爲亂幸熟思之弘皋不從少敵遂辭去希廣立未幾希萼果

以武陵反合九洞溪蠻分路齊進遂至長沙緇希廣于郊外而支解弘皋此事歐陽子亦畧而不書溪州靜邊都向化立誓狀具于天福五年正月記撰于是年五月柱鑄于七月字鐫于八月立于十二月宋天禧元年十一月移竪今所

廣州光孝寺鐵塔記跋

嗚呼僭竊之主未有愚於劉鋹者也謂羣臣有家室顧子孫惟宦者可信不知其植黨納賄更甚焉鐵塔建自大寶十年凡七層合相輪蓮花座崇二丈有二

尺觀其列名皆宦者也當其時鋹又範銅爲己像并肖諸子列于天慶觀而今已亡之蓋金石刻之傳于世金之用博故其鑠也易以予所見自唐以來惟景雲觀法性寺二鐘銘及是塔記而已若晉祠鐵人鑄自宋建中靖國年則其文在胸突出難以摹搨蓋款識不同變前人之舊矣

續書光孝寺鐵塔銘後

歲在壬申重游嶺表改歲正月南海陳元孝飯予光孝寺南漢之興王寺也寺僧導主客詣劉鋹所鑄鐵

塔所在見二塔並立一屋中修短不齊一作記一題名始悟曩時拓本合二爲一記之不詳元孝語予南漢主劉龑葬番禺縣治東二十里北亭明崇禎丙子秋九月穴中有雞鳴土人發其墓隧道崇五尺深三尺有金像十二二冕而坐一笄而坐殆馬后也夾侍十八人疑是諸子又學士十八以白金鎔鑄其他珍異物甚夥有碑一具書翰林學士知制誥正議大夫尚書右丞上紫金帒臣盧應奉勅撰文曰維大有十五年歲次壬寅四月甲寅朔廿四日丁丑高祖天皇大

帝崩于正寢越光天元年正月癸未朔十四日丙申遷神于康陵禮也云云子方注五代史衰年健忘遂牽連書于前册亡友仁和吳志伊撰十國春秋盧應更作膺謂事龔爲工部侍郎大有中加太尉中宗時拜中書侍郎同平章事銜名不合惜其已逝未得此異聞也

跋晉祠鐵人胷前字

太原縣唐叔虞祠西南隅聖母廟階下鐵人四長九尺分兩行侍立胷前有字紀鎔鑄歲月是政和年造

文既舝率字亦粗醜無足取者倦圃鉏菜翁以金石之文石多金少款多識少遂摹搨而裝潢之此無異燕人之市馬骨也

太醫院銅人腧穴圖拓本跋

京師太醫院三皇廟腧穴圖傳是宋天聖年鑄舊有石刻針灸經仁宗御書其額靖康之亂自汴輦入金或謂安撫使王檝使宋以進于元者世祖命阿尼哥新之至元二年銅人象成周身腧穴脈絡悉具注以水關竅畢達明裕陵命工重修製序載實録萬曆初

先少保官太醫院使復時加洗濯焉言明堂鍼灸自
黄帝始其後膏肓孔穴側偃流注三部五藏十二經
失之毫釐悔且無及學醫者試揚是圖挂于壁晨夕
省視之亦仁術之一端也

金石文字跋尾卷一終

金石文字跋尾卷二

秀水朱彝尊著

書峋嶁山銘後

古今雜體書勢韋續述之凡五十六種祗云夏禹作鐘鼎書不言有峋嶁銘然見于吳越春秋南嶽記湘中記南嶽總勝集劉夢得寄呂衡州詩有云嘗聞祝融峰上有神禹銘古石琅玕姿祕文螭虎形昌黎韓子謁南嶽廟兼賦峋嶁山詩上言峋嶁山尖神禹碑字青石赤形模奇科斗拳身薤倒披鸞飄鳳泊拏虎

螭下言事嚴蹤跡鬼莫窺道人獨上偶見之于搜萬索何所有森森綠樹猨猱悲是韓子僅得之道人之口而銘文仍未之見也地志稱宋嘉定中有何賢良致于祝融峰下樵子導之至碑所手摸其文以歸奉曹轉運彥約時人未信致遂刋之嶽麓書院鄱陽張世南作記事或有之是銘考古家率以爲僞祇因箋釋者太支離故疑信相半蒙著于錄下配壇山之石不亦可乎

石鼓文跋

石鼓籀文雖與大篆小異然離鐘鼎款識未遠其爲三代之物信矣而諸家或疑之馬子卿至謂宇文周所刻誠傖父之言也十鼓向闕其一皇祐間始得之歐陽永叔見之最早文存四百六十五字爾薛尚功則云歲月深遠缺蝕殆盡今款識所載乃得之前人刻石者方之永叔僅多二字胡世將資古紹志錄云所見者先世藏本在集古之前僅益九字至潘愜山作音訓時止存三百八十有六字而已楊用修謂從李賓之所得唐人拓本多至七百有二字又言及見

東坡之本人多惑焉愚攷第三鼓潘氏音訓有避衆旣簡句古文苑脫避字有衆字用修不取易以六師二字第四鼓潘本有四馬其寫六轡□驁句驁上脫一字古文苑本驁作重文用修亦不取更以六轡沃若第五鼓霝雨上古文苑有淒淒二字薛氏施氏本則有天字用修亦不取增我來自東四字夫車攻狩于東故云駕言徂東東有甫草若岐陽在鎬京之西豈得云我來自東乎至于第六鼓因民間窪以爲臼其上漫漶以諸鼓驗之每行多者七字少者六字此

鼓行僅四字上皆鈌二三字用修每行增一字强之成文又如第七鼓用修增益徒御嘽嘽會同有繹或羣或友悉率左右以燕天子咸與小雅同文不知鼓文每行字有定數難以增益尤有異者鼓有吳文郭氏云恐是臭字古老反大白澤也用修遂以惡獸白澤入正文中其亦欺人甚矣攷賓之石鼓歌中云家藏舊本出棃棗楮墨輕虛不盈握拾殘補鈌能幾何以一涓埃裨海嶽夫以歐陽薛胡諸家所見止四百餘字若賓之本有七百餘字拾殘補闕亦已多矣賓

之不應爲是言也子瞻之詩曰韓公好古生已遲我今况又百年後強尋偏旁推點畫時得一二遺八九模糊半已似瘢胝詰曲猶能辨跟肘子由和之有云形骸偃蹇任苔蘚文字皴剝因風雨字形漫汗隨石缺蒼蛇生角龍折股夫用修之本既得自賓之傳自子瞻是子瞻克見其全子由亦得縱觀子瞻子由又不應爲是言也杜子美詩有曰陳倉石鼓久已訛韋蘇州詩有曰風雨缺訛苔蘚滋而韓吏部歌曰公從何處得紙本毫髮盡備無差訛又曰年深豈免有缺

畫則石鼓在唐時已無全文故吏部見張生之紙本以爲難得也吳立夫詩亦云岐石石鼓天下觀駱駝載歸石盡爛夫以唐宋元人未見其全者用修獨得見之此陸文裕亦不敢信由石鼓而推之用修他所攷證吾亦不能已于疑無惑乎陳晦伯有正楊一編矣

跋漢五鳳二年甎字

右漢五鳳二年甎一出嵌曲阜孔子廟庭前殿東壁書以篆文一行志塼埴之歲月後有金高德裔題跋

西京陶旊之式存于今者惟此爾東京則有建武二十八年北宮衛令邯君千秋之宅甎亦作篆書其餘載于洪氏所紀者有永平八年甎一建初三年汝伯甯甎一七年曹叔文甎一元和三年謝君墓甎一永初元年景師甎一其文皆隸書也或云萬歲舍大利善或云千萬歲署舍子孫貴昌未央大吉或云大吉陽宜侯王葢東京人尚讖緯民間造宅墓爭作吉祥之語與西京不侔矣

會稽山禹廟窆石題字跋

黃岡張編修視學兩浙按部於越拓會稽山禹穴窆石題字見寄請予審定其文予考窆石之制不載于聶崇義三禮圖惟周官冡人之職及襄共喪之窆器及窆執斧以涖鄭康成以爲下棺豐碑之屬圖經禹葬于會稽取石爲窆石本無字迨漢永建元年五月始有題字刻于石此王厚之復齋碑錄定以爲漢刻殆不誣矣石崇五尺在今禹廟東南小阜覆之以亭相傳千夫不能撼及歲在乙酉有力士拔之石中斷部下健兒迭相助乃拔陷地纔扶寸爾土人塗之以

漆仍立故處載攷古之葬者下棺用窆蓋在用碑之前碑有銘而窆無銘驗其文乃東漢遺字趙氏金石錄目曰窆石銘誤也噫穀林之陽蒼梧之野已無陳迹可求而岣嶁有碑啟母廟有闕會稽有窆石益以徵神禹明德之遠也夫康熙己卯夏日書

漢開母廟石闕銘跋

右開母廟石闕銘存書三十二行漢避景帝諱改啟爲開史記啟禹子其母塗山氏之女也尚書娶于塗山屈原天問焉得彼塗山女而通之于台桑呂覽禹

見塗山氏女未之遇而巡省南土女乃歌曰候人兮猗實始作爲南音列女傳美其彊于敎誨然則母也賢矣若夫禹化爲熊塗山氏化爲石石破生啓荒誕不經本于墨翟之徒隨巢子至漢流傳斯嵩山母廟南有石闕存焉也闕立于安帝延光二年地志云是潁川守朱寵造其制累石而成兩觀雙植中不爲門亦有石方數尺上琢樓屋覆蓋如佛寺經幢然武綏宗爲兄造闕用錢十五萬比立碑費十倍之洪氏隸續具圖闕狀顧啓母廟暨少室神道未之及者洪氏

主于釋隸而二闕銘皆篆文故爾予友葉井叔宰登封拓以見遺因疏本末于冊尾

漢戚伯著碑跋

右漢戚伯著碑宋嘉祐中宿州浚汴獲之泥沙中是本紙墨皆古色爲退谷孫侍郎收藏殆即初獲碑時所拓也鄱陽洪氏謂其字畫古怪偏旁增減有不可辨者審視之良然同觀者曲周王顯祚湛求永年申涵光和孟嘉興譚吉璁舟石

漢魯相乙瑛請置孔廟百石卒史碑跋

魯相乙瑛以孔子廟在闕里褒成侯四時來祠事已
即去廟有禮器無常人掌領請置百石卒史一人典
主守廟元嘉三年司徒吳雄司空趙戒聞于朝詔如
瑛言選年四十以上經通一藝者乃舉文學掾孔龢
任之按漢書儒林傳郡國置五經百石卒史臣瓚以
爲卒史秩百石者劉昭注續漢書百官志引應劭漢
官儀河南尹百石卒史二百五十人黃霸傳補左馮
翊二百石卒史蓋秩有不同故舉石之多寡別之今
本杜佑通典乃譌百石卒史爲百戶吏卒我聞在昔

有釋戰國策音義者更雞口作雞尸貽笑藝苑以百石爲百尸是雞尸之類也

漢武梁祠碑跋

右漢從事武梁祠堂畫象傳是唐人拓本舊藏武進唐氏前有提督江南淮海兵馬章後有襄文公順之暨其子鶴徵私印漢自趙岐營壽藏圖晏平仲羊舌叔譽東里子產延州來季子四象紀之史册此外如朱浮魯恭李剛魯峻董蒲范皮諸祠墓畫象刻石者匪一惟梁祠人物最多洪适隸續具摹其形古帝王

忠臣義士孝子賢婦凡一百六十有二人今是册存者僅帝王十人孝子四人而已由黄帝至舜圖皆服冕禹手操掘地之器冠頂鋭而下卑殆士冠禮郊特牲所云毋追者是覩此可悟聶崇義三禮圖之非桀以人爲車故象坐二人肩背隸續所摹失其眞矣每幅上下四旁有小字分書題識姓名或間作韻語趙明誠稱其字畫遒勁史繩祖謂其筆法精穩可爲楷式觀者但覺墨光可鑑元氣渾淪謂爲唐本當不虚也

漢桐柏廟碑跋

右漢桐柏廟碑購之江都市上水經淮水出南陽平氏縣胎簪山東北過桐柏山酈道元謂山南有淮源廟廟前有碑是南陽郭苞立又二碑並是漢延熹中守令所造斯蓋其一矣考歐陽氏集古錄所載碑文中山盧奴君奴下闕一字斯碑云盧奴張君特未詳其名爾其曰春秋宗營碑作宗奉災異告變作告愬而靈祇下碑闕報佑二字中云從郭君以來廿餘年不復身至集古錄闕其文郭君殆即苞也獨怪歐陽

氏謂其文字斷續而是碑甚完好疑爲後人重摹然
流傳于世罕矣

漢婁壽碑跋

右漢南陽處士婁壽碑歐陽氏趙氏洪氏均著于錄
其曰玄儒先生者國人之私謚也易名之典禮官主
之太常博士議之廷臣得以駮正之其後但請于朝
不考德行惟爵得謚失制謚之本矣至于私謚多出
鄉人門弟子之私極辭肆意未有限量然稽之于古
若展禽之謚惠黔婁之謚康降而東漢見諸碑闕者

故友易名上不盡加以上謚玄儒先生其一也是册爲中吴齊女門顧氏所藏雖非足本而古意淋漓于楮墨之表予先後見漢碑約三十種老年復覩此幸矣

衡方碑跋

右漢步兵校尉衡方碑在今汶上縣文述其先伊尹在殷號稱阿衡因而氏焉按趙氏金石録載浚儀令衡立碑亦云出自伊尹合之應劭風俗通無異或云魯公子衡子孫因以爲氏則各有所本也碑以椎拓者少故文從字順可讀康熙乙巳秋九月檇李曹溶

潔躬太原傅山青主長水朱彝尊錫鬯同觀

漢涫于長夏承碑跋

右漢涫于長夏承仲兖碑在今廣平府宋元祐間因治河隄得于土壤中崇禎癸未予年十五隨第六叔父子蕃觀同里卜氏所藏猶是宋時拓本今爲士人重摹失其眞矣

漢博陵太守孔彪碑跋

右漢博陵太守孔彪碑曲阜石闕多置孔子廟廷獨此碑在林中歐陽子集古錄第云孔君碑惜其名字

皆亡趙明誠以爲碑雖殘闕名字可識諱彪字元上證以韓勅史晨二碑率錢人姓名是本曩見之于宛平孫侍郎宅文愈斷爛諱及字形模尚存乃弘治中修闕里志改彪爲震都少卿穆遂謂撰志者遺之不知震卽彪字之誤也孫氏所藏漢隸約三十餘種尚有張表衡方夏承王純侯成戚伯著諸碑皆宋時拓本今盡散佚覩此如覿故人又絕類郃陽令曹全筆法此正丞叔所云碑石不完者則其字尤佳旨哉言也

漢析里橋郙閣頌跋

右漢武都太守李翕析里橋郙閣頌碑立于建甯五年同時有黽池五瑞碑五瑞者黃龍白鹿連理木嘉禾甘露及承露人各圖其象摹厓刻之今無存矣洪氏隸釋稱從史字漢德作頌故吏字子長書之書法太醜疑爲後人改刊

漢冀州從事張君碑跋

右漢冀州從事張表碑石今不存予所見者宛平孫氏家藏宋搨本也嘗怪六朝文士爲人作碑表志狀

每于宮閥之下輒爲對偶聲律引他人事比擬令讀者莫曉其生平而斯碑序述全用韻語不意自漢已有作俑者然其書法特在今世所存諸漢碑上

跋蔡中郎鴻都石經殘字

中郎石經初非三體書法而楊衒之劉芳竇蒙蘇望方匄歐陽棐董逌等皆誤讀范史儒林傳惟張縯謂以三體參校其文而書丹于碑則定爲隸其說獨得之今觀宛平孫氏所藏尚書論語殘字平生積疑爲之頓釋論語書云孝乎惟孝包咸注云孝乎惟孝美

大孝之辭金石本乎乃作于然則孝于惟孝友于兄弟施于有政句法正相同也

跋漢華山碑

漢隸凡三種一種方整鴻都石經尹宙魯峻武榮鄭固衡方劉熊白石神君諸碑是已一種流麗韓勑曹全史晨乙瑛張表張遷孔彪孔伷諸碑是已一種奇古夏承戚伯著諸碑是已惟延熹華山碑正變乖合靡所不有兼三者之長當爲漢隸第一品予生平僅見一本漫漶已甚今覯西陂先生所藏文特完好并

額具存披覽再三不自禁其驚心動魄也郭香察書字義諸家論說紛紛關中趙孝廉子函以郭香察書配杜遷市石其說近是載考司馬彪續漢書律歷志靈帝熹平四年有太史治歷郎中郭香姓名殆卽察書之人與

溧陽長潘校官碑跋

紹興十三年溧水尉喻仲遠得漢碑于固城湖中驗之則靈帝光和四年溧陽丞尉吏掾爲其長潘校官乾元卓立其出也晚故猶未漫漶辭稱惠我犂蒸犂

黎通蒸犂字乃顛倒用之其曰尙且在昔我君存今
蓋以周公太公喻乾擬人非其倫矣

漢白石神君碑跋

右漢白石神君碑在無極縣立石者常山相南陽馮
巡元氏令京兆王翊與歐陽氏集古錄所載無極山
神廟碑署同文稱神君能致雲雨法施于民則祀之
宜也然所云蓋高者合之無極廟碑特常山一妄男
子爾先是光和四年巡請三公神山請雨神使高傳
言卽與封龍無極共興雲雨賽以白羊高等遂請太

嘗索法食越二年具載神君始末上尚書求依無極山爲比卽見聽許蓋斯時巫風方熾爲民牧者宜潛禁于將萌乃巡翊輕信巫言輒代爲之請何與非所云國將亡而聽之神者與碑陰有務城神君李女神甎石神君壁神君名號殆因白石而充類名之者碑建于光和六年是歲妖人張角起矣

漢郃陽令曹全碑跋

萬歷中郃陽縣民掘地得漢曹全碑以其最後出字畫完好漢碑之存于今者莫或過焉按碑文全爲隃

廉侯相鳳之孫鳳嘗上書言燒當事得拜金城西部都尉屯龍耆而全以戊部司馬討疏勒又定郭家之亂信不媿其祖矣時人語曰重親致歡曹景完蓋其孝友之性尤人所難能也嗚呼今之爲吏者雖遭父毋之喪必問其親生與否投牒再三始聽其去而全以同產弟憂得棄官歸以此見漢代風俗之厚其敦孝友若是宜士君子顧惜清議而自好者不乏也全以禁網隱家巷者七年可以補後漢史黨錮諸人之闕史載疏勒王臣磐爲季父和得所射殺而碑云和

德弑父簒位德興得文亦不同史稱討疏勒有戊己司馬曹寬而不曰全又云其後疏勒王連相殺害朝廷亦不能禁而碑云和德面縛歸死司寇蓋范蔚宗去漢二百餘年傳聞失眞要當以碑爲正也

續題曹全碑後

右予庚戌冬跋尾越二年再至京師從慈仁寺市上買此碑石已中斷完好者且漶漫矣更歷數十年必又歎此碑爲難得

漢北海相景君碑并陰跋

濟甯州儒學孔子廟門列漢碑五其制各殊北海相景君碑其一也地志不載何年所立以予考之元天歷間幽州梁有字九思曾奉勅歷河南北錄金石刻三萬餘通上進類其副本爲二百卷曰文海英瀾于濟得漢刻九于泗水中葛邏祿迺賢寄以詩云泗水中流尋漢刻泰山絕頂得秦碑閱歐陽趙氏著錄斯碑本在任城其移置于學者必天歷間矣碑辭漫漶其陰旁右壁工以不能椎拓辭予留南池三宿强令拓之題名有督郵督盜賊議史書佐騎吏吏行義修

行午小史豎其云午者不載于續漢書百官志𨙸趙氏亦不知也廣韻詮𠂤字稱漢複姓凡四十有四引何承天姓苑漢有司隸校尉水𠂤岑而斯碑有修行水𠂤郃營陵人又有修行都昌台𠂤遲故午都昌台𠂤遷則在四十四姓之外亦足資異聞也已

漢蕩陰令張遷碑跋

右漢蕩陰令張遷碑不著于歐陽氏趙氏洪氏之録殆後時而出者碑額字體在篆隸之間極其飛動銘書蔽芾棠樹爲蔽芾沛拔荛毋祝睦魏元丕三碑其書

薇字畧同而芾作沛則此碑所獨也碑陰率錢從事二人守令三人督郵一人故吏三十二人昔賢謂東漢鮮二名者是碑范巨范成韋宣而外自韋叔珍下皆二名或書其字然邪南濠都氏金薤琳瑯少碑陰不若此本之完好

漢酸棗令劉熊碑跋

右漢酸棗令廣陵劉熊孟陽碑上元鄭簠汝器所藏碑文全泐存字不及百名筆法奇古汝器以爲絕品碑在唐時王建已云風雨消磨絕妙辭至于今宜其

不可辨識矣碑後摭謡言作詩三章其一曰有父子然後有君臣理財正辭束帛戔戔以三言五言繼以四言足以見文律之古乃洪氏隸釋誚其難以謂之絶妙辭斯亦拘方之見矣

漢泰山都尉孔宙碑跋

漢泰山都尉孔宙碑在曲阜縣孔子廟庭大中大夫融之父也裴松之注魏志引司馬彪續漢書亦作宙又韓勑碑陰出私錢數列郎中魯孔宙季將千當以碑爲據而後漢書融列傳作伷考宙卒于靈帝熹平

四年而佃于獻帝初平元年拜豫州刺史籍本陳留
字公緒别是一人竊疑范史不應紕繆若是或發雕
時爲妄人所更後學遂信而不疑也

書韓勅孔廟前後二碑并陰足本

闕里孔子廟庭漢魯相韓勅叔節建碑二前碑紀造
禮器後碑以志修廟謁墓碑陰兩側均有題名金陵
鄭簠汝器相其陌文深淺手搨以歸勝工人椎拓者
百倍汝器以予於金石之文有同好也遠遺書寄予
乃取題名之參錯不齊者齊之裝界成冊思夫孔子

既沒褒崇之典歷代有之世本王侯大夫莫不有宗譜族牒聖人之後獨無聞焉厥後仙源宗子珍扈宋南渡金源立別子爲祖嘉熙雖仍錫文遠以爵而授之田里俾居三衢宋之亡也忽焉元人思復立大宗而宗子辭不受能以禮讓是人之所難也以予所見明嘉靖中孔門僉載一書先聖六十一代孫承德郎魯府審理正弘幹所撰有世表有宗系圖其於三衢一支棄而不錄奠繫世辨昭穆者宜如是乎可爲長太息也矣勅前後碑陰載孔氏苗裔有褒成侯損建

壽御史翊元世東海郎中訢定伯豫州從事方廣平
故從事樹君德朝升高守廟百石卒史恢聖文文學
百石芝之德英故督郵承伯序賴元夏進纫達相史諵
仲助衛子佑贊元賓曜仲雅遵公孫旭連壽番安世
太尉掾凱仲悌處士徵子舉巡百男憲仲則汎漢光
凡二十三人而後碑稱碑係孔從事所立殆方也伏
念聖人之後有賢子孫攷修闕里志孔門僉載則宗
子支子之流派及書名史册碑碣者具書之惟非其
族必去非聖人之言必削之庶乎其可已

郎中鄭固碑跋

己酉之春泊舟任城南池之南步入州學見儀門旁列漢碑五左二右三郎中鄭君固碑其一也碑文全漫漶不可辨識舍之去明年冬同崑山顧甯人嘉定陸翼王觀北平孫侍郎藏本文有逡遁字甯人謂是逡巡之異文退而引三禮注以證之且博稽晏子春秋作逡遁漢書作逡循莊子作蹲循靈樞經亢倉子作遵循又謂逡遁之異文筆之金石文字記以予考之集韻逡遁後三字牽連書之均七倫切音義則一

說文釋辵字云乍行乍止也遁字雖音徒困切而配之以辵當讀如足縮縮如有循之循以為假借則可不得謂之異文矣甯人作音論惜集韻不存未知是書尚存天地間故于諸書疑義未盡晰爾

書王純碑後

冀州刺史王純碑婁彥發漢隸字源謂在鄆州中都縣立于延熹四年冬十二月而酈善長以純為紛以延熹為中平蓋未嘗親至其所而傳聞之誤也歲在丁未同譚七舍人兄舟石觀于北平孫侍郎硯山書

屋宋拓本也碑陰門生百九十三人姓字不具者六
數略如之按漢人書名必具名字此碑自馮定伯而
下悉字而不名與太尉楊震高陽令楊著玄儒先生
婁壽三碑相同亦門生之變例也

跋竹邑侯相張壽殘碑

竹邑侯相張壽殘碑在兖州城武縣立于漢建甯元
年五月土人截作後人碑趺所存約二百字竹邑侯
者彭城靖王恭之子阿奴明帝永初六年封見熊方
後漢書同姓諸王年表

金鄉守長侯君碑跋

金鄉守長侯君諱成字伯盛山陽防東人文稱侯公之後以平國君更安國君又則鄉哀侯霸其子昱徙封阿陵而謂霸封於陵歐陽氏趙氏已正其譌矣碑末書夫人以延熹七年疾終蓋祔葬者竊思東京碑版之文莫多于蔡邕今集中碑銘頌贊誄辭靈表神誥男女各異其篇目疑東京之俗夫婦同穴者寡故廣漢屬國侯李翊暨夫人臧其墓並在渠州各自并椁樹碑可以槩其餘矣終漢之世侯君而外夫婦合

葬僅有郎中馬江并書夫人冤句曹氏祔焉此潘昂
霄金石例王行墓銘舉例未發其凡者也

漢丹水丞陳宣碑跋

明成化中內鄉縣高岸崩土人得古碑一乃漢丹水
丞陳宣紀功碑文稱宣字彥成汝南新陽人丞相曲
逆侯裔由去戶牖遷淮漢間傳歐陽尚書仕郡歷主
簿督郵除項都鄉補臨縣永壽三年七月洪水盛多
田畝荒蕪民失水利鄉單騎經營復修古蹟旬月而
成長流投注溉田二十餘頃於是畮民胡訪等欲報

靡由登山伐石建立全碑甄記鴻惠後附銘二章建于建甯四年五月是碑儲藏家鮮有著錄者惟邑人李葰會載于冄浦款言康熙庚戌冬覲于宛平孫氏蓋耳伯先生曾知祥符縣事得之

跋漢司隸校尉魯君碑

右魯君碑熹平二年四月立隸書額穿其中文一十七行本在金鄉山墓側趙德甫撰金石錄時已輦置任城縣學至今存焉相傳是蔡中郎書惜其文不入集中石久崩剝僅識其百一而已

執金吾丞武君碑跋

武君榮碑在濟甯州學儀門漢制執金吾一人丞一人月三縑行宮外戒司非常水火之事秩六百石緹騎二百人輿服導從光滿道路光武嘗歎曰仕宦當作執金吾而樂府古歌辭稱陛下三萬歲臣至執金吾蓋中興以後官不常置榮之本末惜碑文已漫滅年月無考僅存其廓落焉爾

書尹宙碑後

尹宙碑土中晚出文字尚完結體遒勁猶存篆擂之

遺是本烟楮悉舊對之如百年前物尤爲盡善太原
傅山青主藏檇李曹溶潔躬審定朱彝尊錫鬯書康
熙乙巳秋八月

滕縣秦君碑跋

兗州滕縣東四十里馬山古城址有滕君碑出自土
中無歲月可考滕君亦無名字銘辭四言音韻參雜
其云系出睪睪與嶧通知爲滕人云爲政崇博三年
有成蓋出而仕者末云丹書刻石垂示後昆以此知
刊石書丹實始于漢其來古矣

金石文字跋尾卷二

金石文字跋尾卷三

秀水朱彝尊著

魏封孔羨宗聖侯碑跋

右魏封孔羨碑在今闕里孔子廟庭相傳其文爲陳思王植所作而梁鵠書之著于圖經假有好事者采之入思王集其誰曰不宜鄱陽洪氏以是碑文稱黃初元年而魏志作二年正月詔以議郎孔羨爲宗聖侯奉孔子祀謂誤在史考魏王受禪在漢延康元年十一月既升壇卽阼事訖改延康爲黃初而碑辭敘

黃初元年大魏受命應歷數以改物秩羣祀于無文旣乃緝熙聖緒昭顯上世追在三代三恪之禮兼紹宣尼褒成之後以魯縣百戶命孔子廿一世孫羨為宗聖侯則詔三公云云原受禪之始歲且將終碑有旣乃之文則下詔在明年二月史未必誤若章懷太子注孔羨傳以宗聖為崇聖斯則誤矣

尚書宣示帖跋

古文造自倉頡篆創自史籀破自李斯隸始程邈八分肇王次仲章草原于史游行書起劉德昇飛白擅

蔡邕草變于張伯英唐張懷瓘言之詳矣獨于真書不舉作者姓氏蓋以隸爲眞也然洪适以八分稱隸學者未嘗議其非不得舉隸而遂遺眞書也鍾太傅八分有受禪碑餘多眞書王丞相導愛之以尚書宣示帖衣帶過江今之傳本出于王內史所臨而奏捷墓田薦季直諸帖均爲世重王僧虔賞其婉媚盡妙陶弘景許以絕倫庾肩吾品其天然第一顧魏志本傳無片言及其善書何與竊疑漢代無眞書工之自太傅始當時楷法雖精章奏之外未大行於世迨晉

帝王方用正書見于寶泉注述書賦而衛夫人圖筆陣有眞書去筆頭二寸一分之語然則眞書當別標一目未可羣混入隸之一門也書以示兒子昆田時康熙癸酉夏六月

跋吳寶鼎甎字

康熙四年吳之村民于小雁嶺掘地得甎二識云大吳寶鼎二年歲在丁亥作一十有一字蓋孫晧時紀元通鑑晉泰始三年也面有蝸文知非民間物考是年六月晧起昭明宮方五百丈二千石以下皆自入

山督攝伐木一時摶埴之工陶旊交作或分命吳郡助其役理有然者甎之爲用古人取材必精故㓚陽銅雀香姜之瓦皆可製硯而是甎相之理犻質㬥若似乎火氣不交埒不孰者殆爲坼者所棄流轉民間未可知也二甎爲顧秀才肇敏所得分其一贈予予既搨孔廟五鳳二年甎又從侯官林氏摹甘泉瓦合此裝池作冊因濡筆識之歲在壬午又六月寓慧慶寺書

吳天璽紀功碑跋

吳天璽元年紀功碑亦名天發神讖舊在巖山段石岡山謙之丹陽記巖山東有大碣石長二丈折爲三段今其石移置學舍中累之高止數尺謙之蓋神其說爾碑文倒置錯誤不可讀今依祥符周在浚雪客考定裝潢之相傳文出華覈予爲雪客撰碑考序已辨其非矣觀其字在篆隸之間雖古而近拙亦未必定出于皇象手蹟也金陵瑣事謂是蘇建書不知何據

晉汲縣齊太公二碑跋

汲縣古朝歌地相傳師尙父舊居也遺碑一表一表在縣治西南隅晉武帝太康十年三月尙父裔孫范陽盧无忌來爲汲令刻石碑在縣西北三十里廟中北魏孝靜帝武定八年四月立石司農卿穆子容正書按李白詩云朝歌屠叟辭棘津八十西來釣渭濱而韓嬰詩外傳稱文王舉太公時公年七十二與李詩不合无忌表曰康王六年齊太公望卒按尙書顧命有齊侯呂伋文則伋已嗣公爲侯非卒于康王時也然則金石之文亦有不足信者

晉平西將軍周孝侯碑跋

宜興縣周孝侯碑相傳平原內史陸士衡撰文會稽內史王逸少書孝侯戰沒而碑辭云元康九年舊疾增加奄捐館舍乖謬已甚然書法亦不惡但假逸少之名是爲不知量矣末題元和六年歲辛卯十一月承奉郎守義興縣令陳從諫重樹疑文字皆此君僞託爾

宋搨黃庭經跋

褚登善于西堂錄右軍書目正書止樂毅論黃庭經

東方朔贊三種而已此外太史箴大雅吟不傳遺教經譌闕過半樂毅論亦亡其一角惟黄庭獨完宋人謂其不類疑後世依仿爲之然登善著録其爲右軍書信矣予嘗論周公孔子之文屈原之楚辭篇各異體不成一家之言右軍於書亦若是也曇壞換鵝之後傳刻者衆漸失其真佳本難得斯於謹束中審視之佩離横逸生面畢露殆汴京名手所鋟亦名手所拓洵銘心絶品也已

開皇蘭亭本跋

王逸少書惟禊帖摹本最多南渡內府所藏凡一百一十七本賈師憲竄逐朝廷命王孟孫簿錄其家石刻蘭亭八千匣今陶九成所載目錄唐以前本無聞焉茲冊爲爛谿潘氏家藏序後具書開皇十三年歲次壬子八月摹勒上石高頻監刻一十九字觀者或疑之按桑澤卿博議載有智永臨本蓋永師本逸少七世孫傳其家法學書永欣寺閣梯桄不下者四十年其勤苦若是且于陳天嘉中繭紙眞蹟會歸之宜其筆精墨妙過于趙韓馮葛數子也明胡祭酒若思

亦云永嘉本是智永臨寫宋紹興間太守程邁刻置
郡齋末有孫興公後序是唐乾封三年僧懷仁集書
斯言先後符合竊疑是册即永師所臨至煬帝時又
有大業石本見周公謹雲烟過眼錄然則禊帖流傳
隋代已有二本考古之君子可以釋其疑已

跋蘭亭殘石拓本

蘭亭殘石不知勒自何方後半多闕蓋肥本也禊帖
肥瘦攸殊褚廷晦本肥張景元本瘦歐陽行本本瘦
石熙明本肥釋懷仁本前瘦後肥王順伯主肥尤延

之主瘦黃魯直取肥不剩肉瘦不露骨斯執中之論與大都書家率以瘦本爲貴相傳宣和中拓定武本疊匱金三紙加氈椎拓之故下肥上瘦若是則在下者方不失眞安見肥者之不如瘦乎魯直又云東坡道人少日學蘭亭故其書姿媚知言哉今觀殘石東坡書法絕與相類殆原出于肥本者也帖今亦藏爛谿潘氏竹垞老人書

跋蘭亭定武本

蘭亭繭紙既入昭陵書家之論以定武本爲第一熙

甯間納諸禁中或云此石亦殉裕陵則是人間不合有是本矣按歐陽永叔集古錄謂定武二民家各有一石較之纖毫無異然則定武原有二本也相傳趙子固覆舟于嘉興疾呼蘭亭在否舟人負以出子固大書云性命可輕此寶難得好事者目爲佳話又子昂仕元子固不仕其弟過之行後拂塵于坐以予觀袁伯長跋禊帖稱子固死帖入賈相家賈敗籍于官有官印然則子固卒于宋未亡之前伯長所云蓋不誣矣茲來柘湖覩定武本則未知孫交公所納石與

柳薛向所藏石與要之肥瘦適中努啄生動勝于他本因以所聞述之

國子監石本蘭亭跋

書至右軍入聖右軍書至蘭亭而變化無方後人詳品以定武本爲最歐陽率更所臨也流傳有玉有石有棠梨版字有闕行有斷損有肥有瘦有始肥終瘦各本不同相傳石晉廣運中契丹輦歸棄之中道而榮次新言宋定國使金云在中京中京遼之南京金海陵改爲中都即燕京也吾鄉沈先輩虎臣撰野獲

編云萬歷乙酉丙戌間北雍治地得禊帖行款肥瘦與定武本畧同識者疑是廣運所棄石時長洲韓公存良官國子祭酒拓數百本遺友朋合之次新所述或卽薛氏摹勒未可定爾

姜氏蘭亭二本跋

右禊帖二石藏姜編修西溟家皆瘦本也世之論禊帖者必準于定武審其譜系等差之洪景盧有云碑刻不必問所從來但以書之工拙爲斷予嘗歎爲知言二本側掠努趯不爲成規所拘極其飛動宜西溟

心摹手追愛翫而不釋也西溟拓以贈予前後鈐以私印蓋不輕以予人云

蘭亭神龍本跋

評禊帖者十九多推定武獨陳長方謂唐人摹本非定武石刻所能及是本有神龍半印正唐人摹本也墨蹟存項子京天籟閣分授其子德弘鋟諸石康熙壬子夏予購得之經熙甯元豐諸賢審定元人賞識畧同比于瘦本差肥然抑揚得所骨力相稱假令孫華老見之定移入墨妙亭子

晉王大令保母甎志宋搨本跋

崑山徐尚書原一初得王子敬保母甎志予往觀焉驗是宋嘉泰間拓本經羣賢鑒定鄱陽姜堯章尤賞之連書十一跋于後尚書以晉石墨難得出白金十鎰易之是日同觀者慈谿姜宸英西溟晉江黄虞稷俞邰秀水沈廷文元衡也志出于嘉泰壬戌錢清王畿獲之會稽山樵樵人獲之黄閍與甯中保母葬地也按保母之名見禮内則鄭司農謂安其居處者儀禮喪服緦麻三月爲乳母子夏傳曰何以緦也以名

服也鄭注以爲養子者有它故賤者代之慈已蓋慈母必父之妾保母乳母以賤者代母或自有所從之夫子敬云歸王氏匪主右軍而言可知已黃閍不見于施宿張淏二志爾雅閍謂之門閍祊同廟門亦巷門也甎出土時已斷爲四歸于畿又斷爲五合而搨之宜有裂紋而仍若不斷者信夫搨手之良非今工匠所能及也歸德安世鳳撰墨林快事詆其字不佳語不倫然堯章精于書法其于禊帖絳帖評騭不爽謂是本有七美與蘭亭序不少異且言必大令自刻

傾倒至矣又云有人刻別本以亂眞然則安君所見毋乃別本拙惡者乎予惟堯章之言是信語倘書寶藏之毋爲豪者所奪可爾

梁始興安成二王墓碑跋

康熙辛酉江南試士既畢爲攝山之游出郭道經黃城村梁侍中司徒驃騎將軍始興忠武王憺墓在焉王太祖第十一子都督荆湘等六州軍事有惠政州民歌之所云始興王民之爹是已薨于普通三年碑辭侍中徐勉撰貝義淵書又東北甘家巷梁贈侍中

司空安成康王秀墓在焉王太祖第七子以中衛將軍領宗正卿尋都督郢司霍三州軍事遷雍梁等四州軍事亦多惠政天監十七年薨于竟陵歸喪京師故吏譙郡夏侯亶表請立碑詔許之於是名士游王門者東海王僧孺吳郡陸倕彭城劉孝綽河東裴子野各製其文今存碑二其一全泐惟孝綽一碑結銜石上可辨書之者亦貝義淵也二王同母俱以孝悌聞于時又皆好文安成招劉孝標撰類苑始興降意接士嘗與賓客連榻而坐史臣合傳比于漢之河間

東平其葬也兆基匪遠雖宰木已盡而麟辟邪贔屓猶存第穹碑將仆勢不能支椎拓之工莫敢措手觀者亦憚于久立也昔歐陽子著集古錄于蕭梁上收智藏法師一碑而此三碑在建康都會之區汴京承平日度石尚堅立顧反遺之何與義淵爵里未詳廣韻注貝韻不載姓源鄭樵姓氏略于貝氏則引宋登科記有常州貝寶明永嘉方日升補注黃公紹韻會引于家姓韻譜云貝氏望清河古有貝獨坐晉有術士貝靈該不及義淵羅泌國名紀謂貝氏吳越多此

姓本諸左傳郥氏按春秋傳昭公十九年楚子之在
蔡也郥陽封人之女奔之生太子建杜預注郥陽蔡
邑二十三年傳稱楚太子之母在郥召吳人而啟之
冬十月吳太子諸樊入郥杜預注郥郥陽也定公十
三年傳稱齊侯衛侯次于垂葭實郥氏杜預注垂葭
改名郥氏高平鉅野縣西南有郥亭然說文玉篇類
篇俱無郥字第有鄍字今南北國子監本悉更鄍爲
郥不典孰甚焉惟唐長安所鐫石經仍作鄍字足以
證其誤矣予念六代刊石之文南朝更爲難得爰取

孝綽文并手摸始興碑殘字書之冊而識其末

茅山許長史舊館碑跋

陶隱居書許長史謚舊館碑拓本觀于爛谿潘氏隱居以工草隸聞見于史傳嘗與梁武帝論書連章累牘載諸法書要錄袁昂書評謂如吳興小兒形容雖未成長而骨輕甚駿快竇臮賦則云高爽緊密自然排闥今觀是碑筆與手會信昔賢之言不誣碑立于梁普通三年至唐大歷十三年中山劉明素以文字將湮重加洗刻使原碑而在駿快高爽當更倍此矣

魏魯郡太守張猛龍碑跋

右魏魯郡太守張猛龍碑建自正光三年其得列孔林者以當日有興起學校之功也吾於是乎有感孔子之道若日月然萬物宜無不向照乃或叛而之佛老何與蓋誅賞者治世之權聖人者是非所從出也春秋之作所以誅亂臣賊子者至矣天下之人非者嘗多是者嘗少懼無逃于聖人之誅獨佛老以無所可否之言暢其淸淨寂滅之旨爲恒情所樂聞而聖人者亂世之所惡也元魏之俗事佛尤甚斬山以爲

窟範金以爲像九層之臺萬金之液竭民力事之及其旣成靡不刋石勒銘以紀功德斯時也又安知有聖人之道哉猛龍爲西平武公軌八世孫方晉之朝士尚崇莊老獨武公在涼州徵胄子五百人立學校春秋行鄉射禮而猛龍克循祖父之教修聖人之學于舉世不爲之時使講習之音再聞于闕里噫可傳也予留大同問拓拔氏故都觀所鑿佛宮窞碑巨碣已無存者而斯碑在孔氏之庭歷千年不壞雖更歷千年知莫有從而去之者此予所爲感也嗚呼爲政

之君子可以知所務矣

魏李仲璇修孔子廟碑跋

右曲阜縣修孔子廟碑，魏兗州刺史李仲璇撰文并書，孝靜帝興和三年十二月立石杏壇之下，碑尚完好，雜大小篆分隸于正書中，蓋自太武始光間初造新字千餘，頒之遠邇，以爲楷式，一時風尚乖别，此法著作式所云世易風移，文字改變，俗學鄙習，炫惑于時者也。曩觀太原風峪高齊時鐫石柱佛經，亦多類是，斯亦穿鑿失倫矣。仲璇魏書有傳，自兗州還除將

作大匠卒贈驃騎大將軍儀同三司青州刺史

北齊少林寺碑跋

右碑北齊後主武平元年正月立于嵩山少林寺文本正書雜用大小篆八分法北朝碑多類此書家嫌其乖劣然以拙筆見古與後代專逞姿媚者不同也碑後列勸化主邑師邑子都維那忠正北面像主褱主多人中有張黄頭馬黄頭按北史游雅小字黄頭則黄頭命名亦當時習俗然爾褱上挨之以義當屬齋字但說文玉篇汗簡等書皆無之吾不敢知也曹

上舍仲經好古金石文特裝界爲冊跋其尾焉

宇文周華嶽頌跋

後周華嶽頌立于武帝天和二年在今華陰縣西金天王廟中碑于題後結銜曰使持節驃騎大將軍開府儀同三司大都督司宗治內史臨淄縣開國公万紐于瑾造此文車騎大將軍儀同三司縣伯大夫趙興郡守白石縣開國男南陽趙文淵字德本奉勑書万紐于瑾者唐瑾也爲燕公于謹器重白文帝言瑾學行兼修願與之同姓結爲兄弟文帝乃賜姓万紐

于氏庭羅子孫行弟姪之敬時瑾已位開府矣進爵
臨淄縣伯周制封郡縣五等爵者皆加開國授大將
軍開府儀同者並加使持節大都督其曰司宗者武
帝保安四年更禮部稱司宗也複姓古有之三字姓
始于代北魏書官氏志載有勿忸于氏紐作忸勿疑
万字之譌賜此姓者洛陽則于瑾猗氏則樊深匪特
唐瑾也文淵于大統十年追論立義功封白石縣男
邑二百戸遷縣伯下大夫加儀同三司天和元年露
寢成以題牓功增邑二百戸北史更淵曰深避唐高

祖諱也史稱其楷隸雅有鍾王之則今觀是碑殆非虛譽云

後周幽州刺史贈少保豆盧恩碑跋

右周少保豆盧恩碑康熙歲戊子觀于稼堂潘氏書屋恩本前燕支庶姓慕容氏與兄同州刺史封楚國公贈太保寗先後立功碑云恩字永恩北史後周書俱闕其名止書其字永恩附見寗傳惜也後幅漫漶不能卒讀矣宇文建國用蘇綽盧辯輩議禮謚法不輕假人即宗子維藩弗隱惡德如晉公護曰蕩齊王

憲曰煬衞王直畢王賢曰剌趙王招曰僭陳王純曰惑越王盛曰野代王達曰奰紀王康曰厲而豆盧兄弟或易名以昭或易名以敬誠厚幸矣稼堂曰昭乎哉子之言也曷書之於是乎書

眞定府龍藏寺隋碑跋

眞定府治東龍興寺隋龍藏寺故址也寺刱于開皇六年恒州刺史鄂國公金城王孝僊立石齊開府長兼行參軍九門張公禮撰文恒州齊亡後入于周周又亡入于隋而公禮仍書齊官君子不忘其故國于

稱名見之矣流傳宋太祖曾幸其地寺重建于乾德元年龍興之額所由更也然歐陽子著集古錄稱龍藏寺已廢遺碑在常山府署之門則嘉祐間碑猶在寺外也今入門有殿殿北閣五層廣九楹崇十有三文中奉觀世音像高七丈三尺臂四十有二土八目爲大佛寺碑亦具存而終南山釋道宣撰神州寺塔錄鋪敘佛像顧不及焉何哉若夫隋之碑存于今者寡矣裝界而藏諸也可

題僞刻李衛公告西嶽文

王侯將相時至則居之雖豪傑之士不能預信于平日也劉季起沛上衆推擇可爲沛令者蕭曹等皆文吏自愛恐事不就盡讓季當其時安能必後之相季封鄭平陽哉劉伯溫羈管紹興感憤至欲自殺又嘗爲石抹宜孫所用初未有佐命之思而或謂其在西湖望見雲物曰後十年有帝者出吾當佐之殆妄也世傳李衛公未遇爲文告西嶽神意在取天下次則擇主而仕若微時預以帝王自許者然考之史衛公初仕隋爲殿內直長尋爲馬邑丞唐高祖擊突厥衛

公察其有非常志乃自鎖上急變新舊唐書所載畧同可謂不知天命之尤者亦安得于未遇時逆知爲唐佐命出入將相乎其事雖見李肇國史補而告文不知何人所作其云斬大王之頭焚其廟宇此豈衛公之言昧者從而刻之石按歐陽趙氏所録皆無之蓋近代作僞者爲之眞妄男子也

潘氏家藏晉唐小楷冊跋

右晉唐小楷一十六種共一冊舊藏新安畢侍郎懋康家吾友潘次耕得之出以見示次耕博訪金石文

一一裝界得此遂爲翠墨之冠審視再三字比近時摹勒者差小又紙墨一色竊疑淳化帖外如大觀淳熙潭絳鼎汝等帖足本已亡侍郎偶得其一弖爾然楷法已畧備試用張懷瓘法估之不啻直千緡也

金石文字跋尾卷三

金石文字跋尾卷四

秀水朱彝尊著

唐太宗晉祠碑銘跋

唐太宗自晉祠興師定天下貞觀二十一年七月御製碑文及銘勒石于叔虞祠東隅碑陰列長孫无忌蕭瑀李勣張亮李道宗楊師道馬周銜名後人覆之以亭而庸工以字畫上石稍淺遂刻而深之帝嘗自述作書之法惟求骨力骨力既得形勢自生不意爲庸工改鑿而骨力形勢俱失矣予嘗五至祠下輒摩

肇是碑覽古興懷集少陵野老詩句文章千古事社稷一戎衣書于亭在富平李因篤子德見而賞其工因遺書與予定交于其歸也拓銘二本贈之而書其後

聖教序跋

鍾山紀檗子客于燕王子八月過其寓齋觀宋搨聖教序舊爲吾里項子京家藏上有張徵跋尾徵字如瑩建炎中官尚書右丞周益公稱其馳聲翰墨位望既崇人欲其尺牘不可得今觀其書法果入格且歎

此冊紙墨絶妙當知爲南渡以前物矣予京蓄書畫甲天下卷尾必佑其價析產時按所書以遺諸子見者以爲不爽銖兩焉甲寅春檗子倣裦南還相對潞河酒闌索予題識復以他本較其鈎畫要未若此本之善

唐騎都尉李君碑跋

同里曹生仲經嗜金石文手拓同州李君碑示予紙墨精善對之眼明碑未詳書者姓氏觀其峻利秀逸非王知敬殷仲容不能造詣及此李君諱文字緯東

漢以後字必以兩字稱一字者罕矣載于唐書房玄齡字喬顏師古字籀李衆字師李琇字琇張巡字巡郭曜字曜宇文審字審李恢字祚李條字堅竇思仁字恕張義方字儀此外不多見也

唐郭君碑跋

右郭君碑在汾陽縣北七十里予于丙午秋經郭社村行溝中仰見土岡之上碑額微露環岡數里乃登讀其文皆駢儷語首二行剝裂君之名字門世與撰文者皆闕焉其知爲郭君者藉有額存也碑立于乾

封二年中有云揮霜鉞而斬老生葢從太宗攻霍邑者按舊唐書宋老生棄馬投塹甲士斬之新唐書則稱爲劉弘基所殺温大雅創業起居注又云老生攀繩上城軍頭盧君諤所部人跳躍及而斬之世咸不知揮刃者之爲郭君而君之名以后裂終不傳可惜也

跋唐明徵君碑

上元縣攝山佛寺明徵君碑其文唐高宗御製書之者高正臣也碑立于上元三年徵君者蕭梁處士山

賓寺其故宅高宗以山賓來孫崇儼入閣供奉特爲撰文勒之于石石至今猶完好歲在辛酉十月予與金陵鄭簠嘗熟王翬嘉興周篔平湖曹彥樞暨子弟彝玠同游是山留信宿各搨一通以歸

唐龍門奉先寺盧舍那像龕記跋

水經伊水出南陽縣西東北過陸渾縣南又東北過伊闕酈道元注昔大禹疏以通水兩山相對望之若闕春秋之闕塞是也韋應物詩鑿山導伊流中斷若天闕而司馬君實之言曰龍門伊闕天所爲非山横

其前水壅其流禹始鑿之然後通也斯言其信矣夫山有八寺其一曰奉先像建自咸湻三年而以調露二年賜額蓋闕去洛陽二十五里而近兩岸洞龕佛像累千合夾侍坐立者幾盈萬此杜少陵詩所云氣色皇居近金銀佛寺開也碑闕書者姓名或云袁元哲族考正續書之康熙戊子竹垞八十翁彝尊識

跋石淙碑

右唐武后夏日游石淙詩并序羣臣和者一十六人河東薛曜正書久視元年五月刊于平樂澗之北崖

斯游也新舊唐書本紀均未之書計敏夫唐書紀事亦不載僅見之趙明誠金石錄及樓大防集而已予友葉封井叔知登封縣事撰嵩陽石刻志始著于錄顧删去九首覽者不無憾其闕漏康熙己卯九日獲披全文碑尚完好漫漶僅三字惟張易之昌宗姓名爲人擊去然猶可辨識也井叔曩語予潤壁面水必穴崖棧木乃可摹拓故儲藏家罕有之予性嗜金石文以其可證國史之謬而昔賢題咏往往出于載紀之外若賈餗華岳詩李負恒岳詩任要韋洪岱岳觀

白蝙蝠詩三衢石橋寺李謜古風臨朐馮氏詩紀海鹽胡氏唐音統籤泰興季氏全唐詩集皆略而不收斯碑亦棄不錄世遂莫知睿宗及狄梁公之有詩傳于今予因爲跋其尾

跋唐博城令祭岳詩

右唐博城馬令詩在岱岳觀碑之東側面其名剝蝕題曰敕使麻先生者按今觀中有雙碑其西一碑北面第二層有久視二年記文稱神都青元觀主麻慈力親承聖旨齋龍璧御詞繒帛香等物詣此齋醮郎

其人也神都卽東都故詩中有伊水嵩巖之句殿蓋金輪十三字之一音義未詳亡友顧炎武甯人吴任臣志伊均疑爲應字想當然矣

唐張長史郎官石記跋

張長史以草聖名正書傳者絶少而墨藪九品書人列之上上良以其正書不易得也郎官石記舊本存王太傅濟之家後王元美敬美迭相藏弆三公各有題識董尚書思白摹而勒之戲鴻堂帖謂海内止有一本蓋以絶品目之矣相傳是册乃唐人所拓疑未

必然龔明之中吳紀聞云唐郎官題名碑承平時在學舍中堂之後兵火後不復存長史蘇人故立碑于此按郎官題名宜在長安其刻石存蘇州學舍者吳人鄉曲之情爾此必湻熙以前所搨無疑康熙乙酉六月觀于商邱宋公節使之廨

開元太山銘跋

莊周稱易姓而王封太山者七十二家勒石千八百餘處歷千萬禩而后[石感]玉牒後人莫得見其形兆果明神爲之守護邪祖龍肇始立碑久已埽迹兩漢迄

唐間世一修時邁之典開元天子允文武百寮之請於十三年冬十一月式遵故實有事于太山詔中書令張說右散騎常侍徐堅太常少卿韋縚祕書少監康子元國子博士侯行果於集賢書院撰儀注己丑日南至法駕詣山下御馬以登行升中之禮天子製紀太山銘親札勒于山頂之石以十四年九月景戌告成於是中書令張說撰封祀壇頌侍中源乾曜撰社首壇頌禮部尚書蘇頲撰朝覲壇頌趙明誠金石錄目載太山銘側有題名三列今已亡之而頲頌授

梁昇卿書刊御製銘右明有俗吏以忠孝靡節四大字鑱其上頌文毀去者半可憾也碑銘典雅或是燕許手筆而御書遒勁若怒猊渴驥羈束安閑不比孝經之多肉少骨若唐隸盡如此何慙漢碑碣乎山高四千九百丈二尺行旅出于塗者車前馬首仰視略可覩歲在己酉五宿茲山之麓未克叩天關陟環道手摸其文詢之野老必架木緣緪而上然後椎拓可施又山高多風兼慮日曝紙幅易裂若是其難也曩者先後裝界三本悉爲好事者所奪己丑夏同里沈

秀才翼能分書獲此本于白下雖有闕文乃百年以前舊搨爰審定而書其本末于冊尾銘書隋作隨書繹繹作奕奕有曰自今而後儆乃在位將多于前功而悲彼後患豈意天寶之亂近在目前也乎是歲六月丁未舟發江都阻風瓜洲渡口書

唐封北岳神碑跋

唐天寶七載封北岳神爲安天王是時祿山近在肘腋安天王之名得毋爲之兆乎碑辭李荃撰其陰則康傑文書以八分者戴千齡也筆法淸古遠在韓擇

太蔡有隣梁昇卿張庭珪史惟則諸家之上乃盛熙明攷書法獨遺之何與

唐崇仁寺陀羅尼石幢記跋

西安府崇仁寺陀羅尼石幢唐天寶七載五月建張少悌書所題職名有駕出長上扶車長上按唐制兵部尚書選驍勇材藝可爲統領者拔其尤令宿衛目曰諸色長上有一日上兩日下者有五日上十日下者若長入長上取形軀六尺六寸以上者充之則每曰隨仗下隸左右監門衛者也又有直長長上長孫

温充尚儀直長李嗣福充監門直長李善充尚輦直長上周先孝充左羽林軍長上見于新書宰相世系表外河渠署有長上漁師此云駕出扶車殆皆宿衞士矣少悌筆法娟秀稼堂是本尤佳因摭六典新舊書識其末康熙四十有七年二月壬寅朱彝尊題時年八十

書唐蘇祕監小洞庭二碑後

天寶十三載七月扶風蘇源明守東平時濟陽有河隄之役太守李倰虞夫役不均於是濮陽守崔季重

魯郡守李蘭濟南守田琦胥會于東平源明議廢濟
陽以盧東阿歸東平平陰長清歸濟南陽穀歸濮陽
旣而縣乃不割郡亦仍舊見源明所作詩序而劉昫
地理志稱天寶十三載廢濟州將毋國史傳聞或失
其實與迨明年祿山作逆則源明已徵入爲國子司
業此杜甫八哀詩有一麾出守還黃屋朔風卷之句
也當五太守讌集源明特字渦泊曰小洞庭亭曰洄
源至太和中天平節度使令狐楚以二詩立石題云
自源明迄楚爲時僅八十年洄源亭渦泊已迷其處

矣聞是碑尚存惜儲藏金石文字者多不著于録也

唐憫忠寺寶塔頌跋

右憫忠寺寶塔其文張不矜撰蘇靈芝書建自唐至德二載碑稱御史大夫史思明奉爲大唐光天大聖文武孝感皇帝敬无垢淨光寶塔頌宛平孫侍郎耳伯著春明夢餘録謂碑建于思明初歸附之時而崑山顧處士甯人撰金石文字記稱嘗偕覲人萬貞一觀是碑其文陷處類磨治再刻以爲思明復叛之後磨去及思明誅此地歸唐後人所重刻者今年冬過

貞一于諸城李渭清所遂同往觀焉碑首范陽郡三字史思明三字次行大唐等十二字文中維唐紹統及彼命啟與禪虞又東宅四水西都八川暨唐祚字至德二載字其文深陷然書法實出一人始悟侍郎處士所云猶未爲定論也考思明之降在至德二載十二月至明年正月肅宗始加尊號二月乃赦天下改元碑既建于二載十一月不應預書尊號又思明初附肅宗授以歸義王范陽節度使若碑建于降後宜大書王爵不當祇稱御史大夫則是碑之建蓋在

思明未降唐之先范陽郡三字其初本二字祿山僭稱范陽爲東都必東都也大唐一行其初必祿山父子僞號文中唐字其初必燕字而至德二載其初必祿山父子僭號之年無疑載攷安慶緒襲位賜思明姓安名榮國迨旣降附復更舊名因命靈芝改書者爾碑文以左爲前甯人謂書丹于后之故疑從祿山俗尚未可定也不矜與判官耿仁智同僚思明之將復叛也表請誅李光弼不矜實爲起草辭曰陛下不爲臣誅光弼臣當自引兵就太原誅之及將入函爲

仁智削去思明知之遂執二人仁智死不矜度難獨免可知已當日思明降而復叛既誅之後唐人見其碑踣之惟恐不力安有反勒其名于后者乎此又事之所必無也貞一聞予言作而曰有是哉于是人摹一本予爲攷其始末書于後

蘇靈芝易州鐵像頌跋

蘇靈芝之書予所見者幽州憫忠寺寶塔頌及是碑而己今其石漸泐飛動之致已失遂不堪與李北海對壘此宋人搨本精采具存董尚書稱其遒密宜矣册

舊藏曹氏古林康熙壬午春忽見于花南水北之亭正如久别故人相對古林金石表儲藏秦漢已來至五代十國凡七百本近已散失斯碑獨爲識者所得幸矣

唐御史臺精舍記并碑陰題名跋

唐自貞觀中李乾祐爲御史大夫别置臺獄囚當訊就近拘繫之其漸也侍御史東西推監察御史糾視刑獄各禁其囚迨武后時來俊臣侯思正皆爲御史制獄之外臺獄圄扉恒滿崔隱甫爲臺務言于朝掘

去於是旁列精舍以釋典懺之崔湜爲文梁昇卿書以八分開元十一年勒諸石碑陰列侍御史殿中侍御史監察御史并内供奉銜題名僅盧懷慎崔湜陸景初三人亦昇卿分書自懷慎以下正書百二十二人侍御史也自湜以下正書百八十四人殿中侍御史也自景初以下正書三百四十七人監察御史也碑額又有天寶元載以後侍御史知雜侍御史監察御史共五十人而碑之左右椎拓不及焉中有薛偘偘者二一名重文碑凡三見此唐一代所僅有也昇卿

自監察御史歷殿中侍御史遷侍御史再遷太子右庶子

唐儲潭廟裴諝喜雨詩碑跋

贛州儲潭廟唐碑二載陳思寶刻叢編予屬友人訪求謁廟下者輒云無有康熙壬申十月一月泊舟于潭獲諸儀門之右其陽裴諝詩其陰裴氏族子題名記事後十年吳江張吉士尚瑗出知興國縣事乃拓諝詩見貽惜其陰面壁工人不知嚮搨然胡氏統籤季氏全唐詩諝作皆無之叢編所載諸道石刻其中

唐人詩尚多惜無好事若張君爲予博訪而摹拓之也謂字士明洛陽人尚書覓子仕至兵部侍郎舊史有傳

五經文字跋

唐大歷十年有司上言經典不正取舍莫準乃詔儒官校定經本送尚書省并國子司業張參辨齊魯之音考古今之字詳定五經書于論堂東西廂之壁論堂者太學孔子廟西之夏屋也見舒元輿問國學記其初塗之以土而已太和間祭酒齊皡司業韋公肅

易之以堅木擇國子通書法者繕寫而懸諸堂禮部郎劉禹錫爲作記當時場屋至發題以試士文苑英華載有王履貞賦其略曰置六經于屋壁作羣儒之龜鏡又云一人作則京國儀型光我廊廟異彼丹青其推詡若此是書自土塗而木版自木版而刊石字已三易恐非參所書矣以予論之唐人多專攻詩賦留心經義者寡參獨奉詔與孝廉生顔傳經取疑文互體鉤考而斷決之爲士子楷式爲功匪淺矣故禹錫記稱爲名儒作史者宜以之入儒林傳而舊史新

書俱不及焉按孟浩然集有送張參明經舉覲省詩錢起集有送張參及第還家作而郎官石柱題名參曾入司封員外郎之列蓋參在開元天寶閒舉明經至大歷初佐司封郎尋授國子司業者也今其姓名僅一見于宰相世系表一見于藝文志小學類他不詳焉闕事一也參謂讀書不如寫書庶其書法必工故當時壁經羣儒奉爲龜鏡縱不得與儒林之列書家姓氏亦宜載之而書苑書譜書史均未之及闕事二也壁經雖無存然參所定五經文字與唐玄度九

經字樣同刻石附九經之後歐陽永叔最嗜金石文字其序集古錄云上自周穆王下更秦漢隋唐五代外至四海九州名山大澤窮厓絶谷荒林破冢神仙鬼物詭怪所傳莫不皆有乃獨唐所刻石經錄中跋尾三百九十六篇此獨無有是唐刻石經永叔當日反失于摹搨未免類于昌黎韓子所云掎摭星宿遺義娥矣闕事三也今諸書皆有雕本獨五經文字九經字樣止有拓本無雕本闕事四也子思漢魏石經既已湮沒惟唐開成本尚存參書幸附刊于石顧學

者東諸高閣罕有游目者故具書之

平定州唐李諲妒神頌跋

異哉妒神之有頌也神之號不在祀典見于史傳者唐高宗將幸汾陽宮并州刺史李沖玄以道出妒女祠俗云盛服過者必致風雷之災乃發萬人別開御道知頓使狄仁傑謂天子行風伯雨師淸塵灑道何妒女之害邪遽令罷役然則妒女有祠其來久矣相傳神介之推妹也頌之者誰游擊將軍上柱國李諲也碑于何所今平定州娘子關也州東有井陘東北

有盤石葦澤而斯關以娘子稱殆因神而名之也立碑之歲大曆十三年也神之行事不見于春秋内外傳其妒也孰傳道之自唐以來祈焉而祝史陳廟焉而膢臘祭此謂有其舉之莫或廢也且夫妒惡德也宜爲衆所共惡而神乃以是致頌此不虞之譽也井陘西南太原東北妒神之水滄焉黛色興雲致雨侔造化力頌之辭也吾思古人嗜金石文字者多矣考斯碑未著于錄推而拓之裝界而藏之古林曹侍郎溶也以八分書其後者布衣秀水朱彝尊也歲在强

圉協洽秋八月朔

跋唐衢州刺史嗣江王禕石橋寺詩

石橋寺在衢州府西安縣南三十里道書第八青霞洞天也康熙壬申冬知縣事鹿君祐邀予往游從寺登山覩仙人對弈所前後洞豁有碑峙其右則唐嗣江王禕所題五言詩以貞元三年正月上石末書朝散大夫使持節衢州諸軍事守衢州刺史賜紫金魚袋韋光輔建文稱刺史韋公于石橋寺橋下以外祖信安郡王詩刻石按新唐書表太宗第三子吳王恪

恪第三子琨琨子禕舊唐書傳禕少繼江王𤣱後封爲嗣江王改封信安郡王景雲開元中兩爲衢州刺史詩題嗣江王當是景雲間初爲刺史作也成都楊用修不知薄烟冪遠郊遥峰没歸翼二語係王詩疑爲仙人遺句誤矣

唐郎官石柱題名跋

唐尚書省郎官石柱題名吴郡張長史旭撰記京兆許左丞孟容撰後序記出旭正書後序劉禕闕寬夫隸書也二篇别勒于碑而題名録于柱自貞元後則

令史續書故工拙大小不齊焉唐制尚書省都堂居中東有吏部户部禮部三行行四司左司統之西有兵部刑部工部三行行四司右司統之各掌十二司事舉正稽違省署符目定其程限吏分設司封司勳考功户分設度支金部倉部禮分設祠部膳部主客兵分設職方駕部庫部刑分設都官比部司門工分設屯田虞部水部諸司均有壁記詳其改充遷轉之歲月而石柱第注姓名而已康熙戊子予始購得郎官題名三紙字已漫漶眼昏莫辨會桐城方生來自

京師訪予梅會里坐曝書亭鎮以界尺審視之姓名可識察者三千一百餘人別錄諸格紙而同里曹生復以所搨本贈予因言柱在西安府儒學孔子廟庭之右上有古柏覆之竊思六部既分左右則當時立石必東西各一今右司暨兵刑工三部所屬郎官題名無一人者是左存而右已失也若禮部四司闕郎中考功膳部闕員外郎殆由椎拓者遺失爾方生名世舉字扶南曹生名曰瑚字仲經俱受業予之門

跋唐岱岳觀四詩

右唐張嘉貞任要韋洪公孫杲四詩俱刻于岱岳觀碑側而編岱史者不錄任韋公孫三人新舊唐書無攷任又題名云貞元十四年正月十一日立春祭岳遂登太平頂宿其年十二月廿一日立春再來致祭茶宴于茲蓋唐時祭畢猶不用酒故宴以茶也

唐濮陽卞氏墓誌銘跋

康熙二十年秋禁垣西偏中官劉進成宅掘地誤發古墓中有瓦鑪一瓦罌一墓石二方廣各一尺二寸一刻卞氏墓誌四字環列十二辰相皆獸首人身一

刻誌銘而書誌作誌又無撰文人姓名第云歸于我
彭城劉公而已文稱貞元十五年歲次己卯七月朔
夫人寢疾卒于幽州薊縣以其年權窆于幽州幽都
東北五里禮賢鄉之平原按憫忠寺有唐人舍利記
二一云寺在城東門一云大燕城內地東南隅有憫
忠寺門臨康衢則唐之幽州在今都城之西南合之
是碑益信

唐游石橋記跋

游石橋記元和元年三月衢州刺史陸庶文庶吳人

宰相元方之曾孫彖先之從孫希聲之從祖也先世曰玩仕至司空侍中贈太尉其子姓號太尉支元方彖先希聲三世相唐新書世系表庶歷官福建觀察使當日以貴公孫領郡碑後列親賓接武男子從行是亦好事者親賓二人子壻試大理評事元益前絳州太平縣尉崔纘男子五人右內率府錄事參軍綜前弘文館明經繪左監門衛率府兵曹參軍紹前崇陵挽郎縝按世系表書縱鄭令綜河南府戶曹參軍繪信州刺史紹潁州刺史惟縝無之崇陵者德宗陵

也縝以大臣子弟充挽郎唐制然矣

跋石橋寺六唐人詩

右劉迥李幼卿李深謝勮羊滔薛戎詩各四首刊成二碑留石橋寺嘉靖中尚存都御史江山趙鏜修府志具錄之中間闕文僅六字耳迥字陽卿知幾子大歷初吉州刺史終諫議大夫給事中有集五卷載新唐書藝文志幼卿字長夫隴西人大歷中以右庶子領滁州州有庶子泉因幼卿得名深字士達兵部郎中衢州刺史滔泰山人大歷中宏詞及第戎字元大

元和七年以刑部郎遷河南令歷衢湖常三州刺史終浙東觀察使劇未詳二碑不知何年失去其後官三衢者改修府志乃盡刪唐人之詩深可恨也宋陳耆卿撰赤城志明謝方石續之各爲一集合之以行後之君子改修地志者當取以爲法

唐濟瀆廟北海壇置祭器銘跋

山川望秩濟瀆神清源公建廟于濟源縣西北而築北海壇于廟後號廣澤王掌之祠官歲立冬日奉祀其來久矣舊俗佐廟不設祭器先期令請于上官購諸

洛下酬以稅緡所用沉幣之舫則以車遠運沁河渡口貞元十三年濟源令張洗字濯纓覩廟中楸槐數本爲大風所拔用其材製祭器凡百二十有二餘以造雙舫云按爾雅祭川曰浮沉郭景純注以爲投祭水中或浮或沉語焉未之詳也碑文謂沉幣雙舫蓋舫以浮之幣以沉之比于郭氏之注義較明晰今山祇川后祠宇恒有車船置殿左右殆本古祭川遺製爾洗于事神有禮度治人必有方惜乎斯銘不載圖經而洗之政事亦無表見碑今藏吳江潘氏稼堂其

善藏諸

書唐賈竦華岳廟詩石刻後

元和元年十月著作郎河南賈竦謁華岳廟賦五言詩題名太和六年四月其姪男宣義郎行華州參軍事瑊修之修之者殆鋟之也詩題北周天和二年趙文淵書万紐于瑾所撰華岳頌之左方頌之陰則開元八年劉升書咸廙所撰精享昭應碑也其右勒顏眞卿乾元元年題名工每椎拓三面而遺竦詩以是流傳者寡然其詩特醞雅顧圖經未之采焉爰裝界

書其後

白樂天草書春游詩拓本跋

右白傅草書一十九行錢穆父在越勒石寘蓬萊閣下今長慶集不載或以是詩補入元微之集中誤也散字廣韻未收而毛晃增注禮部韻略有之引白詩爲證且注云重增然則今之廣韻亦非唐韻之舊矣從雕本譌終愛雕本譌怯皆所當勘正者

金石文字跋尾卷四終

金石文字跋尾卷五

秀水朱彝尊著

唐國子學石經跋

右唐國子學石刻九經易九卷二萬四千四百三十七字書十三卷二萬七千一百三十四字詩二十卷四萬八百四十八字周官禮十卷四萬九千五百十六字儀禮十七卷五萬七千一百十一字禮小戴記二十卷九萬八千九百九十四字春秋左氏傳三十卷十九萬八千九百四十五字公羊氏傳十卷四萬

四千七百四十八字穀梁氏傳十卷四萬二千八十九字孝經一卷二千　百　十三字論語十卷一萬六千五百九字爾雅二卷一萬七百九十一字開成二年都檢校官銀靑光祿大夫右僕射兼門下侍郎判國子祭酒同中書門下平章事太淸宮使兼修國史上柱國滎陽郡開國公食邑二千戶鄭覃勘定勒石本也新舊唐書載覃奏起居郎集賢殿學士周墀水部員外郎集賢殿直學士崔球監察御史張次宗禮部員外郎孔温業四人校定又冊府元龜載文宗

命李吏令韓泉充詳定官而題名于石者有四門館明經艾居晦陳玠又文學館明經不知名一人將仕郎守潤州句容縣尉段絳將仕郎守祕書省正字柏暠將仕郎守四門助教陳莊士朝議郎知沔王友上柱國賜緋魚袋唐元度朝議郎守國子毛詩博士上柱國章師道朝散大夫守國子司業騎都尉賜緋魚袋楊敬之并覃共十人顧國史所記者題名不書題名書者國史亦不紀不可解也石經文劉昫譏其字乖師法然終勝今監本坊本儲藏家不可不以此插

架焉

榆次縣三唐碑跋

去榆次縣三十里趙村有穹碑三中央一通仆地折爲二一段贈太保李艮臣碑也其辭李宗閔撰楊正書立于長慶二年右一通安定郡王李光進碑也其辭令狐楚撰子季元書立于元和平蔡之後左一通太尉李光顏碑也其辭李程撰郭虔書立于開成五年艮臣本河曲部落稽阿跌之族襲雞田州刺史隸朔方軍其稱太保者以子貴贈官光進光顏皆以功蓋

天下時人以大小大夫別之兄弟孝睦載于舊史而碑稱光顏平吳元濟師旋請于朝葬其兄則史傳所未及又碑書光進爲安定郡王史沒其文吾意碑辭定不誣矣

九經字樣跋

張司業五經文字始塗于土繼雕于版歲久傳寫點畫參差於是開成中沔王友朝議郎翰林待詔唐玄度依司業舊本參詳改正撰新加九經字樣一卷請附五經文字之末兼請于國學刱立石經今長安所

存石經雖鄭覃輩成之其議實發于玄度也王伯厚稱其辯正書文頗有依據葢自後周廣順中田敏進印版二部後石本之外鏤版更無人矣

書張處士瘞鶴銘辨後

石壘之傳于今有難以驟讀者天發神讖石斷而爲三瘞鶴銘裂而爲四又失其腹由是釋文不符覽古者闕其疑可也移易增益其辭不可也曩在白下得祥符周雪客神讖碑考旣序而傳之矣淮陰張力臣乘江水歸壑入焦山之麓藉落葉而仰讀瘞鶴銘辭

聚四石繪作圖聯以宋人補刻字倫序不紊且證爲顧逋翁書蓋逋翁故宅雖在海鹽之橫山而學道句曲遂移居于此集中有謝王郎中見贈琴鶴詩鶴殆出于性所好斯瘞之作銘理有然者自處士之圖出足以息衆說之紛綸矣力臣名弨精書法嘗爲顧處士炎武寫廣韻及音學五書手摹家藏鼎彝款識遺予惜不營生產沒後盡散失并傳刻棗木悉歸之閩人可歎也

湖州天甯寺尊勝陀羅尼石幢跋

湖州天甯寺建自陳永定二年武宣章皇后故宅也曰龍興曰孝義曰萬壽曰報恩光孝寺額屢更其曰天甯者仍吳越武肅王所更額也相傳寺有尊勝陀羅尼石幢一十四座今其八尚存文可辨識者一建于大中元年十一月後題刺史令狐綯姓名一建于大中二年八月後題刺史蘇特姓名書者曹巨川也一建于大中十二年四月書者淩渭也一建于會昌元年十一月書者胡季良也一建于咸通十一年三月又斷石一平望芮文琛立後題乾符六年四月蓋

平望驛時屬烏程澄源鄉宜陽里故張承吉詩云一派吳興水西來此驛分斯其證矣巨川渭莫考季良見宣和書譜載其行草書各五種考諸家記錄金后文字太和八年湖州德本寺碑陰係季良正書寶歷二年杭州大覺禪師碑元和二年平李錡紀功碑均係季良八分書元和四年國子司業辛璿碑九年永興寺僧伽和尚碑均係季良篆額是季良于書法諸體精熟不獨行草見長矣惜也幢第稱曰處士而不著其里貫疑卽州人至繪畫人魚簡則畫譜未詳僅

見于此予友鄭元慶芷畦撰湖州府志手拓諸幢文見示予嘉其見聞之周洽也書冊尾歸之

唐阿育王寺常住田碑跋

右唐阿育王寺常住田碑祕書監正字郞萬齊融撰其初趙州刺史徐嶠之書旣隳于冠明州刺史于季友於僧惠印所覩舊文邀處士范的重書太和七年冬事也寺建于晉太康二年田賜于宋元嘉二年額更于梁普通三年釋道宣錄神州塔寺以是塔居第一焉碑題越州都督府鄮縣者齊融神龍中與賀知

章賀朝張若虛那巨包融等俱以吳越之士知名見劉昫唐書文苑傳國秀搜玉二集曾載其詩唐書以賀朝萬爲一人齊融爲一人誤矣唐自武德四年諸州置總管未久更都督府至乾元元年始號越州而鄮縣即故鄮州開元二十六年始割縣置明州齊融撰碑時寺猶屬越州也碑引詩倬彼甫田歲取十千以甫作頑不知何所本其陰有記則于季友辭附贈范的詩的亦有和韻之作胡氏統籤季氏全唐詩均未之載季友太保頔次子也尚憲宗女惠康公主拜

駙馬都尉授羽林將軍制係元稹所草史不言其爲
明州刺史宰相世系表第書絳宋等州刺史云

憫忠寺重藏舍利記跋

右宋師倫書重藏舍利記在京師憫忠寺碑建自唐
會昌六年文稱舍利舊藏智泉寺寺經始于元魏幽
州刺史尉萇命故又號尉使君寺按北史萇命太安
狄那人萇作長參預齊神武起兵破爾朱兆者其曰
節制司空清河張公則仲武也當武宗詔毁佛寺地
分三等幽州等居上許留僧二十人尋又詔諸道留

二十人者減其半故碑云勅于封管八州內寺留一所僧限十人至是年宣宗卽位遂弛其禁先是智泉寺已燬遂以舍利歸憫忠寺焉仲武在幽州屢破回鶻鄭畋謂會昌時功第一方毀寺之歲五臺僧多奔幽州仲武封二刀付居庸關曰有游僧入境則斬之及宣宗增置僧寺碑稱司空固護釋門殷誠修敬若是乎前後不相侔者蓋仲武功名之士宜其好惡與時移也師倫無善書名然猶存王知敬薛稷遺意亦能拔乎俗者

唐漳州陀羅尼石幢跋

右唐咸通四年八月漳州押衙兼南界游弈將王剬所造陀羅尼石幢宣義郎前建州司戶參軍事劉鏞序并書經後題朝議郎使持節漳州諸軍事守漳州刺史柱國崔衮名又分書建立歲月及鐫字人于後按游弈將五代十國多有之獨不見于唐會要新舊書惟六典載騎曹掌外府兵馬簿帳牧畜之事凡諸衞馬承直配千金吾巡檢游弈者季請其料給之殆職巡邏者已是帖今藏吳江潘檢討稼堂家審定爲

宋拓本

唐北嶽廟李克用題名碑跋

曲陽縣北嶽廟有唐李克用題名一百二十八字文稱中和五年二月者卽光啓元年攷僖宗以是年二月至鳳翔三月還京改元之詔猶未下也克用與義成節度使王處存同破黃巢以功封隴西郡王而盧龍節度使李可舉成德節度使王鎔惡處存約其滅之分其地通鑑載克用遣將康君立救之而碑文則云領蕃漢步騎五十萬衆親來救援與通鑑異又云

至三月幽州請就和斷遂班師取飛狐路却歸河東則又史所不及載者當唐之季藩鎮連兵境上各事爭鬬職方不錄其地朝廷號令所及僅河西山南嶺南劍南十數州上下不交以至于無邦生斯世者其聞見已不能悉真況百世之下寧免傳聞異詞哉惟金石之文久而未泐往往出風霜兵火之餘可以補舊史之闕此好古之士窮搜于荒厓破冢之間而不憚也克用本武人未嘗以知書名而碑文楷書端勁詞亦簡質可誦英雄之不可量如是夫嗚呼益以見

金石之文爲可寶也

憫忠寺葬舍利記跋

右唐景福元年僧復嚴葬舍利于憫忠寺觀音像前于是南敘述記知常書之碑云隴西令公大王者李匡威也是歲李克用王處存合兵攻王鎔匡威救之有詔和解河東及鎮定幽四鎮碑稱欲遷舍利于閣内陳辭請發封壤上許之蓋匡威方恃燕薊勁旅有雄天下意宜有請無不許者碑文侈陳發緘時舍利光芒異香郁烈外石函封内金函閟其崇奉象敎至

矣迨明年匡威復出師救鎔其弟匡儔據軍府自稱留後匡威進退無所之鎔迎館于鎮登城西大悲浮圖顧望流涕未幾以圖鎔見殺然則事佛果得福乎舍利之塔一燔于太和八年一燼于中和二年今匡威所建之閣遺跡已不可問其碑僅存焉爾已踣佛脚俾工拽而出之搨以藏諸笥

唐濟安侯廟二碑跋

乙巳秋客自華州來者貽予唐李巨川所爲濟安侯廟碑濟安侯者華之城隍神也巨川爲韓建掌書記

撰許國公勤王錄以媚建方昭宗幸華建請散殿後軍誅李筠圍諸王十六宅皆巨川敎之唐史附諸叛臣之列觀其碑文盛歸功于建此猶猘犬狂吠無足怪者繼得金張建所撰廟碑謂諸王既見殺是夜建袖劒詣行宮將及御幄神厲聲叱曰汝陳許間一卒耳蒙天子恩至此輒敢爲弒逆事乎建倉皇而退昭宗德之徙神于行宮既還京封神濟安侯而歐陽子五代史則謂建父叔豐所誡殆儒者不語怪之意歟金源之文傳世者寡碑辭特剴切可誦其稱神縛草

傳泥假以成像猶能奮吒不祥而當時藩鎮重臣幸時之亂曾不遣偏禆老弱之師爲衛社稷勤王計殆土木之不若蓋有激其言之矣彼巨川者罔有忌憚謂土木可欺己之文足以飾非于後不知直道在人自唐迄金二百年華之父老猶能道之而張建者復刊石而記其實也然則小人之變亂是非欲以惑天下後世者復何爲哉復何爲哉

晉王墓二碑跋

代州柏林寺東晉王李克用墓斷碑二其一曰唐故

左龍武軍統軍檢校司徒贈太保隴西李公神道之碑文曰公諱國昌字德興世爲隴西沙陀人偉姿容善騎射蓋克用之父朱邪赤心所謂赤馬將軍火生頭上者也其一曰唐故使持節代州諸軍事代州刺史李公神道之碑文曰公即太保之次子也其名克字僅存餘可識者有公前躍馬彎弓及徐方等數字按史克用弟四人次曰克讓爲振武軍校從討王仙芝以功拜金吾衛將軍宿衛京師親仁里第自克用稱兵雲中殺守將段文楚詔捕克讓讓與僕十數騎

彎弧躍馬突圍出奔雁門與碑文合則爲克讓無疑但史載克讓守潼關與黄巢兵戰敗匿南山佛寺中爲寺僧所殺不言其爲代州刺史又得歸葬于代皆不可曉者士人相傳王墓上舊有碑十三今十一已亡其二存者又散埋土中蓋金石之文自歐陽永叔趙明誠後世無篤好之者宜其漫漶不可辨識如是也當永叔時去五代甚近沙陀世次已不得詳其爲唐家人傳謂太祖四弟皆不知其父母名號至國昌字德興紀亦遺之是十三碑者永叔亦未之見更六

百年而予乃得觀其二一非幸歟惜乎十一碑者不及
見也同里曹先生博采金石有歐陽趙氏之好出二
碑于土摹之搨本俾予審定其字若干遂書其後歸
之

千峰禪院碑勑跋

右澤州盤亭山千峰禪院後唐明宗賜僧供密勑蓋
明宗踐位日洪密具表稱賀以此荅之文曰退避無
所愧恧良多嗚呼五代之季安得聞此長者之言哉
歐陽子謂明宗武君不通文字觀署尾數大字出自

親判上有璽曰書詔新鑄之印可異也

晉義成節度使駙馬都尉史匡翰碑跋

史駙馬匡翰墓在太原縣東北三十里黄陵村墓碑深陷于地村民語予土不可搰搰之尺則更深尺予强令搰之以畚去土至一尋龜趺始露驗之則陶學士穀所撰文也辭多駢儷乃抄撮其大略云天福中授代州副使以勞加銀青光祿大夫檢校太子賓客兼監察御史改遼州副使兼領九府都督同光初充嵐憲朔等州都游弈使解職授天雄軍牢城都指揮

使遷檢校刑部尚書兼御史大夫上柱國轉檢校戶部尚書滑州刺史未幾改天雄軍步軍都指揮使遷侍御彰聖馬軍都指揮使兼九府都督進檢校司空懷州刺史轉控鶴指揮使加金紫階兼和州刺史駙馬都尉食邑五百戶俄遭內艱起復授冠軍大將軍右金吾衛大將軍員外置同正員依前充義成軍節度使以天福七年三月薨于鎮詔贈太保其先後歷官詳矣然史稱其歷鄭州刺史而碑不書何歟又傳美其好讀書尤喜春秋三傳與學者講論不倦碑辭

亦云懷鼓篋之心行有餘力藴飛箝之辨似不能言不積財而但富藏書不憂家而惟思報國求諸時彥罕有倫焉則與史傳合矣

建雄節度使相里金碑跋

汾陽縣有大相里小相里相里氏子孫聚族居焉按相里氏東周時即有之莊子稱相里勤之弟子是已漢有御史武十六國前趙有偏將軍覽大都皆晉人也金墓在小相里之北繹碑辭與五代史傳略同惟史稱字奉金而碑云字國寶史稱贈太師而碑云贈

太子太師則碑爲可信已

鎭東軍牆隍廟記跋

鎭東軍牆隍廟碑施宿撰會稽志張淏續之均不載其文予友顧徵士寗人獲諸卧龍山西岡上宋人金石文字記中碑文錢武肅王鏐撰王以乾寗二年伐董昌明年五月平之冬十月勑改越州威勝軍爲鎭東軍授王領鎭海鎭東等軍節度使至開平二年升爲大都督府亦謂之東府題曰牆隍廟者朱全忠之父名誠王旣稱臣于梁不得不爲之諱矣獨怪全忠

末篡弑時唐帝在位乃勑改武成王廟曰武明成德軍曰武順義成軍曰宣義并嫌名皆避之迨梁既僭號司天監以帝曾祖諱茂琳請改歲月陽日辰凡戊字更作武尤可發笑也

北漢千佛樓碑跋

丙午二月登天龍之山得北漢李惲所爲千佛樓碑異焉俾工搨歸裝潢之書其後曰北漢之爲國不足當一大郡而王朴以爲必死之寇亡最後自周之世宗宋之太祖百戰不能克宜其君臣有過人之才而

劉繼元處裹瘡吮血之餘輕役其民命嬖臣范超治
金爲佛治不急之務惲身爲相臣不能匡正惟事圍
棊飲酒反撰碑文侈大其事何歟碑稱承鈞爲睿宗
皇帝繼元爲英武皇帝皆史記所未及劉旻之語張
元徽也顧我是何天子爾亦是何節度使然則惲之
夸大其辭適足以形其陋而已攷繼元之立在宋開
寶元年戊辰史稱其卽位時改元廣運而碑建于乙
亥故其文曰上御宇之八年後書廣運二年歲次乙
亥按楊夢申撰劉繼顒神道碑亦稱廣運元年歲次

甲戌與是碑合則卽位改元之説史未得其詳矣繼
元殘忍好殺具書于史然當時諸臣率弃之降宋范
超者亦降惟惲至國亡乃降蓋其誅戮亦所必行無
足深罪者嗚呼以蕞爾之地抗百萬之師民爭爲之
效死其君臣豈眞無過人之才者哉若其文格之卑
書法之陋攷古之士無譏焉可也

金石文字跋尾卷五終

金石文字跋尾卷六

秀水朱彝尊著

宋太宗書庫碑跋

右宋太宗皇帝書庫碑大中祥符四年眞宗御書勒石在太原府壽甯教寺碑爲風雨崩剝其半沒土中歲久盡蝕文凡二千餘言僅存數百字其陰石尤泐所可識者有太宗御製文集四十卷又集一十卷怡懷詩一卷迴文詩一卷逍遙詠一卷至理勤懷篇一卷宋志載御製集一百二十卷蓋統言之也碁勢圖

琴譜各二卷蓮花心漏迴文圖若干卷雜書扇子一百三十六柄雜書簇子七百五十三軸按史帝既削平諸國收其圖下詔購遺書于左昇龍門北建崇文院徙三館書實之此崇文書目所自始也又分三館書萬餘卷別爲書庫所謂祕閣是也王明清有言太平興國中諸降王死其舊臣或宣怨言太宗盡收用之寘之館閣使修羣書廣其卷帙厚其廩祿贍給以役其心俾卒老于文字則帝之留意翰墨特出于權謀祕計而非性所好也雖然亡國之臣世主往往輕

視之如土芥而重繩之以刀鋸帝獨容之禁侍之列給筆札事纂述謂非世主所難能歟嗚呼是可記也

宋京兆府學石經碑跋

京兆府學新移石經碑記宋元祐中京兆黎持撰文河南安宜之書胥鋟之者長安石工安民也其曰汲郡呂公者宣公大防之兄以工部郎中陝西轉運副使知陝州以直龍圖閣知秦州大忠也自唐鄭覃等勒石壁九經一百六十卷天祐中築新城石爲韓建所弃劉鄩守長安幕吏尹玉羽請輦入城鄩謂非急務

玉羽紿曰一旦敵兵臨城碎爲矢石亦足以助戰鄒然之移置尚書舊省至大忠領漕日始克盡列于學載持記甚詳方是時宣公在朝二三執政罔非正人監司長吏咸以興起學校裒集經史爲務至紹聖元符之際小人柄政諸君子咸被重罪以去宣公竄死處州未幾大忠亦降官崇甯初籍黨人立石端禮門側蔡京復自書碑頒郡縣彼張商英周秩楊畏之徒反覆附和恬不知耻民以一石工獨能嚴邪正之辨不肯鐫名姓于碑惟恐得罪後世匹夫之志不可奪

如是夫持爲京兆學官其文辭條達類南豐曾氏而
宜之之書亦稱入格迄今博聞之士或不能舉其姓
氏則後生末學皆能道之以此見立身行己不可
不爲後世慮苟是非得其正雖百工技能之人反有
榮于當時之士大夫者嗚呼可感也已玉羽者京兆
長安人以孝行聞杜門隱居鄠辟爲保太軍節度推
官仕後唐至光祿少卿晉高祖召之辭以老退歸秦
中嘗著自然經五卷武庫集五十卷其書散見于册
府元龜惜歐陽子不爲立傳而其書亦不傳于世也

予既感碑文之出于民所鐫而題其後予友鍾淵映將注五代史記并書王羽之事告之俾附注于鄒之傳焉

太原縣惠明寺碑跋

呂惠卿憸人也當時君子視若鬼蜮而王安石獨任之不疑且曰惠卿之賢雖前世儒者未易比也今觀惠明寺舍利塔碑雖能文善書之士無以過之世徒知爲頭會箕斂之才不知兩人當日以經術定六爻而取合于文字也嗚呼此其所以爲姦也歟

桂林府石刻元祐黨籍跋

元祐黨籍徽宗書之立石端禮門其初九十八人爾旣而蔡京復大書頒郡縣以上書人及己所不喜者作附麗人添入凡三百九人碑稱皇帝嗣位之五年蓋崇甯四年也是時籍中曾任宰臣執政者十無一存曾任待制及餘官亦已零落過半亡者毀其繪像及所著書奪其墳寺存者定爲邪等降責編管荒徼禁不得同州住其子弟亦不得詣闕下小人之快意未有甚于斯時者矣豈復有所忌憚乎其後張綱看

詳謂王珪一名不合在籍自九十七人外益以上官均岑象求江公望范柔中鄧考甫孫諤六人共一百三人皆係名德之臣許子孫陳乞恩例次數而龔頤正遂衆三百九人之事跡成元祐黨籍列傳譜述一書凡一百卷蓋惟恐其闕然則小人之厄君子適以榮之士之自立宜審所擇矣京所書刊石滿天下惟桂林勒之崖壁故至今獨存碑後王珪章惇姓名漫漶者爲瀑泉所泐也康熙乙丑二月望日

大同府普恩寺碑跋

右大同普恩寺碑記宋修武郎借吉州團練使充通問副使婺源朱公弁所作也公以建炎元年十一月奉使爲金人所留迫之事劉豫不可欲易其官不可探策使之歸復不可其語耶律紹文曰上國之威命朝以至則使臣夕以死夕以至則朝以死觀其懷印卧起悲歌慷慨與漢之蘇武何異非孔子所稱不辱君命者歟記成于金皇統三年二月實高宗紹興之十三年也于是公之去國蓋十七年矣題曰江東朱弁而不書官又其上系以皇統年號論者疑公自貶

其詞合乎古君子危行言孫之義而未得其本也攷公之歸宋在是秋七月記之作當在和議初成而公臨發之時也彼寺僧者見公既去不能原公大節所在惟知奉國人之法輒刪去其官爵增易其紀年無足怪者史載公被留時嘗具酒食告僚友曰吾已得近郊某寺地一旦畢命諸公幸瘞我其處表曰宋通問副使朱公之墓于我幸矣而公碑文亦曰予築館之三年歲在庚戌冬十月乃遷于茲寺然則所謂近郊某寺者殆即普恩寺非邪史又載公以文字教金

之貴人子弟使之就學因得以和好之說進蓋公之文有不得已而爲之者當其時宋諸臣留于金若宇文虚中吳激蔡松年之徒多以文學自命顧寺僧獨以公之言爲足重于世亦以見恭敬之不可弃而忠信所行者遠也嗚呼士君子不幸生喪亂之際又不幸以文章爲世所重得其文者或不原其志意所在輒更易以就時人之耳目至使大節皎然若朱公者幾無以自白于後世讀普恩寺之碑其亦可感也夫

杭州府學宋石經跋

宋高宗皇帝御書石經紹興十三年知臨安府事張澂摹勒上石淳熙四年詔知府趙磻老建閣于太學題曰光堯石經之閣置石其下洪邁曾惇楊冠卿葉紹翁李心傳陳騤王應麟潛說友紀之詳矣宋亡學廢爲肅政廉訪司治所西僧楊璉真伽造白塔于行宮故址取其石壘塔杭州路廉訪經歷申屠致遠力持不可然已損其什一元至正間卽治所西偏建西湖書院以祀先師設有山長掌書庫其後明常熟吳訥乾州宋廷佐先後巡按浙江或覆之廊或甃以碑

甎崇禎末廓圯乃嵌諸壁中左易二書六詩十有二禮記向有學記經解中庸儒行大學五篇今惟中庸片石存爾其南則理宗大書御製序四碑在右則春秋左氏傳四十八碑闕其首卷通計八十七碑諸經雖非足本然書法甚工學古者所當藏弆若夫秦檜一跋已爲訥椎碎其詞見于學士院中興紀事本末君子無取也

書拓本玉帶生銘後

玉帶生宋文丞相硯名也石產自端州未爲絶品其

修扶寸廣半之厚文微殺焉帶腰玉而身衣紫丞相
寶惜旁刻以銘書用小篆凡四十有四字歲甲申觀
于商丘宋節使坐上因請以硬黃紙摹之不敢響搨
也生之本末略見玉笥生詩其銘辭亦附注于詩編
按金華胡翰作謝翺傳稱天祥轉戰閩廣至潮陽被
執翺匿民間流離久之間行抵句越是信公軍敗後
硯即歸翺可知其寓浦陽永康閲祐思諸陵登釣壇
度必攜生偕往懷古之君子可以深長思矣

遼釋志愿葬舍利石匣記跋

京師仙露寺金人俘宋室子女置其中見蔡絛北狩行錄趙子砥燕雲錄顧地志失載遺蹤遂不可稽康熙二十六年五月宣武門西南居民掘地得石匣匣旁有記自稱講經律論大德志愿錄并書乃遼世宗天祿三年瘞舍利佛牙于此記後有千人邑三字蓋社名也施主姓名首列帝后諸王大臣下及童男小女考遼史世宗妃甄氏後唐宮人帝從太宗南征得之寵遇甚厚及即位立爲皇后至天祿四年方册立皇后蕭氏二后同死察割之亂並葬于醫巫閭山記

刻于三年所云皇后蓋指甄也東明王者疑是明王安端即察割之父以功王東丹國故曰東明王也燕主大王者中臺省右相牒蠟爲南京留守封燕王故曰燕主大王也國舅相公者靖安蕭太后族只撒古魯以天祿元年爲國舅帳詳穩故曰國舅相公也獨趙思温子延照史作延昭而通鑑亦作照嘗爲后晉祁州刺史後仍歸遼餘子本末不得其詳矣又記有建窣堵波之文疑當時石匣置于塔下塔久廢而石匣僅存土中匣已無蓋其舍利佛牙又不知何時散

佚也

遼雲居寺二碑跋

右王正智光雲居寺二記共勒一碑碑額篆書重修雲居寺一千人邑會之碑一稱結一千人之社一千人之心一稱完葺一寺結邑千人近年京城發地得仙露寺石函記後有千人邑三字尼日邑頭尼覽者疑是地名合此碑觀之則知千人邑者社會之名爾天順皇帝者遼穆宗尊號丞相秦王者重元爲南京留守也遼史聖宗初卽位羣臣上尊號曰昭聖皇帝

統和元年六月上尊號曰天輔皇帝五年四月上尊號曰至德廣孝昭聖天輔皇帝二十四年十月上尊號曰至德廣孝昭聖天輔皇帝今碑建于二十三年尊號無天輔字是則二十四年十月以前聖宗尊號但云至德廣孝昭聖皇帝如碑所記至二十四年乃合元年尊號天輔字以稱之否則二十四年所上之號與五年無異何用羣臣復上乎竊疑史有誤也

金京兆劉處士墓碣銘跋

金京兆劉處士墓碣銘奉天楊英撰文武功張徽書

洛陽李微題額立石者同知京兆總管府事高貴也文稱處士初諱章更名九隴又名渭又名於菟其字希文不易也下筆有骨肋西州碑版多出其手一楊之外皆法書名畫望而判其真贋嘗鬻書于市一達官持之去處士直詣廳事取書辭色不少遜挾書掉臂而出性不喜浮屠法而處閈元埨三十年無家無妻子正大八年詔民東徙至陝既而事且變投所蓄古印章鼎彝于河避地平陽入太原尋還故里以疾卒按金史哀宗紀元兵旣取鳳翔兩行省棄京兆遷

居民于河南所云事變者此矣英之銘曰士之遇也爲龍爲虎其不遇也如魚如鼠既魚其龍又鼠其虎生必違其所好死則從其所惡將矯世以自戕抑直行而不顧苟會于心千載其猶旦暮者所以信于人者以銘先生之墓吁辭特崛奇而徽正書多涉篆隸體亦不猶人金源遺集傳至今者惟趙秉文王若虛段克己誠己李俊民元好問數家而已斯銘不見于載記乃摭其大略書之冊尾兼錄其副示長洲孫生附著于書法考焉

趙吳興千字文跋

周興嗣千文便于小學善書者恒寫一本獨智永曾書八百本散在江南而吳興趙王孫亦屢書之延祐三年四月有旨趙子昂寫來千文一十七卷發祕書監裝背收拾此或一十七卷之一也吾鄉項子京家刻石今歸于予

元豐閏縣令碑記跋

豐潤縣本玉田之永濟務金史稱太和間置明寰宇通志一統志因之今觀至元七年縣令孫慶瑜碑記

則改務爲縣乃章宗大定年事且云承安中以懷遠大將軍夾谷公習揑來宰是縣足徵置縣在泰和之先也碑又云大安初避東海郡侯諱更名曰豐閏東海郡侯者卽衞紹王然則縣始置時仍名永濟可見又云大朝開創以來庚辰之歲改縣爲閏州考元史竟未之載宋王諸公未免失于討論矣清類天文分野之書云洪武元年改閏爲潤而今國子監金元史雕本閏旁均著水亦非也碑書法雖不工然辭足以達其述先後政頗詳顧修地志者曾不引證何哉

霍山廟建文元年碑跋

右霍山廟碑建文元年正月壬午祗祭上帝于南郊二月癸亥鴻臚寺序班周敖國子監生袁綱奉命以香幣牲醴祭告中鎮勒其文于碑嵌廟西壁上蓋自燕師靖難之後四年之政事悉行革除舊典遺文去之惟恐不盡乃普天之下尚留此一片石存人間世之君子有志于補修惠宗實錄者辭雖不多所宜大書特書布在方策者也

跋首善書院碑

萬曆丁酉先大傅文恪公偕福清葉文忠典應天鄉試得華亭呂公原先生卷先文恪欲置第一文忠謂是卷文雖高恐不得第欲以所擬第二人領解先文恪曰此時文爾雖第與不第等未若不第者之文其人必以學行聞于時遂定先生卷第一後先生試禮部輒擯落謁選入官工部司務是時鄒忠介馮恭定講學京師于宣武門内大時雍坊建首善書院先生與周忠毅董其役而先大父時爲都察院照磨實經營之及書院成文忠作記董文敏書之則先大父已

遷官故未得書于石也繼而羣小交攻毁書院而碎其碑傳聞碑初立時祗搨一十三紙而先生藏其二至崇禎壬申文敏起自田間桐城孫舍人國敉請重書是碑文敏謂曩曾書二碑一置書院一爲王評事應遴摹勒藏壁間爲御史某徙置中城察院官舍訪之果存其後西洋人借書院以爲歷局久之遂踞其中甲申春李自成入寇中城所藏之碑亦不可問矣康熙辛酉予復主江南鄉試先生之孫嘉先持搨本見示又六年嘉先子天右持至都將重勒上石請予

跋其尾予毋華亭唐文恪公孫也先君安度先生侍先太傅于京邸兩家結婚呂先生實爲行媒今兩家子姓仳離坎壈先代賜書俱已零落而先生後人猶能于兵火之餘裝潢是碑守以勿失摹而刻之俾覽觀者仰先儒之典型可以識君子小人存亡進退之故是碑傳書院雖毁安知無有復之者則嘉先父子之功不可泯已

北京國子監進士題名碑跋

唐人及第書名雁塔未必鐫諸石也明自永樂二年

命工部建進士題名碑于南京國子監撰記者翰林侍讀學士王逵也十三年會試天下貢士于北京登科考謂是歲即命立后國子監然今無有有之自宣德五年林震榜始也由宣德訖崇禎十三年碑凡七十一通思陵厭薄進士故將下第舉人與廷試貢士史惇等百六十三人又吳康侯等百人盡留特用於是惇等請援進士例謁孔廟行釋菜禮并立后題名帝如所請大學士周延儒奉勅撰文太僕寺少卿翰林院侍書朱國詔奉勅書后篆額工部營繕司郎中

王灝監工立于進士題名之次而十六年楊廷鑑榜遂無隙地可樹碑矣予輯日下舊聞既撮其大略筆之于卷康熙辛未秋八月上丁　天子命大學士代祀孔子彝尊充十哲分獻官禮畢偕祭酒汪霦鼂采司業吳涵容大徧覽諸碑其初釋褐卽撰記立石後乃有遲一二十年始立又或有題名無記兼踣于地者多有之嗚呼明之祖宗待進士可謂隆矣苟不由是出身選人輒投之僻左荒遠之地士大夫論資格日嚴而萬歷以後題名之石不師舊典作記登第者

罕有拓而傳示子孫徒儼立千風雨冰雪之中信其
剝蝕不亦可歎也夫爰屬二公扶其踣者并搨之

金石文字跋尾卷六

皇清勅授徵仕郎 日講官 起居注翰林院檢討
竹垞朱公墓誌銘
經筵講官文淵閣大學士兼吏部尚書加三級澤州
陳廷敬撰
康熙初北平孫公北海老而家居以經學詔後進予亦往遊焉孫公盛稱秀水朱君錫鬯之賢一時東南文學士游 京師者共推謂爲老師宿學予心嚮往焉而莫之能識也後舉博學鴻詞授官翰林已而長直

內廷予朝夕與君相聚甚驩也甫及一年以謫去予亦以他事引嫌求罷仍留書局兩人者時復得以閒居相過從爲文字之娛游觀之樂數年至今過槐市虎坊之間未嘗不黯然以悲也君既南歸後又數年予扈從河上至吳門得見君于南園至武林又見君于湖上文采風流不殊曩昔而予則頹然且老矣又三年君殁君外孫周子象益以君狀來偕查子悔餘謁銘于予云非夫子孰可志其墓者予弗敢辭雖然予既不能爲信今傳後之文亦姑識其平生出處交

游之館槩凡吾意之所不能盡者世之君子庶幾有得吾兩人之心于語言文字之外則君有銘而予亦可以無憾矣君諱彝尊錫鬯其字號竹垞先世居吳中自吳江遷秀水高祖諱儒以醫顯官至奉政大夫太醫院院使以子貴贈光祿大夫柱國少保武英殿大學士曾祖諱國祚以醫院籍由順天府學中萬曆壬午鄉試癸未進士第一人除翰林院修撰歷官吏部右侍郎引疾歸光宗初起南京禮部尚書入東閣加太子太保進文淵閣彝以戶部尚書兼武英殿大

學士加少傅歸卒贈太傅謚文恪文恪公六子長諱大競仕至雲南楚雄府知府子五人長茂暉以蔭授中書科中書舍人好學問樂取友爲復社宗盟輯禹貢補注君嗣父也本生父諱茂曙楚雄公第二子也天啟初補秀水學生甲申後棄去卒私謚安度先生撰兩京求舊錄有春草堂遺稿安度先生子三人君其長也舍人無子以序立君爲後君少而聰慧絶人生數歲嘗見諸神物異怪狀不類人世及他人視之輒無所見書過眼覆誦不遺一字塾師舉王瓜使屬

對君應聲曰后稷師怒詈之爲舉業文千言立就已能工詩崇禎十三年浙東西大旱饑人相食自文恪公以宰輔歸里家無儲粟楚雄公清廉安度先生貧至絶食君守書冊自若也既而曰河北盜賊中朝黨朋亂既成矣何以時文爲不如舍之學古乃肆力于周官禮春秋左氏傳楚辭文選丹元子步天歌人皆笑以爲狂迂未幾亂果作君年十七贅婚嘉興練浦之陽馮村馮公有客王鹿柴華亭名士也見君大奇之曰此必以詩名世後君名益高四方以幣聘者爭

集其門所至皆以師賓之禮遇焉客游南北必𢏺載
十三經二十一史以自隨已而遊　京師訪孫公于
退谷公過君寓見插架書謂人曰吾見客長安者務
攀援馳逐車塵蓬勃間不廢著述者惟秀水朱十一
人而已君既以博學徵試之　殿廷相國馮公得其
文歎曰奇才
詔以檢討充
起居注
日講官在

内直閣語予曰公直似益都淸如曲沃予謝不敢當以君之賢至今思其言因以自策勵其亦不得不謂之知言也歟君雖以被劾鐫一級罷尋復原官歸里後數年

駕巡河上至江浙

賜御書四字曰研經博物禮遇之隆固無替于昔時也君既退而著書有日下舊聞四十二卷經義考三百卷明詩綜一百卷瀛洲道古錄若干卷五代史注若干卷金石文字跋尾若干卷不錄若干卷鹺志若

千卷鹺志者通政使曹公寅與君合撰者也曹公爲君刊曝書亭集八十卷未卒業而君殁君之自立如此回視京華儕輩奔走塵埃中所辛勤而僅有者猶泰華之于邱垤衰遲蹇鈍之人悵悵然莫適從也得失之林亦可考而知已君閒居謂其孫稻孫曰凡學詩文須根本經史方能深入古人窔奧未有空疏淺陋勦襲陳言而可以稱作者記云時過然後學則勤苦而難成獨學而無友則孤陋而寡聞予舉此以爲教子弟之法焉君在翰林預修一統志主考江南

覃恩授徵仕郎貤贈生父家居十有九年康熙四十八年十月卒年八十一配馮孺人歸安儒學教諭馮君鎮鼎女前十六年卒子一人昆田國子監生賢而有文前卒女二人一適吳江周能察一適桐鄉貢生錢琰孫二人桂孫國子監生稻孫府學生曾孫男二人振祖賜書孫女二人銘曰

或史而野或經而葩物亦有然爲蓬爲麻嗚呼竹垞天邪人邪得于天者既碩孔多人其謂何

鐵橋金石跋

鐵橋金石
跋四卷

鐵橋金石跋卷一　　聚學軒叢書第三集

烏程嚴可均譔　　貴池劉世珩校刊

三代

孔子觀延陵君之子葬題字

王象之輿地碑目載吳季子墓銘一在鎭江府一在江陰軍一在合州巴川縣一在昌州北山今巴蜀二碑佚失僅見丹徒江陰二碑及丹陽驛前重摹碑三文大同碑下方各有題字惟江陰碑之朱彥記所辨季子墓在申港卽申浦又辨潤之延陵非古之延陵爲最確越絕書由毗陵上湖中湖中冢者季子冢也史記吳世家集解引皇覽延陵季子冢在毗陵暨陽鄉至今吏民皆祀

事路史國名紀古延陵在今常之晉陵故漢毗陵地志會稽毗陵季札居公羊云札退居延陵終身蓋因封此今江陰夫容湖西馬鞍山札所耕處有札墓今墓在縣北七十里申浦之西江陰西三十五里合此數說足證朱彥所攷是也歐陽董趙疑此篆非孔子書然皆以字之大小及孔子未至吳紛紛致辯而於流傳原委未能攷究且碑之高慕二篆尚皆誤識而據定爲好事者僞爲豈非臧易實則唐內府所藏必有眞跡殘字故殷仲容得以摹傳故宋得以摹入淳化官帖及絳帖帖本作[illegible]除有吳君子之五篆外皆與碑異字數次第亦異王澍法帖考正讀

子邑爲博邑與諸家釋又異今據王讀因悟此篆必
孔子書而與季子墓實不相涉季子聘上國喪子於嬴
博之閒見檀弓此蓋孔子觀葬時題字歲久剝蝕越次
摹傳者稍以意改後復放爲大字刻于延陵廟故碑本
帖本違異如此碑之咼篆是君非季吾子行已釋正碑
未甞篆必非墓字友人畢孝廉以田謂甞從古文从從
卅當是葬字讀此當以於虖句有吳延陵君句之子葬
句與檀弓觀葬事正合而千古疑團頓釋矣水經注奉
高縣北有吳季札子墓在汶水南曲中從征記曰嬴縣
西六十里有季札兒冢冢圓其高可隱也前有石銘一
所漢末奉高令所立無所述敘標誌而已自昔恆蠲民

戶灑掃之今不能然碑石糜碎靡有遺矣惟故趺存焉按嬴博在今萊蕪縣境縣西北三十里有季札子墓若摹取十字篆樹碑墓道纔為覈實聖文僅存縮之更小放之更大皆非眞蹟也且可證經爲識字助官是土者倘有意乎

石鼓文

右石鼓文今在國學櫺星門内左右各五元潘迪撰音訓刻碑立於右旁僅見存三百八十六字余于嘉慶乙丑秋親至鼓所手自氈椎得三百十六字以天一閣所藏北宋拓本校之僅存十之七而已古文籀文見于鐘鼎彝器者甚多石鼓殊不類謂是周成王宣王時物未

敢傳和金馬定國以西魏大統十一年十月西狩岐陽斷此鼓爲宇文周物按第九鼓有日佳丙申句以魏史推之十月得有丙申以南北史推之十月不得有丙申續漢郡國志注陳倉有石鼓山或即以石鼓得名則字文之說亦難盡信昌黎詩云公從何處得紙本毫髮盡備無差訛又云年深豈免有缺畫知唐搨有半蝕字無全闕字而宋釋諸家皆不滿五百字又多傅會之失至楊愼僞造全文尤無足辯丙申下一字舊釋爲旭余與孫淵如觀察識是翻即昫字非旭字又遊即吾字遊即御字駿亦御字鰯即鰟字鯿即鮊字旃即陬字肎即胥字𥪉即儀禮湆字並舊釋所未備

秦

泰山刻石

秦泰山刻石舊在玉女池上西公所後明宏治中僉事濼河許莊移之西公所壁間雍乾間公所傾圮石亡此明拓舊本家侍讀長明字道甫所藏嘉慶十三年孫淵如觀察得之於金陵其明年歸余插架

泰山秦篆譜

泰山秦篆小字譜凡三刻于石金石錄云汶陽劉跂斯立親至泰山絶頂見碑四面有字乃摹其文刻石自爲後序此初刻也潘駙馬取入絳州帖行列段數周匝剝泐悉仍跂舊惟跂于缺字七十六以史記足之注其下

并自爲後序帖皆删去此再刻也元申屠駉會稽刻石跋云至元間行臺侍御史李處巽獲劉跋所摹本刊於建業郡庠明楊東里續集亦云應天府學有此譜刻石余得之張士謙此三刻也跋原石久佚所見惟絳州帖而已都元敬所收劉譜蓋即至元刻本應天府學爲今江甯縣學其石未必遽毁俟更訪得之跋作趙氏金石錄序云余登泰山覩秦相斯所刻退而按史遷所記大凡百四十有六字而差失者九字以此積之諸書浩博其失胡可勝言則此譜爲功于史不小況可攷證六書豈得任其湮没跋汝陽人寶刻叢編作河澗楊東里乃云河間人

會稽刻石

秦會稽刻石六朝唐人皆見之歐趙不著于錄蓋宋時石佚也元申屠子迪以家藏舊本重刻于紹興學宮審觀字畫似經臨寫遇損缺漫患處皆以意補故首尾完美如此自唐末以來號爲能篆者如王文秉郭忠恕夢英等皆祖陽冰惟徐鉉及元之劉惟一能師秦篆是刻雄健不及繹山而整飭過之或即惟一等所臨寫史記正義云此二頌三句爲韻其碑見在會稽山上其文及書皆李斯其字四寸畫如小指圓鐫今文字整頓是小篆字而是刻字徑漢尺三寸畫僅一分顯陳舊章正義作彰云碑文作畫璋也率衆自强史記作自疆正義云

碑文作率衆邦强畫璋或然邦字可疑内飾詐謀史記
索隱云刻石文作謀詐小司馬但據王劭所引張徽録
非親見石本者又史記二世元年南至會稽而盡刻始
皇所立刻石石旁著大臣從者名云云似頌詞後當有
皇帝曰金石刻已下七十九字與泰山琅琊之罘繹山
同而此數事是刻敢與違異足明申屠家實藏舊本非
依史記僞造申屠跋謂石刻與史記不同者四事而平
壹字内史記作平一窺軼天下作親巡黔首齊莊作齋
莊本原事速作事迹初平灋式作法式率衆自强作自
彊被澤無疆作無疆黔首脩絜作脩潔光陲休銘作光
垂諸凡小異未害大同故未悉舉金薤琳琅謂殺之無

罪石刻作無辜又謂史云有子不嫁和安敦誠今驗拓本作無辠驗史記作而嫁作敦勉都氏僅舉三事皆不符所未解也是刻爲明人磨去改刻他碑知府李曉園以拓本再刊於原石而剷棄申屠舊跋易以己跋又有翁覃溪等題名墨本廣傳宛然元刻云

漢

戚伯著碑 大歲丁亥隸釋考是建武三年或章和元年

右漢戚伯著碑蓋宋拓本嘉慶丙寅歲孫觀察星衍之仲弟星衡得之于京師有孫退谷印記卽朱竹垞葉九來所爲作跋者也九來言其額周字上有本字今此額但存之碑二字蓋重標時或因破碎割去額首本周末嗣

戚氏龔以興勃海君玄孫伯著十六字并朱葉二跋皆
棄之殊可惜此碑集古錄集古錄目金石錄天下碑錄
隸釋隸續字原皆列其目隸釋載有全文與此本對校
頗多互異碑云而爲姓焉釋作性焉調官近士釋作沛
士攷卜周營釋作叔卜堯略肯遜即乜略釋作才略宗
緒上泯字釋作隕伊惟釋作伯著顯屬洪氏之誤又劭
乃功字捐爾即捐璽而乎即天乎洪氏亦未及言足見
真蹟爲可貴碑石久佚今世收藏家無著于錄者恐海
内未必有第二本因盡日之力手自雙鉤以待好古者
重刻以廣其傳

嵩山少室東闕江孟等題名無年月

此無缺字精拓本也紓姓不他見或與舒同

西嶽華山廟碑 延熹八年四月

右華山廟碑石已毀此明拓本舊爲鄞縣豐氏萬卷樓所藏雍正末歸全謝山謝山有跋載鮚埼亭集後歸范氏天一閣乾隆末歸錢竹汀嘉慶十三年歸阮伯元撫部越二年余在撫部寓所坐卧相對者七日雙鉤一幅而歸此本單紙整幅未經剪褾凡泐缺百餘字碑首有李衛公等題名爲長垣華陰兩本所無洵海内墨寶也

又

此宋拓本明季爲長垣王文蓀鵬沖所藏文蓀與王覺斯爲親家册後有覺斯跋康熙三十八年歸商邱宋漫

堂漫堂及邵子湘有詩朱竹垞有跋乾隆末歸陳伯恭
學士嘉慶二年歸成邸碑文完善其偏旁損缺僅十許
字惟額左右之李衞公等題名失拓余既從阮伯元撫
部借得四明天一閣整本手自雙鉤訖整本缺字百餘
乃借出成邸此本鉤補缺字合而觀之整本洗碑晚拓
鋒鋩畢露而字畫稍肥此本較瘦勁竹垞以爲驚心動
魄故自不誣因復全鉤一本而額首缺題名亦以整本
鉤補附諸册末雍正間如皋姜任脩曾以此本重刻于
石而鉤手庸惡牛鬼蛇神不復成字緣此本乃涷墨所
拓要審視墨暈并與整本對看始能措手也顧南原曾鉤
此本與翁覃谿閣學鉤本皆無鋒鋩與眞蹟不合朱竹

君學士得華陰王無異本余未見之聞亦缺百餘字不及此本完善

淳于長夏承碑 建寧三年六月

右夏承碑宋元祐中洺州治河出土卽今廣平府也歲久碑仆明成化己亥知府秦民悅建愛古軒覆之碑之下截凡百一十字年久蘚蝕經後人摹刻見民悅廣平志嘉靖癸卯築城爲工匠所毁越二年乙巳知府唐曜重刻于漳川書院碑舊十四行行二十七字重刻改爲十三行行三十字筆法全失并字畫之譌者三十有七至以勤約作勤紹尤譌之甚者豐道生萬卷樓有宋拓本後歸全謝山又歸楊景西又歸陸謹庭闕化行以下

三十字何屺瞻得朱拓本亦多闕字唯王虛舟臨摹胡玉筍之雙鉤本頗完善惜未得見之又天一閣碑目有此碑亦未得見近翁覃谿有重摹本云出無錫華氏眞賞齋所藏又程瑤田有重摹本云得周櫟園所藏余以二本與嘉靖碑互校則程本稍佳嘉靖碑雖有譌字仍在翁本之上因合三本裝之歸于插架碑舊有穿有篆額云漢北海淳于長夏君碑三行黑字諸舊本未拓得故翁程所摹皆無額也

成陽靈臺碑　建寧五年五月

右成陽靈臺碑黃小松司馬雙鉤本校隸釋多出不犢哀平刑茲詠奏未九字莫不被德被字徽沕翁覃谿閣

學據是碑德被廣被皆書爲彼審此字形恐是袍字若然袍借爲飽其說較長惜未獲原本覆審之

元儒先生婁壽碑 熹平三年正月

右漢元儒先生婁壽碑舊在湖北光化縣石已佚余在都門有碑賈以宋拓求售索直過高不能得乃雙鉤一本歸諸插架長洲蔣氏無錫華氏所藏皆有闕文此獨完美惟失篆額耳天一閣有此碑惜未得見漢陽葉東卿得一完本亦云宋拓余反覆審觀未能定之

嵩山堂谿典請雨銘 熹平四年

銘後不知缺幾行前無缺審觀五官行前寸許即弓邊外皆效紋翁氏圖此于首行前虛一行云已前未知缺

幾行非也文云大君爲郡主簿作闕銘文又云歿而不朽實有立言則開母闕銘乃堂谿協所作主簿郎書佐而彼闕署名末但有佐左福無堂谿協越五十三年協子典來請雨刻此敘以表揚之然先賢行將猶云典字季度混合父子爲一人而後之攷據家問以開闕銘誰所作亦絶無知之者則表微亦未易言矣

費鳳別碑 無年月 按前碑在熹平六年九月

費氏三碑舊在吾郡墨妙亭石皆亡失此蓋宋拓本紙色黴損以隷釋讀之第十二行越寇下没字第十五行行首視字不可識勛字冂內有沕紋集古録目隷釋以爲勛金石録以爲勛又以爲勖審觀實是勛字第十八

行黃鳥上思字誤衍隸釋以爲六字句恐非都南濠嘗得是碑并得前碑今不知所歸此本未經割褾當雙鈎重刻于石然多漫漶處非精于隸法者不能鈎出也

白石神君碑 光和六年

右白石神君碑有碑額有碑陰拓工往往遺之碑陰有主簿十六人祭酒一人都督一人祭酒郎鄉有秩都督郎督郵督曹其正書題名殆燕元璽閒刻有么姓六人爲希姓竘字郎竘之俗

圉令趙君碑 初平元年十二月

右圉令碑在南陽石已佚所見舊拓本有四錢竹汀張芑堂各藏有整紙本馬半槎後人彭尺木各藏有翦褾

本張本馬本竝歸黃小松彭本紙墨尤精然以隸釋校之積芬芳長四字全泐蓋皆元明拓本也新釋出者鮇其其蓋戌五字爲隸釋所無翁覃谿言此碑凊下从丹疾旁省二今驗凊仍從月疾旁之二筆蹤微露翁氏殆未審觀耳

仙人唐公房碑無年月

右唐公房碑有碑額有碑陰有穿碑陰一列在穿下一寸以正面穿處度之侶碑陰元十七行隸釋所載僅十五行疑右邊二行舊泐或元無字皆未可定碑陰額暈三重內有隸書四行翁氏僅舉山字公房字其右上露一國字頗明白翁氏未言也

酸棗令劉熊碑 無年月

右酸棗令劉熊碑石已佚隸釋載有全文六百七十字就中缺四十三字余在京師獲見舊墨本僅存二百十七字蓋字已後所拓者因竟日之力雙鉤一本歸諸插架碑云忠貞翊效隸釋缺翊字循東里之惠隸釋缺里字碑石或經洗剔故能多出碑云貧者不獨下缺隸釋作貧者缺順四時轉寫之誤當據拓本正之水經注作劉孟陽碑隸釋字孟下缺一字即陽字也閩巴俊堂有雙鉤本凡二百十八字疑即據此鉤出其多出一字未知是何字也天一閣碑目有此他日當往訪之

自然碑 無年月

右漢殘碑六十九字有自然之性云云因謂之自然碑其石未知存佚黃小松司馬曾得拓本見于寰宇訪碑錄其本今未審所在嘉慶庚午夏四月余至京師見葉東卿案頭有舊本亟借歸雙鉤之

吳

九眞太守谷朗碑 鳳皇元年四月

右谷朗碑歐趙及王象之輿地碑目天一閣碑目九來覃溪竹江諸家皆著于錄隸法不惡刻手極拙賜字作賜從昜漢碑所未見

急就篇 無年月葉石林以爲吳皇象書

右急就篇明正統間吉水楊政以宋葉石林刻本重刻

于華亭凡缺六百三十四字存一千四百字與紹聖三年帖本對勘字數點畫悉同行十一字亦同後有石林跋謂相傳爲皇象書而未敢定或言索靖書按石林集謂索靖章艸急就篇一千四百五十字此少五十字固非靖書也王伯厚注第七章云碑本無此章此與紹聖帖本亦無明卽皇象本然第二章榮惠常之榮注云碑本作栄此在缺字中又與厚齋所見不同章艸久爲絕學故諸家所釋互異此本每行有石林釋文亦不皆確第六章康輔福釋康爲原虞荀偃釋荀爲尊第十一章譯導贊拜釋導爲遵禀食縣官釋禀爲廩第十四章沐浴揃搣寡合同揃搣見說文釋搣搣爲[redacted]第十八章壁堂

釋鼜爲殿第十九章欀櫋釋欀爲欀第二十八章誠竉情得釋誠竉爲辤竆皆爲顏師古所誤第十二章筭籌第二十二章痹疾艸書畀作尖第十六章鼻字可證疾與痕同而釋筭籌爲英籌釋痹疾爲瘓疢第十八章尼縛棠釋縛爲縛狢黑倉狢見說文釋狢爲猶第二十二章癡聾忘釋忘爲惡第二十三章弓竉釋竉爲竆土人乃土衣之襧文郎瓜釋瓜爲人第二十六章歸誠言务微損釋誠爲城告石林自失師古不受過也艸書轉摹亦或微誤第十五章筑鈎師古作筑箏鈎非箏字鉗不協韻第二十二章狂失巹師古作失響石林皆不釋甚是第十四章揃搣字作梯第二十三章林元華字作梯

亦無區別艸書車作卒亦或作车第十三章槧櫝字作系似梨字第二十八章斬伐字作[illegible]不可識第二十九章輒覺字作孫似緅字此類若非錯釋必恐碑本摹譌楊政刻此又得任勉之所摹宋仲溫寫本以補此缺六百十九字并仲溫別書二幅坿刻于後而第一張第二章缺十五字失補楊跋又言缺三百餘字以六爲三其凾葬如此

宋

寧州刺史爨龍顏碑 太明二年九月

右爨府君碑太明二年立在雲南陸涼州以僻遠故少拓本碑言爨姓出于斑漢末采邑于爨因氏族焉續漢

志無爨地斑氏出樓煩爨氏自言祝融眇胄其分泒末
審信否廣韻爨又姓引華陽國志昌寧大姓有爨習蜀
志建寧大姓蜀錄有交州刺史爨深按晉有爨琛興古
郡人永嘉中與姚岳同破李雄兵仕爲本郡太守或深
即琛爨龍顔即其族裔矣是後爨氏據有滇南幾二百
年南齊志寧州諸爨氏强族恃遠擅命隋書梁睿傳云
梁南寧州刺史徐文盛被湘東徵赴荆州土民爨瓚遂
竊據一方後分爲東西二爨唐南蠻傳兩爨蠻自曲州
靖州西南昆州曲軛晉寧喻獻安寧距龍和城通謂之
西爨白蠻自彌鹿井麻二川南至步頭通謂之東爨烏
蠻自云本安邑人七世祖晉南寧太守中國亂遂王蠻

中梁元帝時爨瓚據地延袤二千餘里既死子震翫分統其衆隋史萬歲擊之至西洱河滇池而還太宗遣將擊西爨開靑蛉弄棟爲縣開元中南寧州都督爨歸王襲殺東爨首領蓋聘俄而爨崇道殺歸王崇道俄亦被殺諸爨稍離弱南詔閣羅鳳立以兵脅西爨徙戶二十餘萬於永昌城後烏蠻種復振徙居西爨故地貞元中異牟尋復定西爨故地爨氏始末如此唐末已來史傳蠻爲西無爨姓蓋皆改姓然滇海東南地至今稱爲東西二爨此可補姓氏書所未備也昆明縣東十五里有隨西爨王墓墓有碑唐成都閭丘均撰洛陽賈餘絢書見一統志各家未入錄故坿記于此閭丘均舊書附陳子

昂傳郎撰聖歷元年王仁求碑者也

梁

安成康王蕭秀碑年月泐

右蕭秀碑有額有陰其碑文全泐余但獲一額隸書五行行三字云梁故散騎常侍司空安成康王之碑據嚴子進江寧金石記所見甘家巷有二碑屹立田中其一全泐一額云梁贈侍中司空安成王之碑其文有孝綽數字可辨則余所獲乃全泐之碑之額非即孝綽所撰碑之額也南史梁宗室傳安成康王秀卒游王門者東海王僧孺吳郡陸倕彭城劉孝綽河東裴子野各製其文咸稱實錄遂錄四碑並建此額即王陸裴之一王氏

萃編釆復齋碑錄及南史語綴于蕭憺碑後誤

後魏

贈營州刺史高貞碑 正光四年六月

右高貞碑金石家未著于錄孫伯淵觀察始得之衞河第三屯遂樹德州學宫魏書無高貞名通典八十二延昌三年七月司徒平原郡公高肇兄子太子洗馬貞卒今魏書禮志四貞卒二字作員外亡三字傳寫之誤也碑云祖左光祿大夫勃海敬公式誕文昭皇太后是爲世宗武皇帝之外祖按魏書外戚傳高肇父颺颺女是爲文昭皇后生世宗景明初贈左光祿大夫賜爵勃海公謚曰敬則貞祖即颺也碑又云考安東將軍青州刺

史莊公即文昭皇太后之第二兄也按傳有琨弟偃字
仲游太和十年卒正始中贈安東將軍都督青州刺史
謚曰莊侯琨爲高肇長兄偃爲次兄故字仲游偃即通
典所云高肇兄而貞即偃子也碑又云君姊有神表淑
問拜爲皇后按皇后傳宣武皇后高氏文昭皇后弟偃
之女也亦見偃傳碑言貞以四月二十六日卒而禮志
及通典作七月亦傳寫之誤碑文完善僅蝕十五字就
中載卡之卡同頍之頍同輩未識余謂載卡即小雅載
弄魏孝文弔比干墓碑執垂益而談卡兮與此碑同玉
篇呀作咔偏旁從此魏劉洛眞造象記少者益笲論語
八佾篇釋文又作笲彼偏旁卡卞皆卡之省也頍與頍

同借爲規俗規從矢碑末銘詞載飛載𩥍字作䮭可互證北齊天柱山銘禮義以成頽矩偏旁小異即規矩也德州新出土有高氏三碑此其一高植墓志爲田氏所藏植即貞之從父昆弟惠政有聲見于史高湛墓志爲封氏所藏湛不見于史

北齊

崔頠墓誌銘 天保四年二月

右崔頠墓銘益都新出土損左下角缺五字又缺兩半字文云尚書僕射貞烈公之孫涇州使君第二子按魏崔亮傳遷尚書右僕射轉尚書僕射加散騎常侍正光二年卒謚曰貞烈亮三子士和拜冠軍將軍中散大

关西道行臺元脩義左丞行涇州事則顔祖郎亮父郎士和也文云年二十六武定六年卒計顔之生在正光四年亮先一年卒士和奉使爲莫折念生所害在正光五年顔以孤子早世宦未達故史無其名然片石如新譔書精麗名門遺迹故自不凡而余最先覩有餘快也

銅雀臺石夆門銘 天保八年

文云大齊天保八年九年造銅雀臺石夆之門百代之後見此銘者當復知之九年非九月之誤北齊文宣紀九年八月云先是發丁匠三十餘萬營三臺于鄴下至是三臺成改銅雀日金鳳則此臺以兩年訖功故云八年九年也

方道顯造釋迦象記 皇建元年十月

右碑在范縣義城寺各家未著錄寺相近有左伯桃墓嘉慶庚午夏縣令唐晟因訪墓得碑凡題名七列其第四列有馬神龕字從飛爲僅見第五列有才令馬爲希姓

陽阿故縣村造像記 河清二年五月

右碑在山西鳳臺故漢陽阿縣也⿺辶身與遍同又作遏或作遏皆北朝俗字或釋爲邊非

石佛寺佛經碑 河清三年七月

右碑在鉅野其正面佛經不知何時所刻據碑側四行有再立重立諸題名葢碑傾復樹之也按魏高宗以興

光二年六月改元太安此刻在三月已稱太安豈史誤邪山左金石志據下截有大齊河清字編入北齊姑從之河清三年歲在甲申則申上缺者是甲字

朱曇思等一百人造象記 河清四年三月

右碑在山東博興桂未谷權校官至此搜得于野寺中後寺僧棄爲階砌嘉慶丁卯縣令移置學宮其字多別體苦海作菩海斜屆作斜蘆四耈作四耈瞻作瞻攰爛作豁爛爵璃往昔作爵璃住昔皆他碑所罕見蘆卽屆今作插豁卽妓與攰同今作娶錢同人跋此謂塵作蘆容作豁非也

武成胡后造觀音石象記 武平二年十一月

北齊胡后傳自武成崩後數出詣佛寺與沙門曇獻通置百僧於殿內託以聽講武平二年曇獻尙未伏法或此象即獻等所造

伏波將軍石永興等造象記武平二年十二月

此記鎭遠作瑱遠陝州作陝州皆假借其別體字波作彼居作㞐錢作銭董作蕫縣作縣亦罕見

北周

少保豆盧恩碑天和元年

右豆盧恩碑隸書舊在咸陽洪瀆原乾隆辛丑後爲俗吏所毀予屢見舊拓皆經割裂以斷紋計之每行五十一字前半十行完善十一行以後有殘缺十四行至末

漫滅僅存文州楊陳以下八十許字零落不可屬讀其
完句則入法斯掌九賦是均二語耳通計前後可識者
六百四十六字首行云朝鮮微子之封微當爲箕碑刻
自誤撰文者庾信藝文類聚五十引多删節文苑英華
九百二十五有全文前明編庾信集亦有之皆與碑拓
本不同碑有木本凡一千二百五十字中多妄改王家
瑞據之載入金石遺文如猛虎震地七歲不驚羝羊觸
藩九齡能對碑拓本明白王依木本改作觀于秦兵尚
稱童子對于楚戰猶在青衿文苑英華亦如此葢校者
爲王家瑞所誤也碑拓本文州楊陳下有口者氐叀酋
長口口邊口革大會云云二十餘字保定上有也字文

苑英華楊陳下保定上僅有蠻仍平瀘水以六字不但
與碑拓本異并與王家瑞異然則明刻文苑英華亦經
臆删臆改也豆盧恩北史附豆盧寧傳云弟永恩不載
其名碑云君諱恩字永恩可補史闕

嚴迴達造象記 天和五年十月

文云于時歲驧提格即攝字爾雅太歲在寅曰攝提格
天和五年乃庚寅也

隋

千佛山吳口造象記 開皇十年十二月

桉是年庚戌而云癸丑則十三年也必誤或漏刻三字

張洪亮等造象記 開皇十五年四月

右張洪亮等造象記在益都縣廣福寺山左金石志言造象祈福兼及州縣令長惟有此刻亦可見古風之淳余桉東魏王雙虎造象云上爲皇帝陛下州郡令長此亦云州縣令長蓋造象之常語末有營郍子爲希姓廣韻引風俗通云周成王卿士營伯之後漢有京兆尹營郃

鐵橋金石跋卷一終

鐵橋金石跋卷二

烏程嚴可均譔

貴池劉世珩校刊

唐

顧升妻莊盦書心經　顯慶二年八月

莊盦書心經字徑三分閨秀楷法妍麗如此一面刻顧升撰書瘞琴銘楷法亦相類

善興寺塔銘　顯慶四年四月八日

右塔銘在桂林府南門外萬壽寺金石家未著錄寺隋建舊名永盦據銘唐名善興可補方志之闕

薛國公阿史那忠碑　上元二年十月十五日

右阿史那忠碑在昭陵北西峪村文多漫漶首尾標題

年月二行全泐惟敍銘三十一行行八十二字通計二千三百一字可辨識者一千八百五十四字雍州金石記及醴泉縣志以爲存七百餘字潛研堂跋尾以爲僅存二百餘字王氏金石萃編載有全文亦僅一千三百字諸家皆未嘗審觀也

盜義寺藏經碑 垂拱三年

碑在壽光縣盜義寺任知古撰姪男思解書高祖第十七子舒王元名此碑作无名疑史誤任知古結銜掌太后御集碑集字尚露大半朱朗齋以爲書字殆未審觀也

木澗魏夫人祠碑 垂拱四年正月

碑陰下截有大唐四年云云四十字或即垂拱四年所題又有宋元題名六段訪碑錄別有八分書隋碑未獲見之

右虞侯副率乙速孤神慶碑 載初元年二月

右乙速孤神慶碑在醴泉縣叱干村與其子行儼皆不在昭陵陪葬之列碑四十四行行八十字通計三千二百七十三字近年斷泐右方下角約少二百字存者亦漸模糊故王氏金石萃編所錄至缺誤六百五十字此舊拓本首尾完好所不辨者僅三十餘字撰者苗神客滄州東光人舊書附元萬頃傳碑末題歲次庚寅二月戊申朔上泐年號王氏以通鑑目錄推之謂是載初二

年其實載初無二年武后改永昌元年十一月爲載初元年正月國號周依周正建子以十二月爲臘月來歲正月爲一月至九月改元天授是碑所泐年號乃大周載初元年也

中興聖教序 神龍三年五月

右碑中宗御製唐奉一隸書神龍三年五月立在長清縣四禪寺碑末附中宗荅義淨墨勑碑側載義淨上武后符命事石已泐缺寺內別有楷書碑嘉靖四十三年重立無碑側多誤字脫字然原碑泐缺尚賴明碑以補之趙德甫引御史臺記唐奉一齊州人善書翰余檢御史臺精舍碑陰有楊奉一豈卽其人歟

龍興觀道德經 景龍二年正月

右道德經碑在易州景龍二年正月立前代金石家未著于錄歐趙所收皆明皇御注懷州本今不傳邢州龍興觀石臺本歸震川集有跋今亦未見所傳拓惟易州八面石柱爲蘇靈芝書之御注本刻于開元二十六年而景龍舊碑同在易州世人貴耳賤目無過問者蓋道德經自御注後頒列學宮久相傳習故余所見道藏七十餘本略同雖以河上王弼二家校者亦頗改就御注而傳奕古本字句較緐亦難盡從則世閒眞舊本必以景龍碑爲最其異同數百事文誼簡古遠勝今本者甚多今合蘇靈芝書御注本及河上王弼與釋文所載參

互校勘條舉得失足證此刻之善」

老子道德經一卷御注河上作老子道經卷上王弼作上篇无名各本作無下皆放此天地始御注與此同河上王弼作天地之始下句亦有之字常无欲觀其妙御注與此同河上此句上有故字觀上河上王弼有以字下句亦然眾妙之門句下空一字所以分章御注不空河上於道可道前題體道第一王弼題一章此無標目下皆放此相形王弼作相較見釋文成功不居御注王弼作功成不居河上作功成而弗居不上賢各本上作尙使心不亂王弼使下有民字聖人治各本句上有是以二字王弼人下有之字常使民御注作使人使知者各本使下有夫字不敢爲各本句下有爲無爲三字王弼有也爲無爲四字久不盈各本作或不深乎御注作淵似河上作淵乎似王弼作淵兮似萬物宗河上王弼物下有之字湛常存河上作湛兮似若存王弼作湛兮似或存誰子河上王弼作誰之子耆猶別體字槀籥御注作槀籥河上王弼句末有乎字不屈王弼顧歡作不掘兪出各本作愈出玄牝門天地根

河上王弼門上上有之字天地上有是謂字 長久者 河上王弼長下有且字 故能長久 王氏茅編引邢州本與此同易州石杜及河上王弼作長生非也 以其无私 釋文引河上與此同御注王弼以字上上有非字王弼句末有邪字 又不 河上王弼作而不 善人 各本作善仁古字通 政善 河上作正善 不若其以 各本作不如其已古字通 而銳 王弼作而梲 長保 邢州本作長寶 而驕 御注作而憍 功成名遂身退 王弼作功遂身退傅奕作成名功遂身退邢州本作名成功遂身退 能无離 傅奕及近刻王弼句末有乎字下五句皆然 愛人 各本作愛民 能无為 王弼作無知 能為雌 河上作無雌 能无知 王弼作無為 有之

以為利 各本句上有故字 何謂寵辱辱為下 王弼傅奕作何謂寵辱若驚寵為下

有大患 各本句末有故字 何謂寵辱辱為下 王弼傅奕作何謂寵辱若驚寵為下

有大患 各本句末有者字 為我有身及我无身 本兩我字各本作吾 故貴身於天下 御注作故貴以身為天下與王弼同河上作故貴以身為天下者 若可託天

下御注王弼作若可寄天下河上作則可寄於天下永樂大典作則可以寄天下若可寄天下河上作乃可以託於天下王弼作若可託天下大典作乃可以託天下繩繩大典作繩繩兮以語今之有各本作以御以知古始御注王弼作能知是謂道已御注河上作道紀審觀王弼注當亦是已字豫若冬涉川河上豫作與王弼作豫焉兮猶河上王弼作猶兮儼若客河上王弼儼下有兮其二字渙若冰將釋河上王弼作渙兮若冰之將釋下三句皆有兮字混若濁曠若谷御注作曠若谷渾若濁河上作曠兮其若谷渾兮其若濁王弼與河上同渾字作混安以動之御注作安以久河上王弼作孰能安以久大典作孰能安以無久字能弊復成御注作故能弊不新成河上作故能若不新成大典作故能儆不新成按弼注蔽覆蓋也當與河上同吾以觀其復王弼無其字各歸其根河上王弼各下有復字忘作凶各本作妄作凶河上或作萎誤也容能公御注河上王弼能作乃下四句皆然公能王王能天邢州本作公能生生能天其次親之豫之御注河上作親之譽之王

弼作親而譽之其次畏之侮之河上畏之下有其次字信不足河上王弼足下有焉
字有不信王弼信下有焉字由其貴言御注由作猶河上作猶兮王弼作悠兮成
功各本作功成有人義各本作仁義智惠出王弼作智慧或作慧智非孝慈大典
作孝子絕民各本作絕仁相去何若王弼或作若何非忙其未央御注作荒
其河上王弼荒下有兮字句末有哉字若享大牢牢別體字御注作如享釋文作若亨引河上作
饗若春登臺御注王弼作如春登臺河上作如登春臺我魄未兆御注作我獨怕其未
兆河上作我獨怕兮其未兆釋文作廓引河上作泊傅奕作我獨魄兮其未兆大典作我泊兮其未兆王氏引
邢州本與此同若嬰兒未孩各本作如嬰兒之未孩乘乘無所歸河上乘乘下有
兮若二字王弼作儽儽兮若無所歸我獨河上我上有而字之心河上王弼心下有也哉字純
純河上王弼作沌沌兮釋文沌本又作忳我獨若昏王弼作我獨昏昏淡若海御注
作忽若晦河上作忽兮若海王弼作澹兮其若海大典作漂乎一本作忽兮漂无所止御注作寂

兮似無所止河上作漂兮若無止釋文引河上作淵兮王弼作飂兮若無止梁簡文傳奕作飄兮有已各本作有以我獨頑河上王弼我上有而字而貴食母御注作而貴求食於母是從大典作之從忽怳中有象怳忽中有物顧歡與此同御注作忽兮怳其中有爲怳兮忽其中有物河上作忽兮怳兮其中有像忽兮其中有物本或二句互倒王弼與河上同忽作惚窈冥中有精顧歡與此同御注作窈兮冥其中有精河上王弼作窈兮冥兮其中有精之然御注今河上作之然哉王弼作之狀哉釋文河上一本直云吾何狀也枉則正傅奕與此同諸本作直則弊則新釋文作蔽傅奕今王弼作敝多則或各本作惑莫能與之爭河上無能字豈虛語各本作豈虛語哉故成全各本作誠全無故字王弼句上有故字孰爲此天地河上王弼此字下有者字上不能久各本作尚不於人各本句末有乎字故從事而道者道德之同於德者德德之同於失者道失之信不足有不信古得德字道德之即得之也河上作故從事於道者

道者同於道德者同於德失者同於失同於道者道亦樂得之同於德者德亦樂得之同於失者失亦樂得之御注王弼無二樂字餘與河上同河上王弼作信不足焉有不信焉企者不久御注河上作跂音不立王弼作企者不立夅者各本作跨者按當是夅字自見不明河上王弼自見下有者字下四句皆然其在道王弼作其在道也御注河上作其於道也物或有惡之各本無有字故有道不處御注王弼道下有者字河上有有者字句末有也字寂漠王弼作宋寞河上今王弼作寂兮寥兮鍾會作飂獨立不改御注河上立下有而字周行不殆各本行下有而字吾強為之名各本無吾字遠曰返河上王弼作反道大各本道上有故字王大各本王下有亦字而王處一河上王弼作而王居其一焉是以君子河上王弼作是以聖人燕處王弼傅奕作宴處如何各本作奈何以身各本以上有而字輕則失臣王弼作失本大典作失根轍迹河上作徹迹王弼作徹跡梁簡文云應車邉今作彳邉者古字少也瑕讁御注河上作瑕讁王弼作瑕讁善計王弼作善數籌策御注作籌

算不可開各本不上有而字下句亦然而无棄人各本而作故下句亦然善人
御注大典作故善人河上作故善人者不善人河上善人下有者字雖知河上王弼作雖智
此謂各本作是謂爲天下蹊各本作谿釋文谿或作溪常得不忒各本作
常得乃足各本作常德於朴御注作撲王弼作僕下句亦然朴散各本散下有則字
聖人用爲官長各本用下有之則字是以大制无割各本作故大制不割神
器大典器下有也字不可爲各本爲下有也字夫物各本作故物或嘘王弼作或
歔御注河上作或呴或羸各本作或羸或接或隳御注河上接作載王弼梁簡文作挫以
道作各本作以道佐荊棘生各本生下有焉字此句下各本有大軍之後必有凶年八字蓋注語
羼入正文此本無王氏引邢州本亦無故善者果而已河上王弼無故字大典亦無故字而
已下有矣字今王弼者作有不以取强各本不下有敢字果而勿驕果而勿
矜果而勿伐御注驕作憍各本果而勿驕句在果而勿伐下果而不得以是各本

以作已無是字謂之非道非道早已御注河上王弼作是謂不道不道早已傅奕王氏引
邢州本皆作非道夫佳兵者河上無者字不祥之器大典無之器二字故有
道不處各本道下有者字大典處下有也字恬惔御注作恬淡河上作恬恢一作恬然王弼作恬
澹故不美若美之御注河上王弼作勝而不美而美之者大典無而字是樂煞人
各本作殺人大典人下有也字不可得意於天下御注作得志河上王弼作則不可以得志
於天下矣大典無則字故吉事尚左各本無故字居左御注大典作處左下居右亦作
處煞人眾多河上王弼作殺人之眾此句上御注河上有言以喪禮處之六字蓋注語羼入正文
此與大典皆無悲哀王弼作哀悲哀禮各本作喪禮朴雖小御注作撲王弼作樸天
下不敢臣王弼作天下莫能臣也王矦若能守御注河上王弼作矦王梁武與此同
河上王弼守下有之字人莫之令河上作民莫天將知止御注王弼作夫亦將知止
河上作天亦將知之知止不殆之御注作知止所以不殆河上作知所以不殆王弼作知止可以不

殆

譬道在天下 河上王弼道下有之字 與江海 御注河上作之與江海王弼作之於江海 強行有志 各本行下有者字 道氾 御注作道汎河上作道氾兮 以生 河上作而生 成功 各本作功成 不名有 傅奕大典作而不居 愛養 王弼作衣養大典作衣被 不爲主 各本不上有而字下句亦然 可名於大 河上作爲大大典作於大矣又有是以聖人能成其大也 是以聖人終不爲大 河上句末有也字王弼作以其終不自爲大大典作以其不自大 平太 御注大典作平泰 道出言 御注河上王弼作道之出口傅奕作道之出言下視聽用三句各本皆有之字 淡无味 各本淡下有乎其二字 用不可既 御注河上作用之不可既王弼作用之不足既 翕之 河上作翕之王弼作翕之簡文作歙又作給 必故 各本作必固下三句皆然 柔勝剛弱勝強 大典與此同御注河上王弼作柔弱勝剛強傅奕作柔之勝剛弱之勝強 國有 各本作國之 可示 各本作可以示 能守 王弼守下或有之字 之朴 御注王弼作樸 之亦將不欲 王弼作夫亦將無欲 老子德經 御注河上作老子德經卷下王弼作

老子德經下篇忠信之薄御注作之薄下不處其薄亦然處其厚不處其薄居其實不居其華河上作處其厚不居其薄處其實不居其華王弼亦然万物各本作萬物天下正御注王弼作下貞其致之一句下或有一也二字高以下爲基御注脫爲字河上高下有必字不轂御注王弼作不穀河上云不轂喻不能如車轂爲眾轂所湊卌二章不轂亦然非乎各本作非非乎數車無車御注王弼作數輿無輿蘇靈芝之書上輿作與誤也落落王弼作珞珞天下万物河上王弼作萬物御注作之物勤而行之御注無之字傅奕作而勤行之故建言有之御注無故字夷道若類御注王弼作若纇善貸且善各本作且成不轂御注王弼作不穀或益之而損御注無或字我亦教之御注作亦我義教之無有入於無閒御注河上王弼無於字傅奕淮南子作出於無有入於無閒是以知無爲有益御注作是以知無爲之有益益河上王弼有之字不重益字是故甚愛河上無是故故知足各本無故字以爲天下正各本無以字

罪莫大於可欲王弼無此句常足御注王弼作常足矣其知弥近各本作彌少又損之河上王弼無之字無不爲各本無上有而字得善信者各本作德善下句亦然御注晚信字怵怵御注作惵惵河上作悏悏王弼作歙歙簡文云河上作怵高翿作喋喋動之死地十有三王弼高翿地下有亦字措其爪御注河上王弼作措釋文作錯是以万物御注作是以聖人夫莫之命御注傅奕作之爵成之孰之王弼作亭之毒之又知其子河上作復知王弼高翿作以知是謂習常御注高翿作襲常而人好徑御注高翿作民其好徑河上王弼作而民服文綵御注高翿作彩厭飲食御注作猒高翿作冐是謂盜夸非道也哉王弼盜夸下復有盜夸二字釋文引河上本同子孫祭祀不輟王弼子孫下有以字韓非子有以其世世四字脩之身河上王弼脩之下有於字下脩之家脩之之鄉亦然御注高翿五句皆無於字其德有餘衆本作乃餘御注作其德能有餘韓非子與此同脩之於國韓非子作於邦與豐叶韻今沿漢避諱改也天下之

然河上作之[redacted]或王弼作然哉無之字毒虿不螫御注河上高翿作毒蟲不螫王弼作蜂蠆虺蛇
不螫按虿虺兩通作蟲者誤而朘作王弼作而全作釋文引河上作鋑本一作朘精之至
河上王弼至下有也字下句亦然號而不嗄河上高翿而下有嗌字知常曰明河上作日
明下二句亦然謂之不道御注高翿作是謂不道解其忿河上作紛王弼作分不可
得而疎河上不上有亦字下二句皆然亦不可得而賤諸本無亦字河上有以正
御注作以政以奇御注誤作以其知其然河上王弼高翿然下有哉字而人彌貧
人多利器各本人作民法物滋彰御注王弼高翿作法令河上云法物好物也人
自化各本人作而民下三句亦然我無事人自富御注此句在我好靜之上其人
醇醇各本作其民御注王弼高翿作淳淳禍福之所倚福禍之所伏御注作禍
兮福所倚福兮禍所伏河上王弼有兩兮字無兩之字其無正御注作正邪政復爲奇
各本作正復人之迷御注河上高翿作民之廉而不害御注作不穢王弼作不劌不

曜 御注作耀王弼作燿 則無不剋 御注王弼作不克下句亦然 固蔕 御注作故蔕王弼作固柢 不傷人 御注作傷民下二句亦然 交歸 各本作交歸焉 天下之牝 御注作之交高詷作之交牝 牡常以靜勝牝 各本作牝常以靜勝牡 則取大國 御注作則聚 故或下以取或下如取 御注下句作或下而聚河上王弼高詷作而取 此兩者 河上王弼此作夫高詷無此字 不善人之所不保 各本作所保 不日求以得 河上王弼求字在以字下高詷日作曰 有罪以勉 諸本作以免邪高詷作不免邪 啚難於易爲大於細 各本於下皆有其字 故欲無難 王弼作無難矣 其脃易破 河上作其脃王弼作易泮 是以聖人無爲 河上無是以 復衆人 御注作衆民 非以明人 各本作明民 以其多智 各本作智多 以智治國 御注王弼高詷作故以 亦揩式 河上作楷王弼作稽下句亦然 淡遠與物反 各本作淡矣遠矣與物反矣 百谷王 各本王下有者字 以其善下之 河上無其字 是以聖人欲上人

王弼無聖人河上王弼作上民必以言下之御注作以其言我大王弼作我道大不肖
各本不上有似字下哉不肖亦然其細御注王弼作其細也夫高翿作其紗也夫河上其細句絕以夫
字屬下句持而寶之御注作保而持之高翿同河上王弼作持而保之夫慈故能勇
河上王弼無兵字今捨慈且勇御注高翿捨下有其字下二句亦然且先御注誤作先且
古之善爲士者各本無古之不爭河上王弼作不與善用人者爲下
各本人作仁御注王弼作爲之下是以用人之力各本作是謂行无行各本无作
無下皆儆此仍无敵王弼作扔則哀者勝各本作哀者勝矣無則字知我者希
則我者貴御注脫我者希則四字而注中有之是以聖人不病御注作夫唯病是以
不病聖人不病河上王弼高翿夫唯病下復有病字大威至御注王弼高翿句上有則字河上無則字
末有矣字无狹王弼作無狎知此兩者河上王弼無知字孰知其故此句下各
本有是以聖人猶難之不召而自來然而善謀來下一字未刻御注王弼高翿作繟

釋文引梁王尙鍾會孫登張嗣作繟坦二字引河上作墠疏而不漏各本作不失民不畏死高翿民下有情字若使常畏死御注高翿使下有人字河上王弼有民字煞之各本作殺之下倣此代大匠斲御注無大字夫代大匠斲御注無夫字其手御注王弼作其手矣河上作其手者矣民之飢御注作上人之有爲河上王弼高翿作上之有爲生生之厚各本作求生人生之衆本作人之生也高翿作民之生也其死各本作其死也生之御注作生也衆本作之生也其死各本作其死也木強則其王弼傅奕作則兵故堅強處下各本作強大處下無故字張弓御注河上作張弓乎王弼作張弓與不足者與之王弼作補之而補不足御注無而字人道各本作人之道損不足各本足下有以字孰能有餘以奉天下御注以字在能字下其唯有道者各本無其字爲而不恃御注無而字功成不處河上王弼成下有而字斯不見賢各本作其不欲見賢高翿句末有邪字天下柔弱莫過於水王弼

作天下莫柔弱於水而攻堅強莫能之先御注王弼強下有者字先作勝河上亦有者字作莫之能勝高翮作莫之能爽故弱勝強柔勝剛御注高翮作故柔勝剛弱勝強河上王弼無故字作弱之勝強柔之勝剛莫能知各本能作不故聖人云御注作是以聖人言王弼作是以聖人云受國不祥河上高翮國下有之字不責於人御注作而不責於民河上王弼有而字故有德河上王弼無故字小國寡人各本作寡民什伯之器河上伯下有人字使人重死河上王弼作使民雞狗之聲御注高翮作雞犬之音王弼作雞犬之聲旣以爲人已愈有御注作與人已上三百卌九事皆景龍本異文是時御注未出所行皆六朝舊本故文句簡古卓然可據如斯閒亦有承習舊譌或寫刻時錯脫不可爲訓者是在善讀者之擇善而從也

平昌寺造像記 景雲二年二月二十四日

此記大唐上下皆空一字二月景子朔二十四日己亥二子己三字皆泐舊唐書睿宗紀是年正月丁未朔蕭思亮墓誌是年二月景子朔則此爲二月無疑歲次辛亥蕭思亮墓誌作丁亥彼誤也

贈邛州刺史狄知遜碑 年月泐當在睿宗時

右狄知遜碑泐缺弱半中有載初元年字是梁公母太谷郡夫人合葬之年非立碑之年舊書梁公傳中宗返正追贈司空睿宗追封梁國公碑云贈司空梁國文惠公云云又云有孝孫鴻臚□卿光嗣云云則此碑梁公卒後其子光嗣於睿宗時追立金石錄列于載初元年正月非也碑云贈祖叔湛新書宰相世系表脫叔字碑

云贈邛州刺史表作越州刺史碑云鴻臚卿光嗣表作
户部郎中皆表誤碑云孔□門人郎表狄黑碑云山爲
巨儒郎表漢博士山

嶲州都督姚懿碑 開元三年十月十二日

嘉靖刻本舊書姚崇傳云父善意與碑及世系表同本
或作善懿誤徐嶠之郎浩之父

贈歙州刺史葉慧明碑 開元五年七月七日

碑連額高建初尺九尺四寸廣三尺七寸二十行行五
十字首行標題下有撰書人名泐缺集古録目輿地碑
目寶刻類編謂李邕撰韓擇木書當是也金石録又謂
韓擇木撰并書據碑云騶請闕廷第如江介遠訪才子

枉逮鄙夫李邕廣陵江都人故云江介韓擇木昌黎人烏得云爾趙氏誤也世系表李邕祖元哲由江夏徙廣陵而邕撰書諸碑皆云江夏舉郡望也舊書本傳開元三年中書姚崇嫉邕左遷括州司馬此碑及有道先生葉國重碑𦒿郎左遷後所撰法善括州括蒼人括蒼今處州松陽等縣慧明爲法善父國重爲法善祖寶刻叢編及類編載二碑皆在處州𦒿立于墓所國重碑俗呼追魂碑金石録謂國重碑在開封府不確屠隆考盤餘事及山東通志謂在金鄉縣寶刻類編謂追魂碑紹興十四年大雷辟其石則原碑宜多毀缺而今所見拓本一字不損是金鄉或有重刻本然問之官是土者皆言

未見寰宇訪碑錄謂追魂碑重刻仍在松陽疑得其實金石文字記又謂慧明碑在金鄉蓋誤憶屠隆語而以此當追魂也山左金石志亦言在金鄉則又沿寍人之誤此碑隸法與告華岳文同而筆力稍弱蓋韓少時書審觀是原刻計括蒼至金鄉相距三千里又隔數大山萬難轉徙則寍人語必涉追魂碑而誤今所見拓本不少原石未必遽毀抜王象之言此碑在麗水縣北一百二十里沖貞觀中以今縣推之則當在縉雲縣西北宣平縣東南將屬處州守令訪之

萊州刺史唐貞休德政碑 年月泐錢竹汀考爲開元十年七月

是碑撰書人姓名及年月皆泐中有云久之下制曰洛

陽縣令唐貞休因知府君名貞休而舊新書皆無傳僅見于宰相世系表錢少詹疑即金石錄之于府君碑于字爲唐之誤未審信否碑下截漫滅以銘詞計之當是每行五十二字凡二十七行山左金石記作二十八行蓋并末無字之一行計之也

右武衞將軍乙速孤行儼碑開元十三年二月十六日

右乙速孤行儼碑在醴泉縣叱干村凡三十一行行六十七字通計一千九百三十字所不辨者僅二十三字在昭陵諸碑中特爲完善王氏金石萃編漏數徐元禮鐫一行因云三十行所錄全文缺誤不下二百二十字蓋未嘗審觀也碑云維景龍二年歲次景申二月辛卯

朔十六日景午據岱嶽觀鴛鴦碑是年歲在戊申二月甲子朔足證此碑之誤碑末題開元十三年二月景辰朔考十二年閏十二月丙辰朔再承大月故二月仍爲丙辰朔通鑑目錄以爲當承小月因改二月爲乙卯朔前朝歷法何勞追改溫公未免多事碑有溱州扶驩縣當改

祇谷寺建塔記開元十四年十月一日

右相州門徒一百人等祇谷寺東建塔記前半泐缺銘嗣正法之品脫品字補刻于次行之首各潤根莖莖字誤作莁諍贙吞聲倒一虍蓋與盞同意李勣碑贙嘯龍騰五經文字虍部贙從二虍從貝俗以二虍顛倒與說

文字林不同廣韻銑部云倒一虎者非是刻多泐缺審觀可識者視山左金石志尚多五六十字

雲門山功德銘 開元十九年十月十五日

文爲益都令唐逌周撰稱六代祖輪從祖季卿皆官青州又稱貞休□□是邦纂□丕烈今萊州府治有開元十年萊州刺史唐貞休德政碑當即其人也丑朔上缺三字據十五日辛卯知必丁丑朔矣是年無閏月據淨土寺經幢是年十一月景午朔知丁丑朔必是十月矣

齊州神寶寺碑 開元二十四年十月

石神寶寺碑首行泐缺訪碑錄以爲李寰撰審觀乃字

寰箞兼書實非李字其姓名不可攷矣山左金石志載此全文頗多缺誤余以精拓本對校多識八十餘字碑爲偉父所撰無關攷證唯此寺元魏時舊額曰靜然足爲方志之助

莒國公唐儉碑 開元二十九年

右唐儉碑在昭陵東南文多漫漶凡四十行行八十五字通計三千九百字可辨識者二千九十二字金石圖以爲三十九行醴泉縣舊志以爲存字千一百雍州金石志以爲僅存四百字王氏金石萃編以爲全文三千三百字存者一千二百餘字諸家皆未嘗審觀也碑云從孫瑾對曰嘉命之述徽音是撰文者唐瑾宰相世系表

瑾爲儉弟敏之孫諸家未經舉出碑云徵男尙識尙豫章公主本傳及世系表作善識公主傳作義識趙德甫所見公主傳作茂識儉字茂約其子未必名茂識唯尙善義三字互異未審孰是

賢令山摩崖二種 無年月當在開元中

陽山縣北二里賢令山讀書臺前有摩崖千巖表三大字正書不署名相傳爲韓文公書嘉慶壬戌余至粵東求得拓本其明年陽山令又拓寄艸書鳶飛魚躍四字一横末題退之二字云新搜得之翁氏粵東金石略所未載也艸法古勁飛動實爲神品但昌黎生平自稱愈不稱退之唐詩統籤唐詩恢有開元中道士司馬退之

詩一首中有云羅浮奔走外日月無短明乃嶺南詩也此二刻當即其人所書海陽近刻有白鸚武賦亦出一手今人但知退之爲韓文公不知有此道士矣

白鸚武賦 無年月

右白鸚武賦雍正八年摩刻賦見王右丞集唐文粹亦載之頗互異行艸生勁開黄魯直一派末題退之二字當亦司馬退之所書

靈都觀張尊師碑 天寶三年六月三日

碑云曾祖儼周襄國紫州刺史唐志洺州武德元年于臨洺縣置紫州四年罷據碑則周已有紫州屬襄國諸史皆不言殊缺略也今永年縣西有臨洺關即廢縣州

所治西有紫山蓋紫州命名以此

靈都觀劉尊師碑天寶十一載二月二十八日

碑甚模胡前半尤甚首行齊物劉尊師碑銘等字隱隱可識據碑末有隸書題名撿挍覆鐫字姪劉玄覺則尊師姓劉無疑中州金石記題爲某尊師碑天寶十載二月立寰宇訪碑錄緣之別載天寶十一載二月王屋山劉尊師碑齊莊文翟口行書一碑兩收誤也碑云有弟道士曰齊莊鴒原永懷式昭至德是齊莊實立此碑而撰文者縣主簿非卽齊莊且碑是十一載非十載碑第六行乂問六字未成句似有脫

夫子廟堂記天寶十一載四月二十二日

夫子廟堂記魯公初書于天寶時大歷中又刊于湖州今華州王氏藏有殘石七十一字其前二行魯公及徐季海列銜與多寶塔碑同乃天寶時書也近山西新獲顔碑行列字次與華州殘石悉合蓋即從彼本翻刻者末行年月日亦與多寶塔碑同惟二十二日戊戌作二十二日丙戌爲異蓋翻刻者疑乙丑朔則二十二日非戊戌故妄改不知多寶塔碑之乙丑乃魯公誤筆通鑑目録是月丁丑朔且二十二日戊戌則丁丑朔無疑是年二月己酉朔見劉尊師碑有閏三月見永泰寺碑是四月丁丑朔也然魯公二十二日未必連書二碑想是華州本末行久泐翻刻者篡取多寶塔之月日補之遂臆改

戊戌爲丙戌戌字又非魯公體淺人涉手輒謬如此然賴有此翻刻得見華州碑款式且悟唐文粹所載別是一碑與魯公兩刻所書皆無涉也

雲門山投龍壁詩 天寶十一載十一月

投龍壁詩載辜月上缺六字全唐詩作有唐天寶玄默歲葢默歲本是黓載二字爾雅歲在壬曰玄黓十一月爲辜天寶元年爲壬午十一載爲壬辰八載羣臣上尊號爲開元天寶聖文神武應道皇帝序中已有此語則是十一載十一月也序云余是年寎月戾止爾雅三月爲寎則居貞三月到官十一月投禮也全唐詩寎月作病目

雲門山造象八種 起天寶十一載十二月迄十二載十一月二十七日

右雲門山造象題字有依六依智顯是希姓又有姓千秋姓哥悟廣韻姓又姓引漢書貨殖傳臨菑姓偉貲五千萬

柘城縣令李仲華德政頌 天寶十三載五月十八日

右李仲華德政頌魏崇仁行書寶刻類編及黃玉圖中州金石考有其目文云員外丞鉅鹿魏崇仁故太師鄭公之曾孫也撿魏徵魏謩傳宰相世系表魏謩先廟碑竝無其名傳言徵四子叔瑜豫州刺史善草隸以筆意傳其子華及甥薛稷今是碑行草偉麗可喜崇仁于華爲子姓蓋家學淵源也世系表華子瞻駕部郎中崇仁

與華當同一格表殊漏略文云今太守越國李公蓋郎許遠所代其任者史亦無名其敘李仲華先世皆無攷而稱曾祖爲太翁則可補入通俗編也

怡亭銘　永泰元年五月十一日

怡亭銘在武昌縣北觀音巖面臨大江夏秋水漲則銘浸水中拓本頗難得此册漢陽葉東卿所贈稚嫌墨暈然亦近拓之佳者裴虯代宗時道州刺史集古錄謂唐史不見其事武虚谷引舊書代宗紀一條余按舊書張建封傳大歷初道州刺史裴虯薦建封于觀察使韋之晉則虚谷未及引也銘文余逃世之上是願字湖北通志釋作顧孫淵如觀察亦謂當作顧予得此本足定其

誤

陽華巖銘　永泰二年五月十一日

瞿令問篆迹謬惡以旒爲尤以漿爲逸大錯歐公援及顔子儗不以倫則宋人習氣也

成德軍節度使李寶臣紀功碑　永泰二年七月一日

右李寶臣紀功碑在正定故察院署中有篆額失拓碑文二十九行行五十五字通計一千三百九十八字王氏金石萃編誤云二十五行所録全文缺誤至三百餘字余據衆拓本并何夢華所抄舊拓本覆校之碑石剝泐處尚皆可讀所不辨者僅五十餘字而已文體學揚班爲退之先聲所稱元年至九年皆寶臣牧恒之年漢

已前諸侯王得自稱元年此其所本也

浯溪錄 無年月

浯溪銘黃山谷以爲季康篆潘稼堂以爲瞿令問篆山谷去唐近當有所據旁有釋文殘石不知何人所刻淵回作淵洄潺二作潺五多石作雙石隔溪作夾溪顯與篆刻不合阮亭集載此銘亦多謬誤葢篆學久廢雖以此銘之易識猶皆剜目棘口也

錢唐縣丞殷履直夫人顏氏碑 無年月

右殷君夫人碑四面周刻泐缺甚多碑額橫題唐錢唐丞殷君夫人顏君之碑篆書今前面十六字漸不可辨夫人爲昭甫之女元孫惟貞之女兄元孫十六子惟貞八子

魯公行七故家廟碑自稱第七子合元孫子爲次故此
碑及干祿字書稱弟十三姪男祭姪文稱第十三叔也
家廟碑載元孫子僅五惟貞子僅七疑皆殤其一故不
列名碑額稱顔君序中亦屢稱君蓋君亦女之尊稱可
廣金石例碑云黄門侍郎卽北齊黄門侍郎待詔之推
云崇賢卽宏文崇賢學士勤禮竹汀跋尾作集賢學士
誤也云妹宜芳令裴安期云君有三子幼曰晉州長史
成已新書殷踐猷傳族子成已晉州長史初母顔叔父
吏部郎中敬仲爲酷吏所陷率二妹割耳訴寃敬仲得
減死及成已生而左耳缺其一妹者一爲宜芳令裴安
期妻一泐缺莫辨尚有伯姊爲御史大夫張知泰妻見

家廟碑則昭甫有四女殷君夫人居其次武虛谷跋作
昭甫府君季女誤也云太夫人殷氏卽昭甫妻魯公祖
母也家廟碑後額高祖妣殷夫人卽思魯妻而魯公母
亦殷氏見本傳及文集殷踐猷墓碣銘是殷與顏世爲
婚姻故殷君夫人六女次適顏昭粹次適魯公之伯兄
闕疑而碑又云及女姊眞卿則魯公亦殷君夫人之壻
也碑無建立年月魯公年譜大歷七年九月除湖州刺
史舊書十二年四月召于湖州而宋璟碑書于七年九
月二十五日稱行撫州刺史蓋除書尙未到十一月元
結碑稱行湖州刺史九年正月干祿字書十二年五月
李含光碑皆稱行湖州刺史此碑系銜正同而元結碑

同在河南郎附其後庶爲得之

趙州刺史何公德政碑大歷九年七月二十七日

右何公德政碑齊論撰并行書諸家未著于錄文云恒之伯受鉞統牧郎成德軍節度李寶臣也時六州官屬寶臣自置而何公由大鴻臚爲趙尹葢鴻臚是兼銜未必由京職謫放碑無何公名字亦不見于史有碑陰失搨

妬神頌大歷十一年五月十六日

元和郡縣志妬女泉傍有祠土人祀之婦女袨服靚妝必興雨雹故老傳此泉中有神似鼈晝伏夜游據碑則神郎介之推妹也葉九來言武后幸此懼欲別開道避

一統志亦云然考舊新書乃高宗事

大陘山銘 建中元年四月二十六日

淇經論舊書有傳又見田悅朱泚傳旣昧時機又受僞命其人不足齒此銘蓋符罷魏兵之前所刻中州金石記謂凸卽去字甚確凹凸本作窈窔莊子坳堂卽窈之變一切經音義作容窔窔卽突之誤窔去同聲去宊同字故易突如京鄭作宊如

重修東陵聖母宮碑 貞元九年五月宋元祐三年重刻

是刻俗稱聖母帖余讀其文知是重修東陵聖母宮碑前爲序後爲銘其碑久毀宋時得殘搨本摘其完字重勒橫石取便臨倣俗因謂之帖也東陵在海陵今江都

縣東關中金石記以禹貢東陵當之恐非續漢郡國志廣陵有東陵亭劉昭引博物記曰女子杜姜左道通神縣以爲妖閉獄桎梏卒變形莫知所極以狀上聞因以其處爲廟祠號曰東陵聖母一統志古東陵亭在江都縣東引舊志所載寰宇記云張綱溝在廣陵縣東三十里甲綱於東陵村東開溝引水葢卽故亭之地寰宇記又云東陵聖母廟在江都縣南三十里南字葢東之誤或縣南亦有廟矣葛宏神仙傳東陵聖母廣陵海陵人也適杜氏師劉綱學道能易形變化隱見無方杜不信道常怒之聖母理疾救人或有所詣杜恚之愈甚訟之官云聖母姦妖不理家務官收聖母付獄頃之已從獄窗

中飛去衆望見之轉高入雲中留所著履一雙在窗下於是遠近立廟祠之民所奉事禱之立效常有一青鳥在祭所人有失物者乞問所在青鳥即飛集盜物人之上路不拾遺歲月稍久亦不復介至今海陵縣中不得爲姦盜之事大者即風波沒溺虎狼殺之小者即復病也碑敘聖母事皆取之傳海陵今泰州也其西鄙改屬廣陵縣宋熙寧五年省廣陵縣入江都其地當有大阜故云東陵據碑後大和四年裴休等題名曰同登則祠不在平地今遺址不可見矣碑云從叔父淮南節度觀察使禮部尚書攷是年淮南節度爲杜佑則撰此碑文者杜佑從子也舊書杜佑傳貞元三年徵爲尚書左丞

又出爲陝州觀察使遷撿挍禮部尚書揚州大都督府長史充淮南節度使十三年以淮南兼徐泗節度使十九年入朝同平章事舊書德宗紀貞元六年七月淮南節度使竇覦卒今本作竇覬誤是佑之充淮南節度當在六年七月之後聖母宮郎修于兩三年中故九年五月立碑也碑云監軍使太原郭公則宦官也其名莫攷關中金石記謂文稱皇從叔父淮南節度觀察使禮部尚書太原郡公合兩人爲一又添皇字删監軍使以郭爲郡葢艸書難識故屬讀違異如此碑後半多闕文銘詞僅存十字其裴休等題名舊當在碑側或碑陰宋時得殘搨本有此故附刻于末金石錄補謂觀此帖者署名恐誤裴

休等乃謁廟觀碑故云同登也

王仲堪墓誌　貞元十三年四月十六日

右王仲堪墓誌乾隆己酉歲於京師廣渠門內安慶義塋出土同年徐翰林松購藏于家拓數本贈予仲堪大歷七年進士充幽州節度參謀拜監察御史舊新書無其名按是時幽州節度乃劉濟也舊新紀傳但言同中書門下平章事不言封王而碑云相國彭城王可補史闕碑云十二年冬十一月公奉使於蒲按舊德宗紀貞元十二年四月以通王諶爲河東節度以河東行軍司馬李悅爲觀察蓋劉濟以新易蒲帥遣使通好但是時劉濟無逆節與河東亦無宿怨何至害及聘使而碑云

春二月旋車自蒲三日暴殂於傳舍恐暴殂只是暴病
或者河中人陰遣客邀殺之未可知也

鐵橋金石跋卷二終

鐵橋金石跋卷三　　聚學軒叢書第三集

烏程嚴可均譔　　貴池劉世珩校刊

唐

施昭墓誌元和四年十二月

右誌嘉慶四年新出土金石家未著錄石左上角刻字二行云嘉慶四年得此涇川趙杞

佛本行集經碑元和十四年四月八日

碑額題幽州盧龍兩節度使劉相公者劉總也總弒父兄晚年父兄爲祟乃削髮爲僧其刻本行集經當有數十石今但存卷三十一之一石已斷爲三

盟吐番題柱文無年月當在長慶二年

右喇薩石柱長慶二年就盟吐蕃所立中刻誓文六行行八十四字行書兩旁刻諸臣署名及蕃臣署名蕃字橫讀不可識此拓但有誓文無蕃漢諸臣署名非全本也舊書吐蕃傳長慶元年九月吐蕃遣使請盟乃命大理卿兼御史大夫劉元鼎充西蕃盟會使以兵部郎中兼御史中丞劉師老爲副尚舍奉御兼監察御史李武京兆府奉先縣丞兼監察御史李公度爲判官十月十日與吐蕃使盟宰臣及右僕射六曹尚書中執法太常司農卿京兆尹金吾大將軍皆預焉其詞曰維唐承天云云越歲在癸丑冬十月癸酉文武孝德皇帝詔丞相臣植臣播臣元穎等與大將和蕃使禮部尚書論訥羅

等會盟于京師壇于城之西郊坎于壇北云云大蕃贊普及宰相鉢闡布尙綺心兒等先寄盟文要節云蕃漢二邦各守見管本界彼此不得徑不得討不得相爲寇讎不得侵謀境土若有所疑或要捉生問事便給衣糧放還今竝依從竝無添改預盟之官十七人皆列名焉其劉元鼎等與論訥羅同赴吐蕃本國就盟仍勅元鼎到彼令宰相已下各於盟文後自書名二年二月遣使來請定界六月劉元鼎自吐蕃使迴奏云去四月二十四日到吐蕃牙帳以五月六日會盟訖今此喇薩石柱在吐蕃界當是二年五月六日盟後所立其文卽舊傳所載要節而演暢其詞惟定界係是年添入餘實無添

改其與實將軍谷綏戎柵清水縣等地名不見于舊新志其諸臣姓名新書較詳吐蕃傳元年遣使者尚騎力陀思來朝且乞盟詔許之崔植杜元穎王播輔政大理卿劉元鼎爲盟會使右師郎中劉師老副之詔宰相與公尚書右僕射韓皋御史中丞牛僧儒吏部尚書李絳兵部尚書蕭俛戶部尚書楊於陵禮部尚書韋綬太常卿趙宗儒司農卿裴武京兆尹柳公綽右金吾將軍郭鏦及吐蕃使者論訥羅盟京師西郊贊普以盟言約二國無相寇讎有禽生問事給服糧歸之詔可大臣預盟者悉載名於策明年請定疆候元鼎與論訥羅就盟其國勅虜大臣亦列名于策傳內所載劉元鼎劉師老及宰

相崔植已下僅十五人而舊傳言十七人殆判官李武
李公度亦當列名然二年五月已前崔植罷知政事王
播出爲淮南節度韓皋李絳蕭俛柳公綽皆有遷升則
杜後系銜又當與新傳不同俟更求全拓本校之
喇薩郎拉撒在打箭爐西北三千四百八十里爲藏衛
首地達賴喇嘛居此有大廟謂之大召土人共傳唐文
成公主所建近人西藏記云大召名曰老本郎坐東向
西樓高四層上有金殿五中殿左廊有唐公主暨吐蕃
贊普像大殿內有明萬歷閒太監楊英所立傳門外有
唐蕃和盟碑高約一丈五尺寬約四尺厚約二尺兩旁
刊有大臣太宰尚書等字跡並牛僧儒姓名模糊不能

悉讀碑旁有唐植古柳二株老榦盤屈若龍虯然據此則喇嚧乃唐時吐蕃故都舊唐書劉元鼎自吐蕃使迴奏云去四月二十四日到吐蕃牙帳以五月六日會盟訖即其地也西藏記載此碑無缺字而不載諸臣姓名今以拓本校之其泐缺處以臆補者四十字其碑字可識而顯與違戾者一百三十五字庸妄人涉筆動輒作僞如此然其言碑石形製或不誣也

中書令張九齡碑 長慶三年九月十二日宋天聖八年重刻

是碑原石久佚今曲江祠新出土者宋天聖八年韶州判官林某重書其碑前第一行徐浩撰下刪去并書一字與金石錄墨池編寶刻叢編類編所載不同碑云公

一名博物亦見舊書本傳趙德甫但據新傳故言史不載也碑云張守珪斬屈突干舊守珪傳作屈刺與可突干新傳同則爲二人疑碑誤其敘張守珪誅安祿山事與舊傳同新傳改爲九齡署其狀歐跋亦但據新傳也碑云謚曰文獻新傳同舊傳作文憲轉寫誤碑云仲弟九皋宋襄廣三州刺史舊傳作唐徐宋襄廣五州刺史以九皋碑考之則史得其實碑後載曾姪孫可復金石錄作曾孫敦慶宰相世系表九齡曾孫敦慶袁州司倉參軍元孫景新景重九皋曾孫可復潮陽主簿蓋此碑重書時有刪改矣余以嘉慶壬戌過韶州獲見曲江畫像其絹如麻相傳是吳道子筆并拓得此碑以曲江集附

錄及韶州志粵東金石略所載校之知諸家皆多脫誤韶州尚有張九皋碑余靖碑惜未拓得

鄭弘禮妻李氏夫人墓誌 開成四年四月十日

是刻諸家未著錄其撰書出傖父手中有云河陽太平鄉臨泉村及西沼村濟源縣清廉鄉官橋村足爲方志之助

天甯寺陁羅尼經幢 會昌三年十月九日

吾郡天甯寺經幢十四可拓者十一此幢會昌三年僧令洪書其題年月之前復刻差小字二行云會昌三年十月九日樹至會昌五年六月十七日准勅廢至大中元年十一月二十八日重建有湖州刺史彭陽縣開國

男令狐綯等署名按舊書武宗會昌五年正月道士趙
懷眞鄧元起劉玄靖排毁釋氏而坼寺之請行焉四月
勅祠部撿括天下寺及僧尼人數七月勅併省天下佛
寺中書又奏天下廢寺銅像鐘磬委鹽鐵使鑄錢其鐵
像委本州鑄爲農器八月制天下所坼寺四千六百餘
所還俗僧尼二十六萬五百人坼招提蘭若四萬餘所
此幢樹未二年卽准勅廢以此也六年三月宣宗卽位
五月誅道士劉玄靖等十二人大中元年閏三月勅所
廢寺宇有宿舊名僧復能修創一任住持所司不得禁
止此幢於元年十一月重建以此也蓋仆而復立未嘗
重刻竹垞跋謂建于是年十一月語未分明舊書令狐

綯傳會昌五年出爲湖州刺史大中二年召拜攷功郎中三年拜中書舍人襲封彭陽男食邑三百戶新傳襲彭陽男亦在進中書舍人後而舊書宣紀元年六月以中散大夫前湖州刺史彭陽縣開國男食邑三百戶令狐綯行尚書考功郎中知制誥與傳不符據此幢系銜則襲封食邑爲刺湖所隨帶紀文不誤然何以召于六月而十一月尚未離任則傳以爲召于二年恐是也舊書令狐楚傳大和九年十月進封彭陽郡開國公新傳亦作郡公而綯襲封縣男及爲右僕射始封涼國公咸通末進封趙公葢唐制承襲多降階矣

天甯寺七種呪幢　大中二年八月二十一日

此幢楷法偉麗較會昌三年幢尤勝洵吾郡至寶也蘇特即代令狐綯任者不見于史

贈工部尚書張仁憲碑 寶刻類篇云大中二年

右張仁憲碑不知何年中斷石工鑿弃斷缺改短重樹因每行少十餘字仁憲以孫仲武貴贈工部尚書仲武本名繹會昌三年賜名舊書宣紀稱仲武檢校司徒平章事碑亦言同中書門下平章事而宰相表及世系表無其名葢使相不書然李懷光李克用等皆書不知何例也碑敘仲武破迴鶻七千張威加北狄較舊書本傳稍略仲武父光朝弟仲至子直方舊傳皆與碑合碑立于大中二年其明年五月仲武卒子直方襲位十一月

直方奔赴闕軍中推周緘爲留後然則此碑稍遲卽不克立矣人子孰不欲表揚其祖父而往往有志未遂固有幸有不幸哉碑前題李儉撰蔡陵書并篆額寶刻類編有李儉所書三碑在綿州恐別是一人蔡陵無攷其隸法絕似蔡有隣篆亦可觀又舊傳云仲武少業左氏春秋兼曉儒書而碑言推象象以究天文則仲武又嘗學易可補傳所未備

劉鏞書陀羅尼經幢 咸通四年八月二十一日

幢後署名有漳州刺史崔袞新書宰相世系表清河小房著子四次袞或卽其人

李遇書陀羅尼呪并大悲呪幢 咸通十六年八月十五日

幢六面周刻前十九行標題云佛頂尊勝陀羅尼以小
字單行注其下云上都大興善寺三藏沙門大廣智不
空奉詔譯後二十四行標題云觀自在菩薩廣大圓滿
無礙大悲心陀羅尼其次行大字題云大興善寺三藏
沙門大廣智不空奉詔譯末五行題施主曹彦詞於龍
興寺云云并年月書鐫人名按上都卽唐京城地理志
天寶元年曰西京至德二載曰中京上元二年復曰西
京肅宗元年曰上都不空西域人有建中二年嚴郢撰
徐浩書碑所譯經咒碑未及言唐刻陁羅尼幢皆佛陀
波利所譯而不空譯者僅見此幢其譯大悲咒亦僅見
此幢佛家持咒猶道家數息借此靜心調氣非以求福

而大悲呪今世士大夫半能背誦然見此幢者百不一人余所收唐石刻此幢外尚有吾郡天甯寺之大中二年幢與咸甯縣臥龍寺之咸通十二年碑及牛頭寺之乾符六年碑其大悲呪惟天甯幢臥龍碑爲伽梵達摩譯與今釋藏所載同餘皆絕異今錄不空譯本而以三碑注其下云曩謨囉怛曩怛囉夜野牛頭同天甯臥龍作南無喝囉怛那哆囉夜哪娜莫阿哩也牛頭作曩莫阿哩也天甯臥龍作南無阿唎耶嚩路枳帝濕嚩囉野牛頭同天甯臥龍作婆盧羯帝爍鉢囉耶冒地薩怛嚩野牛頭同天甯臥龍作菩提薩哆婆耶摩賀薩怛嚩野牛頭同天甯臥龍作摩訶薩哆婆耶摩賀迦嚕抳迦野牛頭同天甯臥龍作摩訶迦盧尼迦耶怛你也他牛頭天甯臥龍皆無此句唵牛頭天甯臥龍同薩嚩婆曳牛頭作薩囉嚩婆曳天甯臥龍作薩皤囉罰曳數左怛囉拏

囉野怛寫牛頭作數怛囉拏迦囉野怛薩也銘天盌臥龍作數怛那怛寫娜麽塞訖哩

怛嚩伊鈐阿哩也牛頭作曩莫娑訖哩怛嚩伊鈐阿哩也天盌臥龍作南無悉吉利𠼪伊蒙

阿唎邪嚩路枳帝濕嚩囉怛嚩須攞謇姹牛頭作嚩路枳帝濕嚩囉怛嚩

頞攞建姹天盌臥龍作婆曩麽唬哩娜演摩嚩嘌遴以

盧吉帝室佛囉楞馱婆

灑弭牛頭作曩摩紇哩娜野麽嚩嘌哆曳瑟也弭天薩盌臥龍作南無鄔囉謹墀醯利麽訶皤哆沙咩

嚩囉他婆馱喃秫畦牛頭作薩囉嚩囉他娑馱喃秫婆吽天盌臥龍作薩婆阿他豆輸朋

阿薺闍牛頭作阿吟玻天盌臥龍作阿逝孕薩嚩麽哆喃婆嚩沬囉誐牛頭

作薩囉嚩步哆喃婆嚩麽嘌誐天盌臥龍作薩婆薩哆鄔摩婆薩哆鄔摩婆伽摩戍馱劒牛頭作尾

戍達劒天盌臥龍作摩罰特豆怛你也他牛頭同天盌臥龍作怛姪他唵牛頭天盌臥龍同

阿路計阿路迦麽底牛頭同麽作摩天盌臥龍作阿婆盧醯路謇底牛頭作路

迦底天盌臥龍作盧迦帝訖蘭帝牛頭作羯蘭帝天盌臥龍作迦盧帝係係賀噒牛頭作醯

醯賀唎天寍臥龍作夷醯利
摩賀冒地薩怛嚩牛頭同天寍臥龍薩作摩訶菩提薩埵
婆薩婆麼囉麼囉牛頭作薩麼囉天寍臥龍與幢同麼作摩麼麼紇哩娜演
牛頭作紇哩哪野天寍臥龍作摩醯摩醯利馱孕矩嚕矩嚕羯給牛頭作俱嚕俱嚕羯囉麼
婆達野婆達野天寍臥龍作俱盧俱盧羯幪度嚕度嚕尾演底牛頭作度嚕度嚕尾演帝
天寍臥龍作度盧度盧罰閣邪帝摩賀尾演底牛頭作摩賀尾演帝大寍臥龍作摩訶罰閣耶
帝馱囉馱囉娜賀嘜捺囉牛頭作馱囉馱囉達嘌印捺哩天寍臥龍作陀囉陀囉地
利尼濕嚩囉牛頭同天寍臥龍作室佛囉邪左攞左攞牛頭同天寍臥龍作遮囉遮囉尾
麼攞麼攞牛頭作尾麼攞阿麼攞天寍臥龍作摩摩罰摩囉沒嘌帝牛頭作毋嘌帝天寍
臥龍作穆帝麗噎咽曳咽牛頭作伊醯曳咽大寍臥龍作伊醯伊醯室那室那牛頭作路
計濕嚩天寍臥龍與此幢同阿囉欽韈囉舍唎牛頭作囉囉誐尾灑尾曩捨野天寍臥龍
作阿囉參佛囉舍利韈灑韈欽牛頭作你味灑尾灑尾曩捨野天寍臥龍作罰沙罰參韈囉

舍邪（牛頭作慕賀左囉尾灑尾曩捨野天蜜臥龍作佛囉舍耶）護嚕護嚕麼攞（牛頭作虎

嚕虎嚕麼攞天蜜臥龍作呼盧呼盧摩囉）護嚕賀蝾（牛頭作虎嚕賀喇天蜜臥龍作呼盧呼盧醯利）

薩囉薩囉（牛頭作鉢娜麼曩婆娑囉娑囉天蜜臥龍作娑囉娑囉）悉哩悉哩（牛頭同天

蜜臥龍作悉利悉利）素嚕素嚕（牛頭作嗉嚕嗉嚕天蜜臥龍作蘇盧蘇盧）沒地也（牛頭作沒

地野天蜜臥龍作菩提夜）沒地也（牛頭作沒地野天蜜臥龍作菩提夜）冒馱野（牛頭同天蜜臥

龍作菩馱夜）冒馱野（牛頭同天蜜臥龍作菩馱夜）弭帝喇夜（牛頭作弭怛哩野天蜜臥

龍作彌帝利夜）你攞謇姹（牛頭作頡攞建姹天蜜臥龍作那囉謹墀）娜哩捨娜（牛頭作迦

摩寫娜哩舍喻天蜜蜜臥龍作地利瑟尼那）播野麼諾（牛頭作鉢囉賀攞娜野摩諾天蜜臥龍作波夜）

摩那）娑嚩賀（牛頭同天蜜臥龍作娑婆訶）悉馱野（牛頭同天蜜臥龍作悉陀夜）娑嚩

賀（牛頭同天蜜臥龍作娑婆訶）摩賀悉馱野（牛頭同天蜜臥龍作摩訶悉陀夜）娑嚩

賀（牛頭同天蜜臥龍作娑婆訶）悉馱庾儗濕嚩囉野（牛頭作悉馱喻藝濕嚩囉野天

盌臥龍作悉陀　娑囀賀牛頭同天盌臥　你攞謇姹野牛
喻藝室皤囉邪　龍作娑婆訶　頭
作頷攞建姹野天盌　娑囀賀牛頭同天盌臥　囀囉賀私
臥龍作那囉謹犀　龍作娑婆訶
孕賀穆佉野牛頭作囀囉賀毋佉僧賀母佉野　娑囀賀
天盌臥龍作悉囉僧阿穆佉邪
牛頭同天盌臥　囀囉鉢娜麽賀娑哆野牛頭作鉢娜麽
龍作娑婆訶　賀娑哆野天盌
臥龍作娑婆摩　娑囀賀牛頭同天盌臥　作羯囉悉馱野
訶阿悉陀夜　龍作娑婆訶
牛頭作左羯囉欲馱野天盌　娑囀賀牛頭同天盌臥　播
臥龍作者吉囉阿悉陀夜　龍作娑婆訶
麽賀娑跢野牛頭作啇佉舍囀娜甯冐達曩野　娑囀賀
天盌臥龍作波陀摩羯悉哆夜
牛頭同天盌臥　你攞謇姹囀賀誐囉野牛頭作摩賀攞
龍作娑婆訶　俱吒馱囉野天
盌臥龍作那囉　娑囀賀牛頭同天盌臥　麽婆唎餉羯囉
謹犀皤伽囉邪　龍作娑婆訶
野牛頭作囀麽薩建馱你舍悉體哆訖哩瑟　娑囀賀牛
挐㖿曩野天盌臥龍作摩娑利勝羯囉夜　頭
同天盌臥龍作娑婆訶牛頭此下有囀也伽囉　曩謨囉
左囉麽頷囀薩曩野娑囀賀凡二句十五字

怛曩怛囉夜野牛頭同天竺臥龍作南無喝囉怛那哆囉夜那娜莫阿哩也牛頭作曩莫阿哩也天竺臥龍作南無阿唎哪嚩路枳帝牛頭同天竺臥龍作婆盧吉帝濕嚩囉野牛頭同天竺臥龍作爍皤囉哪娑嚩賀牛頭同天竺臥龍作娑婆訶此下今梵本有唵悉殿都漫哆囉跋陁那娑婆訶凡五句十三字唐碑皆無或云永樂間僞增也按五藏地亘萬里方言不同繙譯又有二合三四[redacted]合之異故諸刻參差如此然對音仍近也

王仲建墓誌 咸通十六年十月二十二日

右王仲建墓誌乾隆間出于孟縣西河潭文云王之命氏始乎太子晉晉生龜龔封于太原按宰相世系表言太子晉廢爲庶人其子宗敬爲司徒又言太原王氏出自離次子威漢揚州刺史九世孫霸字儒仲居太原晉

陽計自太子晉至霸二十世當後漢初始居太原未嘗受封此碑所言恐非實事又貞元十七年追樹晉司空王卓碑言周平王孫赤奔晉自赤至龜八代代牧并州與此碑及宰相表亦異

徐州功曹參軍劉仕俌墓誌 咸通八年正月二十五日

唐書百官志無登事郎尚食局亦無御食使據此碑張彖系銜則志文闕略也

孝子張常洧旌表碑 寶刻叢編云咸通十三年

寶刻叢編張孝子旌表碑再見一爲貞元五年一爲咸通十三年今僅存片石其側有咸通十字蓋後碑也然觀碑字較小而末行呂倕題名及碑側咸通時題名字

較大似官是土者陸續加刻則此即貞元碑亦未可知

劉幼昇等造陁羅尼經幢 乾符二年十月十五日

右幢字畫精整經後有乾德三年小字一行蓋此幢仆而重立也云庚辰朔則丙申爲十七日而云二十五日必有一誤

趙琮墓誌 丙申年七月三日

碑云丙申年七月三日無年號疑是後唐清泰三年是時石敬瑭反至十一月即晉天福元年也據碑云府君遇軍情變亂亦是五代之證山左金石志及訪碑錄列于乾符三年今姑從之

成君信墓誌 乾符五年十一月二十九日

右碑益都新出上兄弟字作苐獨見于此

僧省傳書陁羅尼經幢 景福二年八月八日

右幢署名有錄事史矯宣又有卑洪皆希姓廣韻矯又姓引左傳晉大夫矯文卑亦姓引蔡邕胡太傅碑有太傳掾鴈門卑整

陁羅尼經幢 無年月

右佛頂尊勝陁羅尼經日照三藏譯正書字徑寸六分後附四呪其石四層合文無年月書人名楷法酷類玄秘塔疑此亦柳公權書在泰安縣冥福寺寺有五幢此幢最高大其二三幢皆五代所刻一幢殘缺卧于殿東北小園中余所親見

造像九種 無年月

右造像題字三紙共九種當是唐刻中有懷州河内縣字蓋郎搨之河内者武德二年始置懷州知非六朝刻也其書像主作卉主卉讀若莽與像聲近故得借用

後唐

振武節度使李存進碑 同光二年十一月

右李存進碑在太原縣鄭村僅露碑頂曹秋嶽發之樹大道上新史載存進事甚略以碑文與舊史本傳及莊紀校之舊史父徐世吏單于府而碑載曾祖嚴祖某皇考佺爲府寮皆兼大衛蓋唐末官屬都假階也舊史有子四人而碑載有子七人爲小異其敘存進戰功及死

事舊史視碑較詳而年月官階亦無違異葉九來僅見新史又未合莊紀考之因多異同錢竹汀亦坐此病舊史存進初仕嵐州刺史湯羣爲部校獻祖誅羣乃事武皇碑但言初事獻祖不及湯羣體例宜然新史言太祖攻破朔州得之頗失實又碑言享年六十八舊史作六十六轉寫誤也

太湖投龍銀簡文（寶正三年三月即後唐天成三年）

右投龍銀簡崇禎季年簡村民得之太湖中長八寸有奇廣六之周圍蟠龍中刻吳越寶正三年告文即後唐天成三年也簡重二十兩有沈姓者倍銀易之不得乃拓存數本後民之子貧銷簡爲錠翁海村從沈分得一

拓本此即翁所贈也文云年七十七歲二月十六日生則武肅生於大中六年壬申歲癸卯月癸丑日足補兩世家及錢氏舊譜所未備又聞乾隆中太湖漁人網得玉簡一枚亦吳越物舊藏林屋民家今未審所在

龍潭寺經幢二種 應順元年正月又一種元年正月

右兩幢一爲濟源人浩從直建一爲浩從直邑衆十一人共建元和姓纂郜氏因避難改爲浩氏廣韻浩姓引漢青州刺史浩賞今爲希姓從直昆弟皆仕後唐其祖克用犯武皇諱直書不避

後晉

忠湛大師碑 天福五年七月十八日

右碑高麗太祖王建撰崔光胤集唐太宗行書金石家未著錄余得之吳學士鼐學士得之高麗使臣碑斷失中截又缺末行僅存一千一百三十七字碑言忠湛以咸通十年八月一日生龍紀元年受具戒於武州靈神寺□□五年七月坐□俗年七十有二五年上缺者乃天福字是年爲庚子即王建之天授二十三年鄭麟趾高麗史是年秋七月王師忠湛死如塔于原州靈鳳山興法寺新製碑文是也原州屬揚廣道後屬忠淸道本高句麗平原郡武州即昌平縣屬全羅道本百濟屈支縣

陳涯書呪幢 天福上八年七月

此幢前十四行刻威神呪非卽尊勝陁羅尼經呪也幢内亦無書人名氏山左金石志及訪碑録皆題爲陳遲書陁羅尼經幢恐非

吳越文穆王錢元瓘碑 天福八年四月二十日

碑在杭州正陽門外十里玉皇山下有篆額有穿碑文行書字徑寸二分首行標題字徑二寸漢宛令碑標題大于碑文數倍此殆倣其式碑除首行標題泐缺不計外共三千六百五十五字可識者二千一百七十餘字錢氏舊譜載有全文脱譌甚多而石本泐處尚賴譜以補之碑與舊新史互校亦多異同碑云王卽武肅之第七子舊史作第五子碑云諱元瓘字文寶新史作字明

寶碑云癸巳歲命將作監李鍇爲起復使舊史作李鏻碑云張文寶張絢爲守中書令使舊史作授兼尚書令皆當以碑爲正碑云王娶扶風馬氏故雄武軍節度同平章事綽之女新史鏐將有馬綽不言故節度同平章事碑云破處郡妖狂舊新史此事失載皆漏略也

後周

朗空大師塔碑　顯德元年七月

右碑并陰金石家未著録吳學士鼒得之高麗使臣碑撰于梁貞明末刻于周顯德元年碑陰則刻石時所記也兩唐書新羅傳皆訖會昌鄭麟趾高麗史所載新羅事從貞明末至後唐淸泰二年略可尋究前此闕焉舊

五代史明紀長興三年四月新羅王金溥遣使貢方物新史增多一事莊紀同光元年十一月新羅國王金朴英遣使者來高麗史作昇英蓋姓朴名昇英新史誤加金字又新史四夷附錄長興三年誤作四年又言自晉已後不復至不知晉時已無新羅國矣其會昌至貞明末八十年間新羅世次僅見此碑可補史傳之闕碑陰有元聖王當在會昌閒爲朴氏代金之始數傳至大順景福閒新羅政衰羣賊競起眞聖王六年甄萱叛據南州稱後百濟弓裔據高句麗之地都鐵圓國號泰封見高麗史即碑所云時當戹運世屬比蒙災星長照於三韓毒霧常鋪於四郡也碑陰及高麗史有憲康王當在

乹寧光化閒天祐三年孝恭王立貞明元年神德王立皆見碑文碑又稱神德爲聖孝大王貞明四年景明王昇英立碑謂之今上是年王建逐弓裔而據其地建元天授碑陰云唐新羅國景明王之天祐年中則以後唐同光前皆稱天祐也同光二年九月昇英薨弟魏膺立天成二年甄萱入都城索王令自盡立金溥爲王金溥者景明王之表弟憲康王之外孫是金又代朴清泰二年六月甄萱子神劒作亂萱奔投王建十月金溥納土于王建十二月除新羅爲慶州事詳高麗史即碑陰所云後高麗國凡平四郡鼎正三韓也金溥高麗史作金傳未審孰是碑撰後久乃上石因有脱誤海東古刻絢

來僅見平百濟碑此與忠湛余最先著錄且可補史何
快如之

鐵橋金石跋卷三終

鐵橋金石跋卷四　　聚學軒叢書第三集

烏程嚴可均譔　　貴池劉世珩校刊

宋

濟州廳壁記 建隆四年八月一日

右碑山左金石志及訪碑錄皆云已佚余屢見新拓本則碑尚在鉅野未嘗佚也碑陰刻蓮華漏記圖式具備與余所見廣州雙門邸之南漢銅漏形製不同今鐘表盛行而刻漏希少此碑足爲攷古之助阮氏得明拓本其碑陰缺廿許字新拓卻完善可喜

開福寺佛塔鐵柱文 淳化元年

右鐵柱發願文并陁羅尼眞言進士董護書淳化元年

鐫在長沙北門外鐵佛寺門東佛塔中寺舊名開福其塔以鐵柱爲心柱高五六丈圍二尺許其字皆陰文徑寸餘凡十四段段五六行不等鐫手甚精鐵不生繡嘉慶壬申歲二月余親至塔中觀之天晚不及手拓同鄉沈三隨父宦楚藏有舊拓本出以贈余余收輯金石多矣鐫鐵工緻必此爲最

重修北嶽安天王廟碑 淳化二年八月九日

碑立于淳化二年八月先是契丹入寇詣北嶽廟卜之不吉遂縱火焚廟至是節度都部署張訓始修葺之宋史太宗紀端拱元年九月以侍衛馬軍都指揮使李繼隆爲定州都部署閱三年而是碑立則張訓卽代其任

者史不見其人

說性亭銘 湻化二年十月二十日

右碑湻化二年立申革撰并篆書在陽穀諸家未入錄嘉慶丙寅縣令臺士佳始搜得之碑題盧縣說性亭銘考盧縣本漢舊縣前志屬太山郡續志屬濟北國宋隋志屬濟北郡唐志元和郡縣志太平寰宇記屬鄆州東平郡而宋志無此縣徧稽史乘不知何年併省疑在眞宗朝以河患徙州縣時也水經注河水又東北逕碻磝城元和郡縣志濟州理碻磝城州即盧縣寰宇記碻磝津在縣北一里又言盧城在長清縣南五十里其時長清尚未徙刺榆碑得于陽穀縣東北四十里正廢治也

盩陽穀長清與舊東阿分有其地一統志通志以盧縣專屬長清當據碑正之申華爲盧縣令方志失載亦當據碑補之碑篆學李少温得其神似惟西逼深泉說文無逼字書家固不拘也

說文偏旁字原并自序及郭忠恕荅書咸平二年十二月

右夢英書說文部首五百四十字用李陽冰刊定本與今所行徐鉉本不同陽冰本失傳羣書引見纔數十百條賴夢英此碑尚得見其厓略皿下少丶部子下多孑部細思無丶則主杏二篆何所從盩陽冰歸入一部或丨部耳丄從一丨而偏旁丄作二二是丶可丨可一徐本丶承皿皿中之一卽丶則陽冰少丶部未可厚非其部

亦互異如倉會倉倉亼徐作倉亼一會倉如㡀㡀巿帛白徐作巿帛白㡀㡀如北北徐作北北如重裘老毛毳尸尺尾臥身㐆衣履徐作重臥身㐆衣裘老毛毳尸尺尾履如勹苟包徐作勹包苟平心而論實可兩通即如繫傳部敘亦與鉉異鉉卷首新目又與第十五篇原目異安知陽冰非仍許君之舊乎其篆體互異如豊作豐從卌在豆上九經字樣引說文如此旡作兀弓作㔾巴作巳繫傳引陽冰本如此至畢氏關中金石記所識蕢叀嵒匃乞等字用筆小變實皆六書之正至謂蒿作茍驗碑本苟從𦍌不從艸蒟英恐不受誣畢氏又詆犛音陌包反謂誤以犛爲氂字按宋版徐本及毛刻初印犛莫交

切麄里之切陌包郎莫交是蓩英與徐本同畢氏又詆甾音方九反謂誤以由爲缶字按繫傳引陽冰言說文無由字缶郎由字而陽冰篆碑偏旁由缶由爲一字蓩英千文碑宙亦作宙是方九之音爲壘守陽冰之過若畢氏所未舉者巫爲背吕而釋爲乖凶亦自字而音蒲革賓皆差謬蓩英自負小學而未深造然不可謂非好古者且係陽冰本亦僅見也

汾陰配饗銘　大中祥符四年二月

碑凡五石字徑三寸眞宗御製御書宋史本紀祥符四年二月辛酉祀后土地祇壬戌作汾陰配饗銘即此碑也楷法端凝宋代無出其右書史會要稱眞宗善書得

晉人風度觀此碑及龍門銘良然

泰寧宮牒 大中祥符四年三月

右牒元人摹刻其碑右方刻金正隆四年喬逢辰記左方刻至正十三年王璞記而牒在上方宋史眞宗紀祥符四年二月辛酉祀后土地祇是夜幸開元寺作太寧宮辛酉二月十六日也碑作三月葢命下逾月而牒始發

玄聖文宣王贊並加號詔 大中祥符五年十一月

碑在西安府學以宋史校之詳略互見碑云給近便五戶以奉塋域史作十戶碑云詔吏部尚書張齊賢等次日以太牢致祭史但作遣官祭以太牢石刻之有禆史

學如此

虎丘山題名三種起天聖元年二月止八年八月

右題名三種在虎丘劍池北凡張希顔已下十八人莫攷者過半范成大吳郡志慶歷閒有尚書考功郎中邵飾爲吳郡守又云章岷字伯鎮嘗爲平江軍推官有文聲范文正公有和章從事鬭茶歌及同登承天寺竹閣詩是刻有推官章岷知長州縣事邵飾則邵由縣令爲郡守也其判官王質知吳縣事馮九成范氏失載可補方志之闕

涇州回山王母宮頌天聖二年三月十五日

右碑在涇陽縣王母祠上官佖篆書泐缺卅九字祠中

別有咸平元年夢英行書碑其文全同可以校補回山漢書武紀元封四年通回中道疑卽其地碑撰于開寶元年至此閱五十七年重書者再葢陶穀此文爲名流愛重如此篆法安穩遠出郭忠恕夢英之上惟書喿譟爲噪韶爲詔穨爲頹棖爲帳遙爲遥昆侖爲崑崙皆軼出說文外書家固所不拘碑末題荔非總刊廣韻羌複姓有荔非氏今罕見此姓矣碑陰上官佖題記外有宋人題名十種金明人題名各一種柳泉砦主傳信柳郎柳字宋地理志柳泉領朶耳城一砦屬原州其戊辰三月王說等題名葢元祐三年也庚寅六月任獻民題名葢大觀四年也

語溪王仁壽題名皇祐三年十一月

右題名借𢀖爲日借𣈵爲壽皆取聲近

左山寶乘塔碑至和二年十一月二十一日

右碑錢明逸撰明逸吳越王鏐五世孫宋史附惟演傳碑首行題曹州左山興化禪院重修寶乘塔碑銘左山命名未知始何時曹州志興化禪院在州南五十里左山上一統志在菏澤縣南五十里又言左山在曹縣西北五十里引舊志卽陶丘之别阜與曹州及定陶接界相傳左丘明父葬此又言墓前有祠宋盛琳撰碑今祠與碑皆失錢達道登左山記引邑乘春秋左太史瘞骨此山左山者因左太史而名則又與統志異按左山南

卽舊州治元和志州理中城蓋古之陶丘也一名左城
寰宇記左城亦名之曰葬城蓋恭王之陵寢是左山卽
陶丘其墓乃定陶恭王非左丘明父禹貢導沇水東出
于陶丘北或因陶丘在沇水左故稱左山也然未敢定
碑云諭守臣資政殿學士任中師中師曹州人宋史與
其兄中正皆有傳中正嘗通判濮州濮曹鄰也中師亦
上書言臣老矣家本曹人願得守曹遂以知曹州蓋自
漢至宋得爲本州守牧近始回避方志名宦但載任中
正而中師失載碑末署名有推官辛叔清等七人竝失
載又錢明逸知曹州而方志作知濟陰縣微石刻何由
正其譌漏哉

三教碑 嘉祐五年四月一日

右碑在鄒縣西南五十里地名石里其廟有隋開皇六年石裏村造橋碑則村甚古矣所刻爲大悲經呪而題三教又書庚作庚寅作寅鄙謬可哂惟稱安平鄉石裏村修方志者當有取焉

二體石經周易尙書殘碑 嘉祐六年

嘉祐二體石經今但存易書各一石嘉慶七年又得禮記一石皆在開封府學畢秋帆撫豫時僅得陳留周禮訪問府學石經學官言修學時用作瓴甋然近年屢見易書拓本則碑實未毀至黃玉圃所見易碑多出升困井革鼎五卦書碑多出康王之誥酒誥殘字今不得復

見矣攷嘉祐刻石當有易書詩周禮禮記春秋孝經論語周密癸辛雜識謂汴學九經石版堆積如山則多出一經中興館閣書目石經七十五卷有易書詩禮記春秋無周禮孝經論語玉海云至和元年八月十六日己酉命皇姪右屯衛大將軍克繼書國子監石經以上所寫石經論語求書石國子監帝欲旌勸宗室特從其請二年九月十五日功畢上之賜銀幣又云仁宗命國子監取易詩書周禮禮記春秋孝經爲篆隸二體刻石兩楹至和二年三月五日判國子監王洙言國子監刊立石經至今一十五年止孝經刊畢向書論語見書鐫未就乞促近限畢工餘經權罷從之嘉祐三年五月十五

日王洙薦大理丞楊南仲石經有勞賜出身六年二月一日乙卯朔國子監言草澤章友直篆石經畢詔補試將作監主簿友直不願仕賜以銀絹五月以同篆石經殿中丞張次立與堂除是篆者爲楊南仲章友直張次立三人凡七經加論語尚未滿九經之數周密所言殆非實據今所存易一石起渙卦王居无咎正位也迄繫詞言行君子之書一石起牧誓弃厥遺王父母弟不迪迄金縢序二石並兩面刻字面各六橫易每橫卅四行書卅三行黃玉圖言六排各卅六行不確金縢序在末橫之末行其康王之誥酒誥殘字舊當剔有一石玉圖言書僅一碑亦不確篆法視周禮碑遠遜繫詞俯已察

於地理古有類俛無俯牧誓弗迓克奔迓爲十九文古借御訝爲之

二體石經周禮殘碑 嘉祐六年

二體石經周禮今但存一石在陳留縣學其碑兩面刻字面各六横不相聯毋畢氏中州金石記謂有數石葢爲割裱本所惑也與今本對校亦少異文司几筵設莞筵紛純唐石經作莞席按上言五席之名物故此言莞席繅席次席蒲筵熊席下復言加莞席紛純明此非筵字通典卷七十四初學記卷廿五皆引作莞席今此及各板本與序官疏及此疏皆作莞筵葢沿北宋人誤改也篆法甚茂密視易書禮記遠勝其書矦禳作穰假

借可通惟祧藏二字軼出說文外又省詔爲詔省敘爲
叙易諢爲諢亦形聲比附不乖六書之正古者偏旁音
言隨作詔卽詔之省故禮器詔侑武方注詔侑或爲詔
圜曶鼎秦刻石倉頡篇竝有詔字大喪存奠彝大旅亦
如之此二句黃玉圃謂石經在凡酒修酌下今本在左
右玉几下余徧檢今本皆與石經同無在左右玉几下
者未知玉圃何所見也

二體石經禮記殘碑 嘉祐六年

二體石經禮記僅存一石舊在開封府巢門內觀音堂
中嘉慶七年張二橋孫仲琁偶至此廟見康熙間所刻
重修觀音堂記碑側甚厚疑是古碑改刻試探其背果

有字審視乃嘉祐石經遂告馬撫部遂之府學文廟與易書二碑並樹焉惜一面已磨去但存一面凡六横爲檀弓上篇文剝泐過半篆法視周禮碑稍遜與今本對校亦無異惟於字皆作烏其字皆作箕說文只是一字經典相承無此本也

醉翁亭記嘉祐七年十月

右碑蘇唐卿篆書以歐集校之鬱然而深秀集作蔚然瑯琊集作琅邪讓泉也集誤作釀泉臨乎泉上者集作臨于在乎山水之間集之間下有也字而寓之酒集作而寓風霜高絜集作高潔往來而不窮者集作絕者互有得失唯以寓當寓自屬碑誤蘇唐卿篆法頗學陽冰

而未通六書之恉滁琊峯潺瀉僧潔七字軼出說文外例字詩疏引說文有之泉故繫攜諠頹翳遊皆偏旁寫誤

先秦古器記 嘉祐八年六月十九日

右先秦古器記劉敞撰碑凡四横每横高尺七寸八分廣三尺四寸石今斷失下截僅存二横有半爲器八爲銘五據記文稱器十有一物則失五銘也其存銘五鐘鼎款識法帖皆摹錄而其釋文多誤如鄭卽鄭字而釋爲邾𣪘卽𣪘字借爲簋而釋爲敦百卽首字而釋爲四凡卽凡字而釋爲周諸誤不可勝指自隸書行而古文廢千餘年來長夜將旦乃新定釋文以示後之治古文

奇字者

重刻瓦城王朱軫廟碑熙寧四年十一月十二日

碑在昌邑縣西北卅里瓦城郡古廟中以碑有滅竈之語故方志誤稱孫子廟元于欽齊乘昌邑縣西北海濱砦城俗呼爲瓦城半爲水嚙城南有孫武廟一統志云內有古槐甚奇廟祀孫臏又謂臏食邑都昌是舊爲孫武廟後又祀孫臏則沿譌已久攷昌邑卽漢都昌漢初功臣侯表高帝六年封朱軫爲都昌侯孫大參星衍據朱軫以隊帥先降翟王虜章邯侯與碑所云大漢興龍元祀及平曓秦川等語合證此爲朱軫廟確不可易余驗碑文似元是六朝唐碑熙寧間重刻復加改補故多

脱誤不可通然賴此碑尚存而千年遺廟始能攷出亦快事也

賜廣濟寺僧文海紫衣牒 熙寧八年閏四月

右碑闕中金石記所未載文海亦非名僧牒後署名右諫議大夫參知政事吕郎吕惠卿也禮部侍郎參知政事王郎王韶也吏部侍郎平章事韓郎韓絳也吏部尚書平章事王郎王安石也以宰輔年表及紀傳校之年月皆合則宋史精密當在新唐新五代之上竹垞等輕詆之殆非定評碑上方刻元豐二年賜慧照大師勅多闕文

伏犧廟三門記 熙寧十年三月二十五日

右碑在魚臺縣東北七十里鳧山南伏羲廟廟後卽伏羲陵其東爲畫卦臺山亙魚臺鄒縣界卽魯頌鳧繹二山之一孫伯淵大參謂鳧伏聲之轉疑鳧山本以伏羲陵得名或有然也碑引圖經云單州魚臺縣之東北七十里曰新興村其閒有伏犧皇帝之陵陵上有廟古老謂曰廟舍之東有畫卦之山南有古銘城北有羣仙洞中有九龍潭其古木勝概依稀存焉所稱圖經當本隋唐舊志而皇甫謐乃云伏羲葬南郡或曰冢在山陽高平之西也通考又載政和三年享太昊于陳州於是伏羲有三陵雖古帝神靈無乎不在然左氏傳任宿須句顓臾風姓實司太皞之祀則陵當在鄒魯閒碑云旣歷

漢唐之久下逮國家之盛一祖四宗嘗遣使致祠焉是熙寧前祀陵不在陳州後有議禮者此碑卽是憑據關係非淺而山左金石志寰宇訪碑録皆遺此碑何也

左山興化禪院高永亨等題名元祐元年三月十三日

右刻題元祐丙寅上巳後二日蓋元年三月十三日也左山互荷澤曹縣界興化禪院爲荷澤地其寺尚有至和二年寶乘塔碑

顔文忠公新廟記元祐七年四月二十七日

右碑在費縣東北五十里朱滿村魯公廟中卽碑所言諸滿村也碑陰爲米黻書魯公仙蹟記拓本極多而正面秦觀書置不拓至阮撫部始入録據浯溪小摩崖云

惜秦少游已下世不得此妙墨劖之崖石則淮海書法久爲山谷心折而弇州跋彼言少游當亦善書是元美等未見此碑也碑陰云元祐三年余游吳興適覩郡人新公之廟因得謁拜公像公之大節紀載甚多而論次于林公之文爲備至仙眞事吾又以刻于碑陰是仙蹟記在湖州林某撰碑之陰今湖州碑已佚而費縣有之殆後人摹刻矣

重書李白半月臺詩 紹聖二年正月十八日

碑在單縣各家未入錄以太白集校之同

濟州重修玉皇廟像記 紹聖三年正月

右碑山左金石志未入錄訪碑錄列于紹聖元年按碑

云紹聖元祀又云迄次年又云於明年春正月甲辰日葢三年正月十三日也碑書⿰身井宪二字難識孫大參言宪卽⿱宀廾字借爲冬〻有篆額未拓

重立天寶井銘記　紹聖四年二月一日

右古井銘各家未入錄嘉慶戊辰九月孫大參星衍見之費縣聽治之儀門外拓得見詒石方尺餘一面刻字額有古井記三篆字額下右方爲天寶九載趙光乘銘左方爲紹聖四年逢完記據逢完言唐賢趙公之銘土昧已久今洗而扶之是銘爲唐刻然何以銘居額下之右預虛其左爲記地疑此銘紹聖重刻否卽額篆爲補題矣銘云土缶舊得石幹今後國語季桓子穿井得土

缶其中有羊以問仲尼銘卽指此太平寰宇記季桓子井湀八十八尺在曲阜縣東法集寺引史記季桓子穿井得土缶一統志在曲阜縣東北三里周公廟北皆不言在費縣惟山東通志古鄪城内有季桓子井相傳桓子穿井得羵羊卽此則與銘合銘據天寶已前圖經當可據信寰宇記故費縣在縣西北二十里古費伯國也後爲季氏邑葢井在故費城不知何時此銘乃在今縣治片石易于轉徙未足怪矣

刻高適琴臺詩 崇寧二年四月一日

右刻山左金石志未入録以高達夫集校之適過宓子賤琴臺集作適登無宓字賦詩三章集作三首能嗣宓

子之政集作子賤再造琴堂集作琴臺美邑宰集作多
邑筝千祀稱其才集作千載空有頌聲來集作唯有自
言邑中理集作白誇我今還復爾集作今我當以石刻
爲正詩後刻宋正功跋引唐新書達夫滄洲渤海人與
今本同每一篇成好事者竟傳布今本作每一篇已好
事者輒傳布竟與競通校者不得其解改爲輒字耳滄
州本渤海郡而渤海縣屬棣州舊書高適渤海蓨人而
蓨縣屬德州二書地理志各與本傳不合與元和志亦
不合當有改屬沿革志家疎漏難復攷稽宋正功爲單
州郡守方志失載可據石刻補之

濟州學記 崇寧四年三月十五日

右碑在鉅野郎宋濟州治宋朝事實蔡京乞隨所在諸
官置學添教授立法教養故崇寧大觀閒學碑甚多陸
藻此文氣息醇厚似曾南豐書者蔡脩郎京次子筆法
麗逸頗似徽宗

賜辟廱詔并後序大觀元年二月

右碑在鉅野大觀元年二月立額題皇帝賜辟廱詔六
字二行字徑六寸餘碑上截刻崇寧三年十一月十四
日廢科舉以復里選詔書下截刻四年薛昂後序陵縣
學亦有是碑高廣字式全同惟下截末無大觀年月及
趙霄等四人署名別有葛長卿牛公逵賀宗賢孫延太
耿著五人署名爲異爾時軍州葢皆摹刻今但見此一

碑矣山左金石志無鉅野碑而有陵縣碑跋云宋史徽宗紀崇寧三年十一月甲戌幸太學遂幸辟廱無賜詔明文得此可補其闕又云詔內建置校學應是學校之誤播告之條條誤作修余謂校學字未誤修字亦未誤甲戌爲十一月朔詔下于十四日丁亥鉅野別有陸藻撰濟州學碑所載甚詳與此碑詔末十一月十四日正合宋史選舉志徽宗設辟廱於國郊然州郡猶以科舉取士不專學校崇寧三年遂詔天下取士悉由學校升貢其州郡發解及試禮部竝罷則紀與志詳略互見爲史家恆例非紀有闕也

曾公讀書巖楊書思題名 政和二年九月

右刻在臨桂冷水巖以曾布嘗修治故後人呼爲曾公巖楊書思淮海人雉山疊綵山皆有題名而未見于史

北海相孔融祠堂記　政和四年三月十五日

碑在濰縣署後孔北海祠所稱今太守韓公通判慕容公府志謂即韓浩慕容若禔是也宋史忠義傳韓浩丞相琦孫以奉直大夫守濰州建炎二年金人攻城浩率衆死守城陷力戰死據碑政和四年浩爲濰州太守下距建炎二年凡十五年久而不遷卒乃殉國魏公有賢後矣碑額失拓

論古堂記　政和四年四月十五日

碑在濰縣治東齊乘論古堂碑與祠堂碑金人修城記

三碑竝立于城上州署扁曰靖恭亦有政和石記存焉于欽所見四碑今失其二此碑稱繪像卅人唐譚見後漢歐陽歙傳卽前書膠東庸生郞宗見郞顗傳卽顗父鄭康成甄宇自有傳徐房見逄萌傳淳于恭自有傳禽慶見鮑宣傳牟融周澤公沙穆逄萌郞顗滕撫自有傳孫嵩見趙岐傳皆漢人徐幹見王粲傳王脩自有傳王儀見其子王裒傳邴原管甯自有傳是儀吳書有傳皆三國人王裒劉敏元晉書有傳王昕北齊書有傳南史王裕之傳亦有王昕于碑無施杜松贇隋人見北史堯君素傳高構隋書北史皆有傳吕元簡見舊唐書梁文貞傳新唐書作光簡自有傳張允濟舊新唐書皆有傳

韓熙載宋史南唐世家有附傳唯逄紛王閎二人似未見于史當考

新修南池二亭記　政和四年七月七日

右碑在吉州諸家未入錄撰書者楚人江滐不見于史碑前似少拓一二行繹其文義蓋慈州守張撝新修南池二亭而住持智公匃滐文以記之也碑末有吉鄉縣令楊夫等十二人署名唐志慈州治吉昌寰宇記後唐避國諱改吉鄉宋志熙寧五年廢州以吉鄉隸隰州即縣治置吉鄉軍元祐元年復吉鄉軍爲慈州領縣一吉鄉元省縣入州碑云權發遣軍州即慈州今吉州治所也江滐篆體雜用碧落等碑覆審多誤然不可謂非好

古者

華嶽廟杜開題名 宣和六年

杜開爲杜純子見元祐三年題名杜純宋史有傳純弟紘悉以奉錢給寡嫂推其子恩官其子若孫一人宦京師是刻云赴華倅或即其事也

潘浹題名 建炎元年六月

是年五月朔高宗即位于應天府潘浹謁祠在六月三日是時河北關陜地尚皆宋有至十二月廿五日金人陷華州明日破潼關而嶽祠入金矣繼此題名者有金左□遠田曦二石未見拓本

鍾離松等題名 紹興二十三年四月二十五日

右題名篆書鍾離松陶定仲皆不見于史仁宗朝有鍾離瑾廬州合肥人官龍圖閣待制權知開封府松豈其族裔耶

黄裳繪進嘉邸帝王紹運等圖　淳祐七年十一月

右帝王紹運圖天文圖地理圖淳祐七年刻竝在蘇州府學俗稱天地人三圖據地理圖末王致遠跋知淳祐刻石原有四圖不知佚失者何圖也宋史本傳黄裳隆慶府普城人乾道五年進士光宗登極遷嘉王府翊善作八圖以獻曰太極曰三才本性曰皇帝王伯學術曰九流學術曰天文曰地理曰帝王紹運以百官終焉各述大旨陳之初裳製渾天儀輿地圖侑以詩章欲王觀

象則知進學如天運之不息披圖則思祖宗境土半陷於異域而未歸是此圖之進在光宗初年下距淳祐七年凡五十七八年其時寧宗未立理宗未生今此紹運圖已稱理宗爲今上皇帝當由致遠刻石復加增補非黃裳原本矣摹繪微誤地理略于西南時滇中未入版圖也

太白脫韡圖山谷反棹圖 寶祐四年

右脫韡反棹二圖并贊在安徽當塗據返棹圖後有至元戊寅牟應復跋云于今八十三年則刻石當在寶祐四年訪碑錄列于五年非也牟子才井研人遷居吳與宋史本傳不載返棹圖惟稱子才在太平建李白祠自

爲記云云又寫力士脫韡之狀爲之贊而刻諸石今祠記碑佚而圖贊多出一碑則史文有詳略也子才之子巘有陵陽集廿四卷今僅見寫本孫應龍元史有傳與歸安尹應復爲昆弟行明史忠義傳有牟魯烏程人是牟氏爲吾鄉舊家然余與同縣居而親故中無牟氏未識今尚有後人否也

西夏

皆慶寺感通塔碑天祐民安五年正月

右碑在涼州大雲寺西夏崇宗天祐民安五年立撰人名泐缺張政思書并篆額金石家未著錄劉孝廉師陸始訪得之碑兩面刻字正面西夏國書不可識以碑陰

之正書互較而行字微有參差亦難照釋女直蒙古番部回部文皆從左而右西夏文獨從右而左碑陰云先后之朝又云二聖臨御按崇宗爲惠宗長子惠宗七歲即位梁太后攝政是先后也崇宗三歲即位母后梁氏臨朝天祐民安五年當宋紹聖元年崇宗才十二歲母后尚未歸政是二聖也先后時西羌寇涼宋史西夏傳略而不書

金

承慶寺鐵鐘款識 貞元二年四月二十九日

右鐘金貞元二年四月鑄連鈕高丈餘圍二丈餘在德州承慶寺寺有景泰七年重建承慶禪寺碑銘禮部尚

書張惠撰文云永慶寺舊在衛河之西元季鞠于兵燹
古峯禪師既獲署任或謂城內州治後有地若干畝足
以相當古峯是之作意興復余親至碑下節錄如此州
人吳楚椿桑梓圖考作永樂十年誤碑不言州治後地
是何廢址據鐘文知爲金時延壽三門院可補方志之
缺鐘在大悲閣東平地景泰建寺或因重不可遂故未
起鐘樓土人乃言此鐘因大水從他縣浮來吳楚椿又
引鐘文云唐貞元元年建因傅會永慶慈氏二寺爲王
武俊造鐘文顯有大金國字且多女直姓而指爲唐豈
非舊說鐘文景州將陵縣攷金之將陵卽今德州舊德
州治安德卽今陵縣唐志太平寰宇記將陵屬德州宋

志屬景州金志景州將陵置河倉有永濟渠鉤盤河按
永濟渠隋所作卽古淸河元明以來曰御河沿河置屯
衞故又曰衞河以通漕運亦曰運河金之河倉卽今北
倉金鉤盤河經今德平縣南一經西北蓋將陵舊界嬴
東北矣乃將陵治所隋唐宋初又與今異寰宇記將陵
縣鬲津枯河在縣北二十里王莽枯河在縣東十里漳
河水西去縣二十五里永濟渠在縣西十里是將陵舊
治在今州治東十里今州治本長河廢縣舊唐志隋于
舊廣川東八十里置長河縣爲水壞唐元和四年移就
白橋于永濟河西岸置縣東去故城十三里十年又移
置于河東岸小胡城卽今州治也舊五代志德州晉天

福五年移就長河縣爲治所一統志五代周時省長河爲鎮入將陵宋志將陵縣景祐元年移于長河鎮金因之元爲陵州治屬河閒路明洪武初復爲縣屬濟南府永樂七年改德州爲陵縣以故陵城爲德州則今州治卽小胡城從唐元和十年以來皆在永濟河東岸近修德州志爲吳楚椿等所惑乃不復覈實何也山左金石志節錄鐘文多誤

重立泰寧宮碑正隆四年十月　元至正十三年重刻

右碑在渭南南門外土地廟其上方刻祥符四年牒左方刻至正十三年記而此記刻於右方據至正記云古泰寧宮碑記歷金宋逮今昔侵蝕翳文爲之晦剝高一

尺有咫厚九分之一易爲湮毀欲琢琬琰丈許以刻舊文可乎則宋金二碑舊各爲小石至正閒乃彙刻之丙隱隱有文云渭南令李君金石錄有聖歷元年渭南令李君清德頌此蓋磨去唐碑而重刻者

德淵刻唐明皇御製老子讚并書唵字讚正大元年七月

右老子像讚梵文唵字讚竝稱唐明皇製在河南登封余所見咸寧縣卧龍寺有熙寧十年石刻唵字贊僅有首尾四句題爲太宗皇帝讚蓋宋太宗也此多中二聯以爲唐元宗贊金去熙寧未遠或各有所承虵形彼作虵行應難識作無人識碧眼作穿耳似熙寧本爲短

鐵橋金石跋卷四終

古墨齋金石跋

古墨齋金石跋六卷

古墨齋金石跋卷一

聚學軒叢書第二集

涇縣趙紹祖輯貴池劉世珩校刊

夏峋嶁碑　篆書文刻金石文鈔

昌黎詩曰千搜萬索何所有是本末之見也宋嘉定中何子一始得之而刻之嶽麓明楊用修刻之滇中楊時喬刻之棲霞山張應吉刻之湯陰縣又歸德府及汲縣西安府與大別山皆有刻其人其時未之詳也乾隆丙午余自江寧至鎮江道經棲霞薄暮登山得見時喬所刻石而未暇搨後市得一紙乃用修釋者其書之眞僞與釋文是非不必辨但以其古物爲可以存因取錄之卷首云爾

殷比干銅盤銘　篆書

此前明萬歷十五年知府周思宸摹汝帖以立石者也汝帖本不足觀況又經重摹乎顧亭林金石文字記載薛尙功鐘鼎款識言唐開元中得之偃師又載張邦基墨莊漫錄言宋政和中得之鳳翔係陝西轉運李朝孺遣人破比干墓得之獻之於朝道君皇帝曰前代忠賢之墓安得發掘乃罷朝孺退出其盤果爾道君雖昏庸此事亦大可人

殷比干墓字　篆書　刻金石文鈔

水經注云朝歌縣牧野比干冢前有石銘題隸云殷大夫比干之墓至洪鄱陽成隸續時有比干之墓四

字較水經闕其三今去鄱陽又數百年而墓石尙存雖小有殘闕可確然斷其爲古物無疑豈非忠義之氣貫于金石有鬼神呵護之以至今哉碑字古勁水經注目爲隸故洪氏收之然實在篆隸之間或謂爲孔子書或疑爲東都威靈時書要之物以人重則無論其爲殷爲周爲漢而天珍重留之不使沒於風霜兵燹之餘人當什襲寶之不宜夷于象犀金玉之玩也

周鼎銘　篆書文刻金石文鈔

丙午之春余留焦山數日時寺僧住持練江知客巨超並好客能詩相與往還因得觀所謂周鼎而索其

拓本數紙以貽同好葢寺中別刻一石以應求者其眞本不易得故也銘自程穆倩作釋後頗多踵事互有同異余不能識古文因參驗諸家取其理之近是者錄之其無傷義理者兩存之

周吳季子墓字　篆書　唐大歷十四年張從申記蕭定重刻事建中元年盧國記遷樹建堂事貞元三年鄭播謁廟記事並附于此皆刻金石文鈔

此以大聖之筆誌賢人之墓當時或景仰而求書或心契而題寄擴而大之著之於石且屢經翻搨不無小異固不必以古法帖字形大小之不倫及夫子未嘗至吳而疑之也

秦泰山石刻二十九殘字　篆書

石存二十九字曰臣斯臣去疾御史大夫臣昧死言臣請具刻詔書金石刻因明白矣臣昧死請御史大夫當爲御史大夫而石無有非闕也細審之夫字下似有小二字在旁卽大夫字也篆文之下有八分書兩行當爲記得石遷樹之人而漫漶不可辨此本爲余亡友婺源王經大名元綸所贈且告余曰石已爲火所焚不易得也因記之

秦嶧山刻石　篆書　文刻金薤琳瑯

此宋鄭文寶刻其師徐鉉之所摹也秦刻之傳于世者泰山二十九字氣古而味厚卽有疑之者而邈乎不可尙矣此書方整勻稱其氣味尙在李陽冰下雖

云模本亦當不至是昔歐陽公嘗疑其爲僞作誠哉是言也

漢魯孝王刻字　八分書　五鳳二年六月

其文曰五鳳二年魯卅四年六月四日成桉前漢書諸侯王表孝武後元元年魯孝王慶忌嗣至孝宣五鳳二年當爲魯卅三年非卅四年也其所謂成者不知其以成何事而記此刻昔人皆以爲石而朱竹垞以爲甎蓋記塼埴之歲月若然則此爲當時工匠所書未可據此以議漢書之誤又魯安王薨于征和三年其年孝王卽當嗣或書者不知踰年之說并此年而數之亦未可知也

漢漢中太守鄐君開通褒余道碑　八分書　永平六年　文刻金石續鈔

碑自關中金石記出始顯於世惜鄐君用力於此道最先而不得與楊孟文並傳其名字也此碑所言鄐孟文碑至于永平其有四年詔書開余鑿通石門事而此言六年者詔下於四年而事行于六年也余刻此文於金石續鈔有數字與關中金石記之釋不同覽者當自得之等其功作金石記等作弟其字闕褒中縣官寺并六十四所金石記寺作等下又云闕一字今按碑不闕

漢嵩山太室神道石闕銘　八分書　元初五年四月

銘極漫漶殘闕金石文字記會就其殘字錄之然嵩

高神君令桉碑實爲崇高非嵩高也嵩山三石闕皆不著於洪氏隸釋彼少室開母以篆故不知此銘何以不見收也

漢少室神道石闕銘　篆書　無年月

葉封嵩陽石刻記曰凡二十一行行四字余所得本僅十八行内兩行無字以金石文字記釋文較之葢又闕其後三行矣

漢立開母石闕銘　篆書　無年月

中有二年字而不得其紀年據中州金石考言侯官李雲龍藏本二年上有延光二字而此銘前十行所載丞薛政等題名與少室石闕同則少室亦延光二

年之所立也葉封嵩陽石刻記曰今見存篆書三十二行顧亭林金石文字記曰余至闕下又得四行而李雲龍藏本較顧氏親見者每行又多三字豈葉氏顧氏所得者並亡其上層而李所藏者獨未亡與亦可疑矣今余所得本與葉氏同

漢裴岑祠記　八分書　永和二年八月　文刻金石文鈔

裴岑事不見西域傳按永建元年班勇合兵擊西域呼衍王亡走得單于從兄斬之史美其功今岑誅呼衍王以振國威殆有過者而史云陽嘉以後朝威稍損何也范史自言撰建武後事之異于前史者爲西域傳皆班勇所紀裴岑事在勇後故不得繫于篇末

而姑以意言之如此然則史之所闕者正多也

漢北海相景君碑　八分書　漢安二年八月　文刻金薤琳琅

後漢郡國志北海國十八城下載劇營陵平壽都昌安邱淳于平昌侯國朱虛侯國東安平高密侯國昌安侯國夷安侯國膠東侯國即墨侯國壯武下密觀陽實十七而曰十八城者幷北海而數之也碑云據北海相部城十九按郡國志樂安國下有益侯國故屬北海有壽光故屬北海碑葢兼此二城去北海而數之故曰部城十九也碑陰所載故吏皆劇營陵平壽都昌淳于平昌朱虛東安平八城之人也碑又云賁朱邵父明府二之黄霸朱邑召信臣巳三人而曰

三之者或兼之之意也以一人而兼三人故曰三之也碑稱景君爲明府當是漢人稱國相如太守故曾相造禮器碑亦云韓明府名勑字叔節

景君碑碑陰　八分書　刻金薤琳琅

碑第三列下有一行云行三年服者凡八十七人而所載人名無此數也列名後又有銘辭雖殘闕玩其文意是述三年之後當離墓側而致其以義割志之意然則碑蓋刊于漢安二年之後三年永嘉本初之際也故吏行服三年而兼廬其墓者如此之眾可謂風俗之厚則當時行漢文短喪之詔蓋亦任自爲之而非一定之制也

漢武氏石闕銘　八分書　建和元年三月　文刻金石文鈔
銘文曾載趙明誠金石錄而綴數語于後云武氏有
數墓在任城開明者仕爲吳郡丞綏宗名梁仕爲郡
從事宣張名班皆有碑洪景伯隸釋隸續自數碑外
又有武梁祠堂畫像今皆不可得見矣惟畫像近有
翻摹與此本紙墨一色意此銘亦同時之所摹也銘
云孝子武始公弟綏宗景興開明使石工造此闕當
是始公兄弟爲父作闕然但附開明之子宣張於銘
後而不敘及其父何耶余意此銘之前或刋有文字
而趙氏洪氏集錄之時已亡之矣銘云孝子武始公
重冢嫡也下云弟綏宗景興開明蒙始公而言也詳

玩語意當是爲父作闕而隸釋武班碑跋云開明爲
其兄立闕者恐因弟字而誤也

漢司隸校尉楊孟文石門頌　八分書　建和二年十
一月　文刻金石文鈔

鄧騭傳時遭元二之災章懷太子賢注以爲重文郎
元元也而趙氏引此碑以疑之謂讀作元元則不成
文理是矣然洪景伯據論衡元二之間嘉德布流以
爲元年二年殆亦非也論衡之文下接三年則所謂
元二者自指元年二年偶同此二字耳若此碑所云
永平四年詔書開余鑿通石門下即接云中遭元二
西夷虐殘旣不稱何帝之世又不舉建元之名使以

爲元年二年當是何王之元年二年也景伯又謂此碑所云即鄧隲出師時則自永平以至永初中更三帝五建元矣屬文之體不應如是桉陳忠傳亦云自帝即位頓遭元二之厄元二兩字不見他書而此書兩見皆指安帝又並稱爲災厄則其來必有所自而非泛然之言特古書簡略不得而詳考耳竊疑此碑中遭元二即鄧陳傳中所云元二當是安帝即位時之一寔事故不嫌如此用之也

隸釋王府君閟谷道下缺一字今桉碑是厄字行丞事西成韓服隸釋作輔服今亦據碑正之

又桉此碑有君德明明世世歎誦等語其重文皆作

小二字在旁惟元二二字居中大書其非重文必矣叔肖巖曰元二之迄無定解余意或同之百六或附之陽九疑得其近似賢注自誤耳考隸釋載孔耽碑亦云遭元二轗軻人民相食二字不見他書而屢見於漢之碑版史策則趙明誠以爲或當時自有此語亦疑事毋質之意也

漢魯相乙瑛請置孔子廟卒史碑 八分書 永興元年六月 文刻金薤琳琅

此碑前列元嘉三年三月吳雄趙戒奏魯前相乙瑛請置孔子廟百石卒史一人言前相則乙瑛請後即去官也次列雄戒得請下魯相如詔書又次列永興

元年六月魯相平等上司徒司空府補孔龢如牒則繼瑛者平而不得其姓最後爲讚蓋讚相乙瑛之請令鮑疊之爲百石吏舍而始建此議請于瑛者則孔子十九世孫麟廉也孔子廟置百石卒史一人實始於此自此至永壽二年僅四年而見于韓勑碑陰有守廟百石孔恢聖文其時孔龢之或遷或卒未可知也又十四年至建寧二年而見于史晨後碑有守廟百石孔讚

東漢二名絶少而此碑有麟廉不應雄戒瑛疊平憲覽龢等皆名而麟廉獨字當是名也

漢益州刺史字孟初神祠碑　八分書　永興二年六

月

其首題云故宛令益州刺史南郡襄陽闕下字孟初神祠之碑而不得其姓名孟初官至益州刺史而以故宛令先之者必宛人思其德建祠立碑以報之也碑甚殘闕而其字存者特精彩煥然

漢孔謙碣　八分書　永興二年七月　文刻金石續鈔

碣云宣尼公廿世孫都尉君之子是宙之子融之兄也建寧二年張儉以鉤黨亡命融年十六今碣云謙卒于永興二年自此至建寧二年正十六年蓋謙之卒融始生也

漢魯相韓勑造孔廟禮器碑　八分書　永壽二年九

月文刻金薤琳琅

碑云於是四方士仁聞君風燿隸釋于士字下注云士字余謂仁亦當爲人字唐契苾明碑書人爲仁又書仁爲人其反覆以證二字之相通雖屬好奇之過然故有本也元嘉三年乙瑛請置孔廟百石卒史碑曰廟有禮器無常人掌領元嘉三年即永興元年也至永壽二年前後凡四年而韓君造立禮器蓋本有而增造之耳又所造禮器内有壹字趙氏以爲壹壺既非器而都氏竟改爲壺亦不知何據

左春谷曰古士士字通用楊君石門頌庶士悅雍士亦作土呂覽任地后稷曰子能使吾士靖而甽浴士

乎高誘注士當爲士又人仁字亦通用易繫辭何以守位曰仁呂氏從古本作人論語井有仁焉劉氏謂仁當作人又古之賢人古本亦作賢仁

韓勑碑陰　八分書　刻金薤琳琅

金薤琳琅所載碑陰較隸釋多數十人今余所得其人數同於都氏而前後之次不同以係翦裁本不敢據以相證然自韓明府名勑以下八人與前碑紙墨一色疑此八人本不在陰洪氏附之前碑之末是也其自曲成侯王暠以下紙墨另爲一色字亦稍小乃此碑之陰耳碑中兩見其人處士字處士上增其人一字不知其故亦他碑之所未見

漢郎中鄭固碑　八分書　延熹元年四月　文刻金薤琳琅

碑僅存上段其下段每行十一字皆闕而其中有曰弟述其兄銘辭中又有頤親誨弟又有奉我元兄之言則此鄭固弟之所作也今證以隸釋金薤琳琅所錄全文有琦瑤延以爲至德不紀則鍾鼎奚銘之語是琦瑤延者固之弟也顧亭林朱竹垞曝碑中遂道二字旁徵博引輾轉相訓其寔二字並無深義祇當如洪氏讀作本字爲是

漢倉頡廟碑兩側　八分書　延熹五年正月

漢衙縣倉頡廟有碑并陰余未之見也所得者此兩側而已其一側云衙令朔方臨戎孫羨下闕從事永壽

二年朔方太守上郡仇君察孝除郎中太原陽曲長
延熹四年九月乙酉詔書遷御令五年正月到官奉
見劉明府立祠刊石表章大聖之遺靈以示來世之
未生闕一字出錢千闕二字者下行自紀姓名御守丞臨
晉張疇字元德五百守左尉萬年長沙闕一字君平
五百以上上層下分三列題名御縣三老上官鳳季方三
百御鄉三老時勤伯秋三百御主記掾楊綬子長三
百御門下功曹裴篤伯安三百御門下游徼許愔功
上三百御門下賊曹下闕以上上列功曹下闕錄事史楊禽孟
布三百集曹掾馬準子孝三百倉曹掾任就子闕二字
百故功曹郭闕四字百又闕一行以上中列軍假司馬御下闕從掾

位御下闕從掾位御張下闕故文學掾御李下闕故文學掾下闕以上下列其一側亦分三列題名議曹史蓮勺楊闕字一三千功曹書佐頻楊成闕字一千騎吏蓮勺任參六百騎吏高陵闕字二六百騎吏臨晉闕字一珠六百騎吏高陵張順六百以上上列高陵左鄉有下闕萬年左鄉有秩游闕字一千下闕萬年闕字一鄉有秩畢闕字一千五百蓮勺左鄉有秩杜衡千五百池陽左鄉有秩何博千五百以上中列夏陽侯下闕夏陽侯長馬琪下闕粟邑侯長何惲下闕又一行尚有候字餘並闕以上下列余未刻此于文鈔續鈔故詳載于此校記遷御令五年正月到官奉見劉明府立祠刊石云云似廟與碑皆前御令劉某所立而此兩側則孫

羨到官後之所記也唐人稱縣令爲明府而漢人則稱太守爲明府如孫寶劉寵諸傳可證今此記云劉明府不知當時以此爲通稱與或劉某以爲郡而去也景君韓勑二碑皆稱明府相與郡守一也又按集古録載此碑尙有池陽集水有秩殺祤候長等語而余所得已闕然其字畫頗佳歐公以爲未精何也

漢泰山都尉孔宙碑　八分書　延熹七年十月文刻金薤琳琅

孔宙碑陰刻金薤琳琅

額有門生故吏名五字桉前碑云於是故吏門人乃

其陟名山採嘉石勒銘示後俾有彝式是此陰所載
皆立石刊銘之人而獨不載率錢之數於漢碑諸陰
中最爲得體碑中有門生又有弟子隸釋從集古錄
謂親受業者爲弟子次相傳授則曰門生若然則門
生乃弟子之弟子不應列門生于前而列弟子于後
想所謂門生者亦如今日之生員國學見學博士知
縣例稱門生而弟子者則親受業者也故此碑弟子
尙列于故吏故民之後示親也
按歐公所得當是翦裁本故其跋序弟子于前而敘
門生于後因爲此論隸釋金薤琳琅皆刊此陰于碑
後其次序不誤而亦從歐說不敢異議何也左春谷

曰賈逵傳拜逵所選弟子及門生爲千乘王國郎鄭元傳元卒自郡守以下嘗受業者縗絰赴會千餘人門生相與撰元答諸弟子問五經依論語作鄭志八篇以此二傳證之則歐陽公謂親受業者爲弟子轉相傳授者爲門生二語自無可議而日知錄又云漢人以受學者爲弟子其依附名勢者爲門生後漢書郅壽傳時大將軍竇憲以外戚之寵威傾天下憲常使門生齎書詣壽有所請託楊彪傳黄門令王甫使門生于郡界辜搉官財物七千餘萬憲外戚甫奄人也安得有傳授之門生其論則歐公所未及然則門生自有此兩種人而此陰門生在前弟子在後故當

如跋所說

漢西嶽華山廟碑　八分書　延熹八年四月　文刻金薤琳琅

此翁覃溪先生所摹本也自跋先得王無異本鈎摹後又得金壽門雙鈎本補入以成全璧其原石所闕十一字則吴江陸蘆墟臨本以意補之者也跋又云雍正元年如皐姜任修以王無異本摹勒上石余嘗見揚州人家有一本或卽姜所摹與然字絶與此不類此本拘謹而彼本極放縱

漢衞尉卿衡方碑　八分書　建寧元年九月　文刻金薤琳琅

其文曰肇先蓋堯之苗本姓闕二字則有伊尹在殷之世號稱阿衡因而氏焉所闕二字當是伊者或伊祈

宋鄧名世姓氏辨證衡字下引風俗通云伊尹爲阿衡因以爲氏元和姓纂伊字下云帝堯伊祈氏之允裔孫伊尹相湯並同此碑所說銘辭中有何規履矩之句何卽荷字

漢郭有道碑　八分書　建寧二年正月

後人重刻本非翻摹本也極不足觀按趙子函石墨鐫華云舊石爲一秀才盜去縣令別刻一石以應求者其後又泐而王正已再刻之此或卽正已所刻耶然云一秀才盜去則原石故在會當應時而出特不知遙遙者何以慰好古之心也

漢魯相史晨請出王家穀祀孔子奏銘　八分書　建

寧二年三月　文刻金薤琳琅

史晨奏上尚書而有時副言太傅太尉司徒司空大司農府治所部從事一行葢漢制如此後漢百官志帝初即位輒置太傅薨輒省劉昭注案靈帝之初以陳蕃爲太傅蕃誅以胡廣代殆不止一人也不知薨輒省者常制也其以罪而廢則復置故馮石以黨權貴免而桓焉爲太傅陳蕃以謀宦官誅而胡廣爲太傅則此之覼然太傅者胡廣也世或以此碑引用讖緯爲史晨病然漢自光武以來崇尚此學雖康成大儒尚不能免而豈以此損晨之賢哉

漢魯相史晨孔廟後碑　八分書　文刻金薤琳琅

此碑蓋雜記吏晨之功云刊石勒銘并列本奏者指前碑而言也碑分六節吏晨外亦敘長史李謙等廟中觀禮之盛部吏仇誧縣吏劉耽之績皆歸功于晨也

漢淳于長夏承碑　八分書　建寧三年六月　文刻金薤琳琅

碑云太傅胡公者胡廣也廣以建寧元年九月爲太傅而承爲廣所辟度其除淳于長到官未及年而已卒也而碑云百姓號咷若喪考妣果以何道而能致此

漢武都太守李翕西狹頌　八分書　建寧四年六月　文刻金石文鈔

此碑所謂朝中惟靜郎尹宙碑立朝正色之朝皆指郡朝而言也李翕爲武都太守治西狹郙閣天井三地之險以通行旅可謂有惠政於民矣余按後漢書皇甫規傳有屬國都尉李翕多殺降羌爲規所奏而免以時考之疑是一人困于心衡于慮而後作徵於色發於聲而後喻則李翕之前忍而後惠未始非皇甫威明之所激而成也

漢博陵太守孔寵碑　八分書　建寧四年七月　此據金石錄書之文刻金薤琳琅

碑僅存數十字其可辨者諱寵字元上而已寵之名字見于史晨後碑曰河東太守孔寵元上又見於韓

勑碑陰曰尙書侍郎魯孔彪元上今據隸釋及金薤琳琅所錄全文考之彪自尙書侍郎拜治書御史爲博陵太守遷下邳相河東太守碑不云河東而云博陵者故吏崔烈王沛等乃刊斯石茲皆博陵人而立碑於博陵也崔下闕一字據隸釋金薤琳琅所載碑陰爲崔烈余未得見之

漢李翕郙閣頌　仇靖撰　仇紼八分書　建寧五年

文刻金石文鈔

隸釋載此碑後別有數行記年月及書撰人姓名而余所得本無有漢碑載書撰人者絕少此其僅見者也第隸釋所載從史位下闕四字漢德爲此頌故吏下辨下闕三字子長書此頌並闕其名余按歐陽棐集古錄目

記此碑云右不載撰人名氏漢仇紼隸書則書此頌者當是仇紼字子長也不知漢德爲此頌一行叔弼何以不見豈歐本偶以翦裁失之故竟以爲不載撰人名氏而遂逸其名與余又桉李翕天井碑有從史位下辨仇靖字漢德書文則爲此頌者仇靖字漢德也

漢李翕五瑞圖　八分書　無年月

五瑞者黄龍白鹿嘉禾木連理甘露降旁有承露人皆圖其像以八分書其左右又一行云君昔在黽池修崤嶔之道德治精通致黄龍白鹿之瑞故圖畫其像畫甚精妙可觀而五瑞但舉其二何也

漢司隸校尉魯峻碑　八分書　熹平元年　文刻金薤琳琅

金石錄謂水經注引戴延之西征記而誤峻爲恭又云余嘗得石室所刻畫像與延之所記合則水經注所引自是魯恭石室畫像非謂魯峻此碑也趙氏自誤耳碑云息叡不才弱冠而孤又云刊石敘哀是峻之子名叡而此碑之文與銘即叡所自作又云樂於陵灌園之契今按碑峻自頓邱令遷九江太守以至拜屯騎校尉前後在宦海者數十年然後以病遜位卒之後門人以其事君臨民而謚之爲忠惠父然則何所取譬于於陵而爲此語也

魯峻碑陰　刻金薤琳琅

梫前碑云門人汝南干商沛國丁直魏郡馬萌勃海呂圖任城吳盛陳留誠屯東郡夏侯宏等三百廿人今考碑陰所載無誠屯夏侯宏二人初恐余本以翦裁失之乃金薤琳琅亦同余本則其亡久矣又隸續別載魯峻碑陰乃范式之碑陰洪氏以人數行列臆度之而繫之魯峻耳

漢司隸校尉楊淮碑　八分書　熹平二年二月文刻金石文鈔

碑稱淮從弟弼以伯母憂去官漢世遵孝文之令鮮循三年之喪此陳忠荀爽之所以力爭而賢人君子矯時嫉俗至於期功之親與所舉之吏往往爲行服

去官如傅燮陳仲弓之徒類多過厚之行其載于碑者則曹全以同產弟憂去頵以伯母憂去是也然此亦可以見漢世法網之疏故士大夫得以自行其意如此隸釋御史中丞下闕一字今校碑是三字州里失覆失字誤作去字今亦校碑正之

漢聞憙長韓仁碑　八分書　憙平四年十一月

余所得本甚殘闕而碑額篆書漢循吏故聞憙長韓仁碑十字獨完碑題額直書其名而名竟賴以存古人之質樸而有深意存焉可思也

漢豫州從事尹宙碑　八分書　憙平六年四月文刻金石

碑爲歐趙所未録而無一字殘闕眞可異也顧亭林云豫字磨滅以其潁川人而言本州知其爲豫州也今按碑完好並無豫字亦無本州字金石文字記曾全録其文不知何以言之第宙歷仕未嘗出郡而碑云州辟從事不言他州則爲豫州無疑耳漢世時猶近古雖州郡官舍或謂之朝循吏傳劉寵爲會稽太守徵爲將作匠山陰有五六老叟齎百錢送寵寵勞之對曰山谷鄙生未嘗識郡朝今宙爲州從事而云立朝正色又曰綱紀本朝其語亦猶此也

漢溧陽長潘乾校官碑　八分書　光和四年十月文刻

金薤琳琅

乾隆癸卯余過溧水楊聿脩名崇德于金陵出此碑見贈有元單禧釋文以洪氏隸釋較之雖相去數百年而漫漶不過十餘字蓋以地僻拓者少故得完也余友懷寧鄧石如嘗得舊本臨之數十過一日忽遇余曰碑中外覽百家衆儁挈聖洪氏衆下闕一字而單禧以爲儁洪氏以挈聖爲契大聖而單禧以爲精審有據彼不過因史晨碑有孝經援神挈之文挈當爲契然豈可以彼例此近因日摹此碑而深思之衆下非儁字乃是傳字挈下亦非聖字乃是要字蓋衆傳挈要挈自當讀如本字也余深嘆其言之有理大抵好古家喜據金石以證事其無足證者往往取碑一二

異文輾轉相訓以矜小學之博而不知已失其本意也非石如用功之精而一覽即過鮮有能知此者

漢白石神君碑　八分書　光和六年　文刻金石文鈔

椽碑縣界有六名山三公封龍靈山無極白石皆得法食其一不知何名山亦有幸不幸哉碑後有燕元璽三年題字一行書惡而語尤怪不足論也

漢郃陽令曹全碑　八分書　中平二年十月　文刻金石文鈔

後漢書西域傳建寧元年疏勒王與漢大都護於獵中爲其季父和得所射殺和得自立爲王三年涼州刺史孟陀遣從事任涉將敦煌兵五百人與戊己司馬曹寬西域長史張晏將焉耆龜茲車師前後部合

三萬餘人討疏勒攻楨中城四十餘日引去棱元帝始置戊己二校尉後屢罷屢復范史傳論所謂設戊己之官分任其事者是也此謂戊己司馬曹寬一人不能兼二職其非是明矣碑稱全爲戊部司馬定不誣則戊司馬者曹全也己司馬者曹寬也范史於戊字下遺失司馬曹全四字耳若必欲紐合全寬爲一人則鑿矣

曹全碑陰　八分書　刻金石文鈔

陰分五層其二層三層四層中有一字一行兩字一行者當是豪前一人之姓本行但載其名或字耳

漢蕩陰令張遷碑　八分書　中平三年二月　文刻金薤琳琅

都氏此碑頗有誤釋今重刻其書者已改正矣碑云惟中平三年歲在攝提二月震節按禮記月令始雨水鄭註云漢初以雨水爲二月節孔疏云漢初驚蟄爲正月中雨水爲二月節今此碑言二月震節則其時已變矣又云賃師孫興刊石立表孫興當是石工之名武氏石闕銘亦云使石工孟季季弟卯造此闕孫宗作師子此後世記某某鐫刻之祖然漢世不記書撰人姓名而記及此何也

張遷碑陰　八分書　刻金石文鈔

碑陰列名者四十一人內不率錢者四人而自范巨范成韋宣之外其三十八人皆二名昔歐陽永叔跋

楊震碑陰以爲後漢見于史傳者未嘗有名兩字者也疑其所書皆是字耳今按此碑所書亦當爲字第不知范巨范成章宣又何以書名也攷范史亦有二名或者謂蔚宗好錯舉名字然其中有明白而無疑者如鄭康成之孫名之曰小同而蘇不韋字公先成翊世字季明謝夷吾字堯卿馬日磾字翁叔是也然則謂史傳無二名者亦非也

漢仙人唐公防記　八分書　無年月　文刻金石文鈔

水經註智水川有唐公房祠公房升仙之日壻知行未還約以此川爲居言無繁霜蛟虎之患因號壻鄉故水亦名焉今按此碑云眞人者與期聟谷口山上

聟卽壻字則是此地本名聟非因其壻居之而得名也故碑後稱壻鄉之異亦秖曰澤流百世德盛故鄉而不序壻事水經之言非矣夫世之所以稱神仙者以其能絶去七情超然物表而無流俗之所戀也使學仙者果能捐妻子絶嗜欲泊然無與以仰希解脱變形之事雖其事不成其言不效而其勇往精進之意卽吾儒且畏之矣今一切不必而但乞靈于藥曰藥仙其師能以藥仙公房又能以藥仙其妻子而又能以藥仙其妻子之所戀屋柱牛馬六畜于是天下之便莫便于此而天下之樂眞莫樂於此矣噫亦可笑矣隸釋載碑云百穀收入天下莫知斯德祐之效也今

按碑無知字蓋以天下莫斯斷句

漢季度石闕銘 八分書 無年月 文刻金石文鈔

後漢書延篤傳注引先賢行狀云堂谿典字季度爲西鄂長其字與官皆與銘同則此似爲典銘然竊考之傳記證以銘辭而知此不得爲堂谿典銘也何也趙明誠金石録載堂谿典嵩高山石闕銘云中郎將堂谿典與伯并則典自字伯并不爲季度世人容有二字然伯仲叔季乃人之行既爲伯必不得爲季一也東觀記熹平五年使中郎將堂谿典祈雨嵩高與明誠所載銘辭官同事同惟銘作四年爲小異蔡邕傳亦云與五官中郎將堂谿典等奏求正定五經則典

曾官中郎將不得獨云西鄂長二也延篤傳少從堂
谿典受左氏傳後從馬融受業計典能敎授年當及
壯而馬融之死在延熹九年其年黨事起篤坐禁錮
自是又二十年爲光和六年而石經告成典得列名
其後典于是時雖最少當已六十餘矣不得如此銘
所云之早終三也今按此銘首云典大君而諱字下
闕則此人自姓典亡其名而字季度非堂谿典明矣
然則堂谿典既字伯并而先賢行狀何以云典字季
度爲西鄂長也竊疑著先賢行狀者亦知典有石闕
在嵩高而此銘適出其地又首有典字遂不之察而
誤以爲典銘章懷不知又引以註史訛以傳訛謬乃

甚爾非得此銘與趙氏之所載又何以辨其疑惑哉

漢孔褒碑　八分書　闕年月

碑存字不過數十其首云君諱褒字文禮孔子廿世之孫泰山都尉之元子其中又有後會事覺及臨難各爭等字當是指張儉亡命而一門爭自引罪事也但不知此碑古今著錄家何以不錄

漢殘字

一中有允字子游字俗謂之子游碑又有永初字

一首有正直字俗謂之正直碑中有大圓孔

一中有大兄元元孫早終字俗謂之元孫碑又有二子名重字桉元孫當是其兄之名

一中有春秋博覽等字又有國之裔兮等字俗謂之

劉君碑

一不知何碑陰中有民故武都故功曹司隸故功曹

司空掾故功曹太尉掾等字桉云民故武都當是武

都之民爲其郡守所立碑

一存十三字

一數紙存七字四字不等以上共爲一冊昔人謂漢

碑不全者字尤佳信然

漢武梁祠堂畫像　八分書　無年月

翻刻也僅十四幅黄帝顓頊神農祝誦帝佶帝堯帝

舜夏禹伏戲夏桀曾子閔子驀老萊子丁蘭以隸績

所刻畫像較之大畧相似其每幅所載事蹟亦與隸釋同而隸續畫像但書名不知洪氏因已載之隸釋故畧之與或翻刻隸續者不能精也其次序大異則疑翻刻此碑者任意顛倒之宣城張季和炯自言其家有舊搨此像卽竹垞所跋本余到府必往請觀並値其外出遂不得見

漢執金吾丞武榮碑　八分書　無年月　文刻金薤琳琅

榮卽開明之子宣張之弟石闕銘云宣張年二十五曹府君察舉孝廉此碑云年卅六汝南蔡府君察舉孝廉不書其年與卒葬之年而但書其入仕之年何也

橅漢鳳圖　下有宋熊克贊刻金石文鈔

桉鎭江府志乾道壬辰潤州教官熊克閱漢碑取麟鳳圖于學宫其後陳德一易之以石嘉熙中劉卿月補刊龜龍龜龍久廢惟麟鳳存余族兄偉堂名帥爲鎭江府訓導乾隆丙午春往從之游首詢及此則士人無能知其事者學基環日精山下國初時經海寇兵火房屋盡圮多荒圃偶於壞籬深溝之側見一欹碑措拭視之則鳳圖也走告於兄爲出而樹之學署桉隷續載有麟圖洪氏所謂漢橅二瑞惟此最爲奇偉又云鳳藏書庋中尋之未至今此圖與隷續所載規制如一洪氏無鳳而有麟余不得見麟而獲鳳千載

作合可謂奇哉

橅漢麟圖　下有宋熊克贊刻金石文鈔

此爲余兄偉堂之所補刊其圖取之洪氏隸續其贊取之鎮江府志而其隸則宣州梅石居之所書也石居既書原贊又大書其後云乾隆丙午趙紹祖既得鳳圖碑因倣古復其麟圖梅鏐書贊教官趙帥立石戊申之秋鐫成偉堂作麟圖歌刊于圖之右方拓數本以見寄因爲和之而書其上

孔子見老子畫像

按隸續有孔子見老子畫像像雖未錄而載其題云孔子也孔子車老子今此像題曰孔子老子弟子則

非隷釋本可知畫分三層其上一層孔子老子相對弟子一人捧束帛隨孔子後中一層有二人分左右中有一器無標題不知是敧器否也下一層有三人二人居中爲指點撫摩之狀一人在左上下左右似皆爲禮器亦無標題

魏公卿將軍上尊號奏　八分書　無年月　文刻金石文鈔

相國臣歆者華歆也太尉臣詡者賈詡也御史大夫臣朗者王朗也大理臣繇者鍾繇也其所書官皆漢官也其所稱臣臣於魏也其他武夫謀臣夏侯曹氏之族不必論也余碑有闕取隷釋足之也隷釋亦有闕取魏志足之也碑文與魏志尚多小不同而皆不

復論者仍隸釋之舊也碑鍾繇書或謂梁鵠書亦不可知也

魏受禪表　八分書　黃初元年十月　文刻金石文鈔

後世禪讓之禍自魏肇之每進而加厲矣卽以魏晉論華歆之奉璽何如賈充激成濟而抽戈也山陽以壽終禪國至晉漢魏之際不猶愈於後乎

魏封宗聖侯孔羨修孔子廟碑　八分書　黃初元年當作二年

按魏志黃初二年正月詔云云與此碑所載同而碑首云黃初元年者述魏受命之始文勢固當然也此去永壽建寧數十年耳而其文較之韓勑史晨簡質

華靡不同至是文章與世運爲升降信矣

魏立漢膠東令王君廟門碑　八分書　無年月

碑久佚乾隆乙未濟甯人李東琪得之土中僅存數十字據隸續所載碑額爲漢故膠東令王君之廟門十字而其文有黄初五字又有魏后爲天所授語則此碑不得爲漢而膠東令則漢官也

魏立漢廬江太守范式碑　八分書　青龍三年正月

文刻金薤琳琅

碑久亡近復出土而殘闕甚矣以隸釋金薤琳琅所刊全文觀之有青龍三年正月之文則碑立於魏世然金石錄竟標目爲魏范式碑恐亦式地下所不受

也桉後漢書獨行傳式一名氾而碑有云暨子氾孫而允嗣罔繼是式之子名氾孫而非式不應一名氾范史誤也

叔肖巖曰據碑式子名氾孫而决范史之誤是也予嘗讀容齋隨筆有云元魏安同父名屈其子亦名屈祖孫同名襄陽隋處士羅君墓誌有曰君諱靖字禮祖養父靖父子同名此皆質而近于野者古人亦時有之未可以常理論也

范式碑陰　八分書

碑既立于魏世則所書者皆魏人爾碑後有乾隆己酉三月錢塘黃小松跋敘李鐵橋獲碑重立事而不

載鐵橋名又前碑額下文上有鐵橋自記名東下一字已闕碑入土久石易泐而刻字過小故未幾而遂漫漶至此獲膠東令碑者爲李東淇疑即此人

魏東武侯王基碑　八分書　景元二年四月

按三國魏志基遷安平太守公事去官大將軍曹爽請爲從事中郎出爲安豐太守碑云辟大將軍府出爲安平安豐太守志言遷荆州刺史加揚烈將軍而碑作揚武皆當以碑爲是其餘所載與志畧同然大約碑更簡于志也碑僅半截八分書放縱無法似北齊乾明諸碑無復漢魏雅意恐是後人之所立也

吳禪國山碑　篆書　天璽元年　文刻金石文鈔

右禪國山碑余所得者甚殘闕此姑就通志所載錄之亦不知其有謬誤否也按吳志天璽元年吳興陽羨山有空石長十餘丈名曰石室乃遣兼司徒董朝兼太常周處至陽羨縣封禪國山今碑無朝處名而有丞相沇以下十餘人碑雖立于天璽而所受玉璽文寔在天冊故碑云乃以柔兆涒灘之歲欽若上天月正改元郊天祭地紀號元璽用彰明命也諸臣不足責爾薛瑩華覈爲吳名臣而文乃靡靡如此正如乞兒好作富貴語眞堪一噱按通志所載大司徒燮下有大司空翰翰疑爲朝之誤然吳志言兼司徒而文言大司空其官名又不同也惜不得舊拓一證之

吳天發神讖碑　篆書　天璽元年七月文刻金石文鈔

碑石三段在江寧學宮尊經閣下宣州梅石居既綴三段連貫其辭懼有謬誤復與懷寧鄧石如要余同往摩娑其下考訂偏旁點畫然後剞其釋文與石如各爲跋以附其後余惟石居愛古好博有功金石乃就所綴讀之竊謂上天帝言以下天發神讖以上必當時符瑞之言卽碑所謂得五十七字者其字數不合以本有空白跳行之書今更殘闕不可知耳至天璽元年七月已酉朔以下則諸臣考訂讖文刊石頌功之事也祥符周雪客舊有釋文朱竹垞爲之序亦未之見也今依梅氏所釋裝界之而書其後

嘉慶十年三月二十五日江寧學宫火碑燼焉其尊
經閣上所藏廿一史玉海江南通志諸板掃蕩無遺
而碑尤深爲可惜自今拓本傳于世者有日滅無日
增同志君子幸寶護之

涇縣趙紹祖輯　　貴池劉世珩校刊

晉立太公呂望表　盧无忌撰　八分書　太康十年三月　文刻金石續鈔

右晉立太公呂望表盧无忌撰表後有銘八分書猶有漢意余輯金石文鈔時取魏所立太公碑刻之固疑穆子容撰文而何氏錄盧表於前不知僅刻其前半而何有其辭曰以下銘辭如許也余友崔雪堂繡官河南歸拓以見贈余喜而亟校之得竹策之書魏碑作竹築發其潛書書之所出魏碑書作盡皆大傷義理其他何多闕文異字而此碑中斷其闕者亦藉

魏碑補之則亦有功于此碑也

晉孝侯周處碑 陸機撰 王羲之正書 大興二年正月 文刻金石文鈔

碑文託之內史書託之右軍其最謬者孝侯以永平七年戰沒而碑云元康九年舊疾增加奄捐館舍陸士衡以大安二年爲司馬穎所害而文中有建武元年大興二年之文顧亭林朱竹垞辨之詳矣第竹垞因唐元和六年陳從諫重樹此碑疑文字皆此君僞託而亭林謂不讀史者之所僞爲不知碑後數行明載書碑前試太常寺協律郎黃某書構造勾當造廟廿一代孫故湖州司士息瑰副元惜宗錄同晁宗典士琳惟良與諸宗子同其構造篆額平原華明素篆額之人二先生

偶未之見耳第碑既自書其名矣而前又何以託之內史右軍且文中有來吳事余厥弟之言與史處師事陸雲相合則眞若出於士衡之口者竊意士衡本有是碑至從諫重樹時已漫漶殘闕而周氏子孫無識零星補綴不無增添而未敢沒其舊名故載之于前而又列名于後如此不然其文頗依史事纂輯亦非目不知書者比而何以謬妄乃爾也今按此碑顛倒錯亂非一如敘孝侯在吳時事而曰朝廷謐寧不應空白而空白忠烈果毅一段不應在譖言之下梯山架壑一段不應在接戰之下處母年老一段不應在建武追贈之下知其以失次之文而妄爲聯屬任

意增加爾若有心僞作則必不至是矣碑正書亦遒健可喜而另有一碑易作行書畧倣聖教其間書字稍有異同因論此碑而附記之

晉蘭亭序　王羲之撰并行書　永和九年三月

一國子監本

一潁上本與黄庭同一石今存數十字而此本特完好

一東陽本後有正統丙辰兩淮運使何士英跋又有修撰張元忭序

一上黨本

一不知何本自第十行直裂至下即從十一行樂也

字下横裂至末一行於斯文斯字之首余友宣州梅
石居繡水盛春谷並珍賞之以上五本聯爲一册其
他尚有數種不入選
蘭亭自定武不可多見人多以意言之其實無佳本
也何士英得一石於維揚石塔寺後井中以爲眞定
武本也然尚不及潁上以余論之監本謹嚴潁上流
逸二者或頗得古人遺意東陽抑其次也

晉小楷黄庭經　王羲之書　永和十二年五月
一潁上本與蘭亭同一石今存數十字而此本特完
好可愛
一潭帖本深穩過於潁上過華蓋下淸且凉句下多

入淸泠淵見吾形其成還丹可長生下有華蓋動見
精三句
一不知何帖本稍肥而神足意旺亦過于穎上或是
潭絳諸帖中舊榻惜脫去七行不全以上三種裝爲
一册本金陵龔鹿樵家物後有錢竹汀跋
晉小楷佛遺教經　王羲之書　永和十二年六月
石今在吾涇縣民家後有永和十二年六月旦日山
陰王羲之書字又後附書法三昧一段亦有永和四
年十月十三日王羲之書字又後有文定公家藏字
上有文定公印又瑞文圖書下有敵國之寶字又下
有御府之印又下有懷充僧權字石理粗而刻工惡

不足爲美觀以未見有單行本存之

晉小楷孝女曹娥碑　漢度尚撰　無書人姓名　升平二年八月

文後書蔡雍觀碑事又一行云昇平二年八月十五日記之當是右軍書也又後有元和十年十月二日觀馮審字退思題字又後有會昌六年三月廿八日翰林學士闕似韋字琮將仕郎李闕隱同觀字又後有癸酉歲九月十八日字下有滿騫懷充僧權題名又後有闕成四年七月廿九日刺史楊漢公記字末兩行云昇元二年正月九日瑯琊王氏摸勒上石榻本似數百年前物每一展觀古香滿室意此果爲昇元帖

中之一紙尙在淳化閣帖之前故精妙若此家藏翠墨以此爲冠

晉小楷道德經　王羲之書　無年月

後有褚遂良跋云右道德經乃晉王羲之遺山陰劉道士書道士以鵝羣獻右軍者是也歷宋齊梁陳四朝今入秘府遂良備員內省因得厠觀敬記其後貞觀十五年三月二十八日諫議大夫知起居注褚遂良書按遂良曾錄晉右軍王羲之書目首正書部五卷無道德經其第二黃庭經下注云六十行與山陰道士遂良既以黃庭爲與道士豈復以此書爲遺道士也且云備員厠觀謹記其後而何得不收之正書

部內也余觀此書雖結構勻稱易入俗目而肥而少骨稍帶俗韻殆非眞蹟書與跋皆唐宋後好事者爲之耳

晉羲獻雜帖　行草書

右晉羲獻雜帖十八紙圓勁秀逸無美不備眞宋榻也但潭絳諸帖今俱不存不知其當何本乾隆丙午遇旌德呂斗三於白門出以見示斗三好奕自矜因戲以黃庭數種相當賭而得之三日後斗三過寓見而有不忍之色余笑而書其後以還之斗三名機善書

晉小楷洛神十三行　王獻之書

一元宴齋本前有吳門管一虯摹石字後有寶歷元年柳公權記又有天祐元年蔡續題祥符八年周越記

一玉版本前有晉中闕令王獻之書字後有闕和字

一不知何本其肥重似元宴齋而較生動以上三種彙爲一冊其他尚有數種不入選

符秦鄭宏道修鄧艾祠記　八分書　建元三年六月

文刻金石文鈔

右鄭宏道等修鄧太尉祠記但自敘其所歷官而修祠秖以數語了之較之言不能文而刺刺不休者可謂直捷爽快矣碑八分書前半頗有法度後半自軍

叅事題名以下極醜惡似出兩人所書以苻秦碑刻甚少而此又稍完故錄之
余刻金石文鈔時此碑闕數字後見偃師武授堂億金石文字續跋作鄭能遠字宏道給兵三百下作又屠刀百五十人上郡夫下有施字支胡粟特下有䓛字凡余所闕者多具焉而授堂乃曰碑磨蝕字跡不屬者何也葢余之所得授堂又多闕耳故論金石者各就所見言之不爲無益

苻秦諱產碑　正書　建元四年十月

碑極殘闕其可識者有曰維大秦建元四年歲在戊辰十月一日有日使持節冠軍將軍益州刺史上黨

公之元孫有曰扶風太守遷壽匡侯之肖子諱產而不得其姓其後又曰躬臨南界與馮翊護軍苟輔叅分所理今所傳十六國春秋既非眞本而遍檢羣書秦臣無名產者遂無以證明之

產碑陰　正書

碑陰所載姓名尚多可識而皆無顯人書極醜惡特以苻秦碑刻甚少而收之爾

梁瘞鶴銘　正書　天監十三年　文刻金石文鈔

銘今存八十五字以全文較之不能半也此銘以後爲前而古今著錄家咸未言及何耶銘舊在焦山之下非潮落不能見故搨之甚難近自陳滄洲鑿取置

之寺前流傳較廣矣丙午之春余留焦山三日親至碑下摩娑久之見其連絡數石零星補綴而覆以亭因嘆好古之君子每爲古物之累而斯恐不得復全其天年如曩日在水中時也後數百年必有憶吾斯言而撫膺而恨者矣

梁吳平侯蕭景墓碑　正書字皆反書　刻金石文鈔

梁書蕭景字子昭高祖從父弟封吳平縣侯普通四年卒詔贈侍中中撫軍開府儀同三司謚曰忠此其表墓石也字皆反書結體遒勁衹書銜及謚纔如後世之碑額爾以南朝古碑絕少故錄之

梁始興忠武王蕭憺墓碑　徐勉文　貝義淵正書無

年月

碑殘闕已甚而余所得又以裝界失次不可讀然以梁書對核之亦無甚異惟天監元年四月封始興郡王食邑二千戶史作三千戶嘉禾一莖九穗生于鄱洲甘露降于府桐樹史紀嘉禾而未紀甘露耳碑在江寧黃城村不知古今著錄家何以概未之載

魏中岳嵩高碑　正書　無年月金石錄有後魏中岳碑作太安二年十二月或是此碑

碑中段全無一字其年月與撰人名姓皆不可見或有以爲寇謙之撰者今按碑有云曾有繼天師寇君名謙似非謙之所自撰當是謙之曾隱嵩山立碑以

言其靈異而當時信從如崔浩之徒者爲之也

魏爲始平公造像記　正書　太和十二年九月

碑方格陽文殘闕不可讀有曰父使持節光祿大夫洛州刺史始平公奄焉薨　闕　又曰遂爲亡父造石像一區玩其文意當是始平公之子爲始平公造像也金石遺文以爲始平公造像記誤矣末有一行云朱儀章　闕　元達文字稍小不知是爲此記者否也

魏孝文弔比干文　正書　太和十八年十一月　文刻金石文鈔

此太和十八年事也而其首云惟皇構遷中之元載者孝文以是歲遷都于洛故云元載也按史十一月

丁丑車駕幸鄴甲申經比干之墓傷其忠而獲戾親爲弔文樹碑而刊之卽其事矣碑多別字爲識者所哂然魏世崇奉釋老而孝文獨留意經術致敬先聖如史所記祀唐堯于平陽虞舜于廣甯夏禹于安邑周文于洛陽是也又改謚宣尼爲文聖尼父臨魯城親祠孔廟封崇聖侯邑一百戶詔兗州爲孔子起園柏修飾墳壠更建碑銘褒揚聖德惜其文之不傳于今矣而此幸而存者卽什襲珍之亦不爲過而顧可以其字跡之多別體欲鄙夷而棄之哉

魏穆亮造像記　正書　太和十九年十一月　文刻金石文鈔

此魏邱穆陵亮夫人尉遲爲亡息牛橛造像記也考

史穆亮尙中山長公主封趙郡王徙封長樂王後遷司空叅議律令例降爵爲公其文在陳顯達攻陷醴陽之後文明太后馮氏崩之前史云穆亮而記云邱穆陵亮者魏改邱穆陵氏爲穆氏見氏官志而猶書其本姓不忘本也但亮旣以尙主封王不應云夫人尉遲又亮擊走陳顯達事在太和十二年時猶爲長樂王而亮爲司空在十三年太皇太后馮氏崩在十四年議律令在十五年然則亮之降爵爲公當在此數年之中而記立于太和十九年其官銜又不應書司空公長樂王也然史但云例降爵爲公文與上下不蒙竟不卽以何事史之誤與或已降爵而猶竊其

號以自衒與是皆不可知矣

又按金石錄跋弔比干文碑陰云自侍中邱目陵亮以下同姓者凡三人字皆作目而史但云姓穆者皆有闕誤今按此記正作邱穆陵亮疑當時以穆目聲近通用非史之誤也

端木星垣曰按孝文本紀太和十六年正月乙丑制諸遠屬非太祖子孫及異姓爲王者皆降爲公史于穆亮傳誤書於文明太后崩之前耳文鈔謂降爵而竊號以自衒固然以例降爲不知何事而疑史之有誤則疏矣按星垣之言最是特書之以志余過　星垣名煜江寧人

魏浮屠惠猛墓誌銘　正書　正始二年十二月

魏書有云世宗以來至武定末沙門知名者有惠猛惠辨惠深僧暹道欽僧獻道晞僧深惠光惠顯法榮道長並見重於當世此惠猛即其人也嗚呼佛法之盛莫極于魏鑿山爲窟範金爲像正光以後僧尼大衆二百餘萬其寺三萬有餘而沙門惠始之死送葬者至六千餘人乃崔浩區區志存毀滅可謂不量力矣然浩毀佛而崇道其中非有眞見至於嬰罪族滅自以刊載國史不慎且李順之誅不無隱慝而史氏無識於浩非毀佛法歎息痛恨以爲報應之驗不可怪與此惠猛者一無識沙門耳而其文有曰昇帝牀入紫幕朝英莫之預惟師獨之亦可慨矣

魏馮种育等造像記　正書　正始二年

書極醜惡字形亦大小不等其中有馮黑退名黑退黑闥聲之近蓋魏人多以此命名也

魏石門銘　正書　永平二年正月

銘首云此門蓋漢永平中所闕將五百載其中敘羊祉賈三德共成開鑿之事起正始四年十月十日訖永平二年正月畢功遙遙五百年中前後兩度開通而紀年適皆爲永平亦一奇也碑又云皇魏正始元年漢中獻地據史是年閏十二月梁行梁州事夏侯道遷據漢中來降是其事矣

魏司馬紹墓誌銘　正書　永平四年十月　文刻金石續鈔

其前題云魏故寧朔將軍固州鎮將鎮東將軍漁陽太守宜陽子司馬元興墓誌銘而首云君諱紹字元興按魏書但云道壽長子元興襲父爵不言其名紹亦不言其曾官固州鎮將鎮東將軍漁陽太守也文雖但敘其先世官閥而元興之事無徵然其名與所歷官亦賴此傳矣又魏書與北史但言曇之爲司馬爭後亦不言其爲欽之子也得此誌而司馬氏自南而北其家世歷然可見

魏齊郡王祮造像記　正書　熙平二年七月 文刻金石續鈔

史作齊郡王祐今按碑作祮字書祮音郭視也史云祐字伯授於祐祮皆無所取義北朝書多別體然祮

必不可為祐也

魏臨青男崔敬邕墓誌銘　正書　熙平二年十一月

文刻金石文鈔

按魏書敬邕附崔挺傳其所歷官碑與史畧同但史載敬邕為脩利之弟而不言其為雙護之子史言修和為挺從祖弟則敬邕亦為挺從祖弟而挺字雙根碑言敬邕之父雙護疑史於其世次殆有誤也又史謂熙平二年拜征虜將軍大中大夫神龜中卒謚曰恭而碑稱延昌四年為是官以熙平二年卒加謚曰貞自當以碑為是

魏兗州刺史賈思伯碑　正書　神龜二年四月此據金石

錄書之
碑額題云魏兖州賈使君之碑雖甚殘闕然君諱思伯字士休武威姑臧人其文尚可識也按史思伯有傳齊郡益都人碑當纂其族望方魏議建明堂思伯上議學者善之又以崔光薦爲侍講有謂之者曰公今貴重寧能不憍答曰衰至便憍何常之有當世以爲雅談惜碑存字數百無由與史一一相證也思伯爲兖州後徵爲給事黃門侍郎歷官最久其卒也贈鎮東將軍青州刺史又贈尚書右僕射謚文貞碑不當但題爲兖州賈使君而已又碑有庶士荒饉連歲不登及禮義用興之言似爲思伯在兖政績此史之

所無其或者爲兗人頌德之辭立之生前者與

魏魯郡太守張猛龍碑　正書　正光三年正月文刻金石文鈔

碑云涼州刺史瑍之十世孫八世祖軌七世祖素是軌之祖名瑍而今本十六國春秋前涼錄曰祖烈與此不同又軌子有寔茂而不及素皆賴此碑以傳者也顧亭林云其陰書陽原縣義上州主簿王人生造頌今按陽原爲陽平王人生爲王益生郎在碑後非陰也

魏敬顯儁修禪靜寺碑　正書　興和二年文刻金石文鈔

碑搨本首三行爲鼠所嚙故碑題與姓氏俱闕然碑

有曰公泰平人田敬仲之後又云大丞相渤海王委以經謀又云封永安侯拜度支尚書遷都官尚書以北齊書北史參考之知其人爲敬顯儁也按二史皆云敬顯儁字孝英碑則闕其名而字顯儁又名祇一字與史不同而碑敘顯儁所歷官爲份州刺史轉晉州刺史拜儀同三司又驃騎大將軍潁州刺史大都督史皆不書何耶豈以顯儁仕齊而此皆爲魏官故畧之耶碑多異文而結體險勁行筆峭拔寔爲歐陽蘭臺之所自出在諸魏碑中尤卓卓者

魏李仲琁修孔子廟碑　正書　興和三年十二月　文刻

朱竹垞謂仲琁撰文并書者非也考碑文始末半頌仲琁之功使出自己手必不爲此大約其門下士所爲爾方魏崇尚佛老而仲琁又當喪亂之餘奸權擅柄國步維艱乃能舉措從容不染習尚修建廟像爲孔氏之功臣仲琁亦賢矣哉其文有曰乃命工人修建容像又云所以雕素十子奉進儒冠似夫子入自有像而十哲則仲琁刱置之也自佛入中國始有像教吾儒祇作主而已今乃舉西域之法施于聖人之門此自不學之過而時未可以是爲仲琁責也至書字多别結體怪異則習俗使然尤不足爲是碑病爾左春谷曰像設不自後世始也后稷廟所鑄金人見

于家語越王命工以良金寫范蠡之狀而朝禮之見于國語土偶人與桃梗使相語之說見于國策是塑像木像金像漢以前皆有之至夫子有畫像其來已久如漢文翁石室圖有孔子及七十二子像隸釋有孔子見老子畫像韓勑修孔廟後碑有改畫聖像之語而塑像則不知所始是碑云修建容像則亦不自仲琁始也明張璁令天下學宮盡撤塑像而 朝邵長蘅有復孔聖像議亦未見其言之非也

魏武德義橋石像碑　正書　武定七年四月　文刻金石文鈔

此魏于子建等造橋刊像記也子建行武德郡事而率其屬官不費民財建橋濟涉亦留心民事者其文

有日鵲起來官共治民瘼則爲頌美之辭而後又有粤余承乏謬厠官方之言似又爲子建等所自作何也武德郡置于天平初孝靜爲高氏所立遷都于鄴詔曰考龜襲吉遷宅漳滏碑云屬皇朝遷鼎卜食漳濱遂力割四縣在古州城置武德郡碑與史合也

魏安武縣開國伯等造像記　正書　武定七年十二月

記頗殘闕今畧其文曰前使持節都督夏蔚二州諸軍事衛將軍夏蔚二州刺史當州都督安武 闕 縣開國伯又征西大將軍儀同三司行晉州事東 闕 州鎮城安武縣開國侯張保洛征西將軍東荆州刺史當

州大都督東雍州鎮城永寧子劉襲假節督東雍州諸軍事新除右將軍東雍州刺史當州都督聞熹子薛光熾等敬造石碑像四佛四菩薩藉此微功仰願先王婁太妃大將軍令公兄弟等云云魏鼎未遷諸臣官皆不卑其但云又而不姓者必魏之同姓乃顯然爲齊造像祈福以求媚焉魏欲不徙爲齊其可得哉葢不數月而遜國矣

魏立太公呂望碑　穆子容撰前半刻晉盧无忌文

正書無姓名　武定八年四月　文刻金石文鈔

此碑爲太公裔孫尙氏所建前半刻晉盧無忌之文後半爲魏穆子容之文似子容作文時尙氏乃取盧

撰而并刻之也盧表云發其濳盡盡之所出盡當爲書此重刻時傳寫之訛若穆詞云一匡九合懸車束馬作太公碑乃用齊桓事眞可笑矣

北齊孔子廟碑　八分書　乾明元年

存字不數十其知爲北齊孔子廟碑者以額有夫子之碑字及碑首存乾明元年等字也

北齊高陽王湜碑　八分書　乾明元年四月 文刻金石文鈔

王爲齊獻武第十一子史名湜碑書作滉按史所記王不過一無賴子弟耳碑以駢語文之全無實事令人讀之莫喻其人而其中有曰不得宮門莫覩百官之富入其廊廟乃見禮樂之美擬不於倫一至於此

北齊感孝頌 申嗣邕撰 梁恭之八分書 武平元年正月 文刻金石文鈔

此胡長仁爲齊州刺史時經郭巨之墓感其孝而命頌之者也按史長仁字孝隆武成皇后之兄累遷右僕射及尚書令世宗崩參預朝政封隴東王和士開疾之出爲齊州刺史長仁怨憤謀刺士開事覺賜死夫長仁以帷幄之親預政封王不可謂不尊而不能守知足之戒與士開爭進倚親驕豪信佞爲亂以至于死其天性凶悖可知此去死期無幾耳乃能感古人之孝而營其邱隴表其庭宇可見至德所被雖凶人不能不格而性善之說萬世不可易也碑後有隸

書兩行較碑字稍小云居士慧朗侍從至能草隸世人稱朗公書者是也開府行叅軍王思徇侍從能文有節不知二人託爲頌者附其名與抑後人之所題也然所謂侍從者侍從何人疑當時之所附爾

北齊造像記　正書　武平五年十月

碑僅上段行存十二字首云大齊武平五年歲次甲午十月而其中有捨兹如法之寶及晝出滿月之容等語葢造像記也按金石錄有北齊賈羅侯等造像碑是武平五年十月意者其卽此歟

北齊馬天祥等造像記　正書　武平九年二月

碑畫方格如棋局正書陽文凸起用筆與八分相叅

古茂可觀北朝造像諸記余收之而旋棄者多矣其
上有佛像者寺僧陳乞亦卷而與之不甚惜而惟此
記喜時時展玩之
周華岳頌 万紐于瑾撰 趙文淵書 天和二年十
月 文刻金石文鈔
頌文爲万紐于瑾造趙文淵書万紐于瑾者唐瑾也
文淵唐避高祖諱史作文深顧寧人朱竹垞二先生
博採史傳論二人事蹟詳矣然文淵此書亦未脫元
魏遺習而竹垞引史文深少學楷隸雅有鍾王之則
而謂非虚譽寧人引史太祖以隸書紕繆命文深與
黎景熙沈遐等依說文及字林刊定六體成一萬言

行於世而於此碑亦無貶辭殆好尚之偏也夫時俗所尚雖豪傑不能無移余亦非以此爲文淵責然魏孝文弔比干李仲琁修孔廟二碑既受指摘如彼而文淵此書乃蒙奬譽如此何耶頌有云太師大冢宰晉國公任屬阿衡親惟旦奭者晉蕩公護太祖之兄邵惠公顥之少子也諷魏禪周廢孝閔酖世宗皆其所爲保定元年有希護旨者曰周公德重魯立文王之廟於是詔于同州晉國第立德皇帝別廟使護祭焉三年詔曰自今詔誥及百司文書並不得稱公名以彰殊禮蓋周改華州爲同州故護有事於華岳而使瑾爲此頌頌中但稱晉國公而不名也此天和二

年事後五年而護誅矣

隋張夫人墓誌銘　正書　開皇四年九月　文刻金石文鈔

碑無書撰人姓名而正書遒勁時兼篆隸筆意足以開歐虞之先聲近世甚重王居士磚塔銘對此眞如婢見夫人耳

隋晉陽造像頌　正書　開皇四年十月　文刻金石文鈔

此劉瑞等造像于晉陽之重崖而爲此頌也頌後列名有邑師邑主邑正邑主事邑人齋主像主檯主化主經主淸淨主光明主香火主道場主都維那左維那右維那之類大約與北齊少林寺碑其鄙俚相同也碑祝聖上皇后儲宮晉王隋文帝五子自儲宮外

祇及晉王者煬帝時爲并州牧晉陽其所屬也

碑有書銘人左雒郡道場主光明主烏丸下闕而不得其名

隋立魏東阿王曹植廟碑　正書　開皇十三年文刻金石續鈔

此植十一世孫曹永洛等于北齊皇建二年奉詔復廟至隋而始克樹石以紀成者[illegible]云蒙孝昭皇帝悕宏古典敬立二王崇奉三恪[illegible]事在皇建元年而碑云二年者永洛等于二年始得奉詔也碑正書體兼篆隸而不爲工文更冗雜當時無學術者之所爲耳植封陳王而碑以東阿所立故仍其舊封謂之

東阿王碑

隋陳叔毅修孔子廟碑　仲孝俊撰　八分書　大業七年七月　文刻金石文鈔

碑稱叔毅字子嚴高祖武帝之孫高宗孝宣帝之子而陳書諸王中無傳但言其末及封而已非得此碑不知其入隋曾官曲阜令也又按胡三省注通鑑云唐人稱縣令爲明府今觀此碑云則曲阜陳明府其人也是隋時縣令已有此稱

隋左屯衛大將軍姚辯墓誌　虞世基撰　歐陽詢正書　無年月　顧亭林金石文字記作大業七年十月然此其贈官賜謚之日非葬日也文刻金薤琳琅

都元敬跋云隋史不爲立傳向非率更之書後世不復知有辨余按隋高祖本紀開皇十六年以蔡陽縣公姚辨爲靈州總管突厥傳十九年遣大將軍姚辨出河州以擊都藍又煬帝本紀大業三年三月壬子以大將軍姚辨爲左屯衛將軍七年三月丁亥右光祿大夫左屯衛大將軍姚辨卒辨雖無傳史可謂備書之矣元敬未之考也碑稱三年以母憂去官不言其爲左屯衛將軍然于四年中稱右光祿大夫左屯衛大將軍如故是碑漏也余所得本係翻刻姑據而言之如此

隋淮安公趙芬碑　正書　無年月

碑甚殘闕其知爲[redacted]碑者以碑有云淮安定公繼之矣公諱芬又云開皇五年除蒲州刺史加金紫光祿大夫又云以大將軍淮安公歸第多與隋書合也史稱芬父演而碑有十一世祖融字稚長曾祖琰祖賓育其家世歷然可見又有府佐杜寬等語皆賴以存者也

李靖上西岳書　行書　無年月

碑無年月宋紹興時所刻額云唐相衛國李公上西嶽書眞蹟而其書法乃出入于顏魯公爭坐位及祭姪季明文二帖蓋世傳衛公多奇而宋人之好事者僞爲之也附之隋後亦以厭其心云爾

古墨齋金石跋卷三　聚學軒叢書第二集

涇縣趙紹祖輯　貴池劉世珩校刊

唐秦王告少林寺教　正書　四月卅日　文刻金石續鈔

右刻於裴漼少林寺碑之上正書而世民二字行草似太宗自署名也文云擒彼兇孽即裴漼文中寺僧執世充姪仁則以獻之事而都元敬跋漼碑謂與教書不同又自云親歷碑下而不載此教何也文末記月日而不書年當是武德四年四月耳

唐宗聖觀記　歐陽詢撰序并八分書　陳叔達撰銘　武德九年二月　文刻金石文鈔

右宗聖觀記歐陽詢撰序并書趙子函以爲無書者

姓氏誤矣唐自謂老子之後故并尹喜而祠之此碑所云宸扆興念纂冑所先畝族承家鼻于柱史者也然碑建於武德九年二月而新書稱四月廢浮屠老子法六月復之則其時之更張不一而當時開國諸臣之無定識定力亦可知也

唐孔子廟堂碑　虞世南撰并正書　相王旦書額

武德九年十二月　文刻金薤琳琅

武德九年十二月太宗已卽位則此碑太宗所立而世南奉敕撰并書之者也其額爲相王旦書者則時未題額至武后時而睿宗始爲書之者也碑有云副君膺上嗣之尊體元良之德則是年十月立中山郡

王承乾爲皇太子碑所稱者承乾也又云國子祭酒楊師道等抗表陳奏請勒貞碑師道者楊恭仁弟其曾官國子祭酒則史所失載也此碑爲宋王彥超翻刻不無闕誤而及金冊斯誤句書及爲反尤謬又案新書馮審傳云監有孔子碑

唐小楷破邪論序　虞世南撰并正書　無年月　文刻金薤琳琅

序云太史令傅奕學業膚淺識慮非長乃穿鑿短篇憑陵正覺將恐震茲布鼓竊比雷門中庸之人頗成阻惑法師愍彼後昆又撰破邪論一卷攷新唐書藝文志子部有法琳破邪論二卷注云琳姓陳氏太史

令傅奕請廢佛法琳諍之放死蜀中案琳既以此論獲罪世南不應爲之序即好尚不同而世南與奕同爲朝臣亦不應肆言明詆然此以臆言之今案此帖題銜云太子中書舍人吳郡虞世南撰并書攷新舊書職官志中書舍人乃中書省官東宮官但有中舍人太子舍人而無中書舍人世南於太宗昇春宮時爲中舍人故孔子廟堂碑題銜云太子中舍人行著作郎臣虞世南奉勑撰并書也意此乃一禪和子之所僞爲而或有疑其書法之妙非世南不能者此則不足爲異隋唐間僧以書名者衆即世南亦自得筆法于智永而豈謂無他能之者乎

唐立隋柱國皇甫誕碑　于志寧撰　歐陽詢正書

無年月　文刻金薤琳琅

碑云世子民部尚書上柱國滑國公無逸以爲邢山之下孰表祭仲之墳平陵之東誰知子孟之墓誕以誠節著而方之祭仲霍光可謂擬不於倫民部尚書上柱國滑國公者唐爵也碑無年月顧亭林謂不以隋臣而蒙唐號然豈可并其子而不著其爲本朝之官耶

唐豳州昭仁寺碑　朱子奢撰　正書無姓名　無年月　文刻金薤琳琅

碑叙薛舉僭竊竟不帶叙仁果似唐破秦隴竟得之

薛舉者唐初文章尙縟既汨于誇多鬬靡遂自忘其所以然也碑無書者姓名金石略以爲伯施書都元敬趙子函信之然唐人能書者衆意此爲撰者自書故不復著如顏師古等慈寺碑又一種行筆法而亦無書者姓名也太宗詔爲死兵者立浮屠而奉詔撰文伯施爲首定當自書其碑恨今不得見爾

唐鄭州等慈寺碑　顏師古撰　正書無姓名　無年月　文刻金石文鈔

舊唐書太宗本紀貞觀三年十二月癸丑詔建義以來交兵之處爲義士勇夫隕身戎陣者各立一寺命虞世南李百藥褚亮顏師古岑文本許敬宗朱子奢

等爲之碑銘以紀功業今可見者此與昭仁寺碑而已古王者壹戎之後示天下不復用兵發政施仁與民更始則生民固已受無窮之福矣唐太宗以武功定天下既乃留心遠略高麗之役死者巨萬雖區區於此何益然而終不悔者彼其心非不知殺人之不可正恃有此以爲吾立寺薦福足以蓋其愆爾然則浮屠以虛言誑人主使天下受其實禍其爲害可勝道哉今按此碑有曰情均彼我恩洽同異昭仁寺碑亦曰大慈所覃怨賊將義夫齊指是史雖云爲義士勇夫立寺寔歐陽氏所謂自贖殺人之咎者也而或以爲此亦發政施仁之大端不已誣乎

唐九成宮醴泉銘　魏徵撰　歐陽詢正書　貞觀六年四月　文刻金石文鈔

魏公奉敕作銘自應得頌揚之體然敷陳壯麗侈言靈應近于諛矣觀其入手即云皇帝避暑乎九成之宮此即隋之仁壽宮也落筆悚然下便從此掃去更不費力可謂得頌不忘規之意非魏公不能也唐初文尚繁縟此雖未脫排偶然淸醒峭拔非開元燕許之所可及何論王楊[illegible]駱哉碑爲從叔方齋所藏宋元間舊榻也昔沈補蘿爲令涇時極賞此碑以爲於世甚不易得余每一借觀雖當極疲憊時不覺精神之頓爽

唐南安公張琮碑　于志寧撰　正書闕姓名　貞觀十三年二月　文刻金石文鈔

碑首一行殘闕又未見碑額遂不得其姓但據其文而得其名字曰君諱琮字文瑾而已然碑推其先世有三傑之先八王之首及後銘辭中又有七葉輔漢五世相韓之語則其人之爲張姓無疑矣按新舊唐書無張琮傳亦未嘗附見他傳今據碑辭攷之葢以隋臣降唐授驃騎將軍改左衞中郎將從討劉武周授左三總管事平除左衞長史又從平王世充竇建德劉黑闥皆有功授上柱國封南安縣開國侯食邑七百戶貞觀十年授銀青光祿大夫行睦州刺史十

一年之任卒于道謚曰懿碑又載其祖母李景皇帝之女贈信都大長公主母竇隋文帝之甥夫人長孫文德皇后之姊余家貧不能購求異書如會要實錄皆不能得但就家藏二史及通鑑檢之絕無所謂張琮其人者夫以功若彼以貴若此以親又若此而史曾不一載使其人湮沒而無傳亦可慨矣昔歐陽公嘗親見吳廣黑闥碑而不爲立傳使附于張長遜秦行師之末亦安所謂文損于前事增于舊者然今世尚知有吳黑闥獨賴歐公一跋余深懼此碑之有時而廢也故既就其殘闕者錄之又不惜反覆數百言以著其事也碑闕書撰人姓名而黎陽公于字尚可

辨則撰者爲于志寧而正書方整亦不減王行滿王知敬之徒

唐左屯衛將軍姜行本高昌勒石文　正書　貞觀十四年六月

按舊唐書姜行本傳高昌之役以[illegible]本爲行軍副總管率眾先出伊州未至柳谷百餘里依山造攻具其處有班超紀功碑行本磨去其文更刻頌陳國威靈而去又按侯君集傳俘智盛及其將吏刻石紀功而還平高昌在貞觀十四年八月而此碑記年爲六月是在高昌未平之前行本所勒之碑也碑極漫漶細視之尚多可識今略存其梗概於此恐後人不得見

也碑云昔匈奴初滅竇將軍勒燕山之功閩越既平
馬伏波樹銅柱之迹又曰我大唐德合二儀道高五
帝握金鏡以朝萬國調玉燭以馭兆民又曰高昌國
者乃是兩漢屯田之壁遺兵之所居麴文泰郎其酋
豪也往因國家多難諸雄競馳中原未平邊隅遂隔
又曰皇威遠被稽顙來庭雖沐仁風情懷首鼠杜遠
方之職貢阻重譯之往來又曰愍彼蒼生申茲弔伐
詔使持節光祿大夫吏部尚書上柱國陳國公侯君
集交河道行軍大總管副總管左屯衛大將軍上柱
國永安郡開國公薛萬均副總管左屯衛將軍上柱
國通川縣開國男姜行本等爰整三軍龔行天罰但

妨風未殄將軍逞七縱之威百雉作固英奇闕兆攻之畧以通川公深謀間出奇思縱橫命闕前軍營造攻具乃統沙州刺史上柱國望都縣開國侯劉德敏又監門中郎將上柱國淮安縣開國公衛晉錫右屯衞中郎將上柱國富陽縣開國伯屈昉左武侯郎將李海岸前開州刺史時德衡右監門府長王德威等並率銳師鼓行而進以貞觀十四年五月十日師次伊闕下又曰大總管運籌帷幄繼以中軍鐵騎亘原野金鼓動天地高旗蔽日闕戟闕[redacted]自秦漢出師未有如斯之盛也以後雖有可識不能成文矣按此文與美行本傳高昌傳多合但云以通川公深謀間出奇

思縱横則亦其幕下士爲之非行本自作也

唐龍門山三龕記　岑文本撰　褚遂良正書　貞觀十五年十一月　此據金石錄書之文刻金石文鈔

此魏王泰爲長孫文德皇后造像記也金石文字記補遺謂龍門山賓陽洞外石崖有刻字拓之得二十餘行首尾不具因摘其中一二語以證明之今余所得凡三十一行其首無闕字雖殘剝亡不及十之二三且其中言魏王爲后造像事甚明又其尾雖闕計頌文不過少三四語止闕其年月及書撰人姓名耳考集古錄金石錄是貞觀十五年岑文本撰褚遂良書史稱文本以文名天下而文殊靡靡亦唐初風氣

則然獨正書軒昂古雅當是褚書第一非所見他碑之可比也

唐晉祠銘 太宗御製御行書 貞觀二十一年七月

此據曝書亭集書[redacted]

唐因晉祠祈雨遂起兵而得天下此銘蓋所以報之也余本以剪裁失其年月攷金石錄目作貞觀二十年七月然竹垞云五至祠下故從其集作二十一年七月也舊唐書太宗本紀十九年十二月幸并州二十年正月曲赦并州宴從官及起義元從賜粟帛給復有差然則是銘當成于二十年而樹石或於二十一年七月也書法遒勁具體於王而勢加闊綽趙子

函以爲出于聖教誤也聖教序字成于咸亨其去此遠矣

晉祠銘碑陰

司徒太子太師上柱國趙國公臣無忌太子太保上柱國宋國公臣瑀特進太子詹事兼左衛率上柱國英國公臣勣光祿大夫刑部尚書上柱國鄖國公臣張亮禮部尚書上柱國江夏郡王臣道宗太常卿駙馬都尉柱國安德郡公臣楊師道正議大夫守中書令太子左庶子兼攝吏部尚書護軍臣馬周

按碑陰載從官七八名余刻金石文鈔時未之得故詳載於此張亮於貞觀二十年三月以謀反誅而猶

載其官與名者舊書候君集博太宗謂曰與公長訣
矣而今而後但見公遺像耳像且不廢況其名乎唐
世君臣之恩如此
唐虞公溫彥博碑　岑文本撰　歐陽詢正書　無年
月　此據金石錄書之
虞恭公碑殘闕太甚而其字之間存者特謹嚴精勁
出皇甫君醴泉銘二碑之上可愛也
唐褒公段志元碑　正書無書撰人姓名　無年月
碑下段甚漫漶而貞觀十六年闕月十八日薨尚可
識趙子函據碑以議史之不合者數事然功臣承襲
刺史志元授金州見長孫無忌傳非削之也碑謚忠

壯史謚壯肅或傳寫之譌宰相世系表仍作忠壯公也惟表與傳皆言其父名偃師舊傳亦然而碑作優師嘗以碑爲足又志元以從討薛舉劉武周功封武安郡公其募征遼年始十四卒年四十五是皆史所宜記碑無年月金石錄目作貞觀十六年葢據其薨年耳史云十七年正月圖形淩煙閣碑亦載之惟云戢武閣爲異則非十六年建明矣

唐梁公房元齡碑　無撰人姓名　褚遂良正書 此據金石錄書無年月之

新書據此碑以爲諱元齡字喬余所得僅上截其名字皆不可見而知爲喬碑者以封臨淄侯及三子遺

則爲朝散大夫令及目前見之之語多與史合而知之也又封邢國公食邑千三百戶按碑作邢國食邑三千戶余得拓本兩紙皆邢國字甚明白世系表遺則在遺愛前碑云三子遺則與傳同皆史之誤

左春谷曰舊書房元齡本傳房喬字元齡新書本傳房元齡字喬而宰相世系表元齡字喬松互異洪景盧謂予記先公自燕還有房碑一冊于志盜撰乃元齡字喬松本欽宗在東宮時所藏其後猶有一印曰伯志西齋今已不存然則碑亦有不同者豈元齡字喬松而所謂字喬者特舉其一字言之故表云字喬松而傳又云字喬與

唐申公高士廉塋兆記　許敬宗撰　趙模正書　此據金石錄書之　無年月

余所得僅上截其知爲申公塋兆記者以額存新舊書皆云父勵按碑作勱趙明誠謂與北史合而史以傳寫誤者是也石墨鐫華云碑側有六代孫元裕少逸題字余未之得但子函稱史不言二人爲士廉後疑其譜逸不知宰相世系表已載之

唐陽翟侯褚亮碑　八分書無書撰人姓名　無年月

碑云祖蒙與舊唐書同新書世系表作象誤也

唐河間元王孝恭之子碑　正書無書撰人姓名　無年月

碑僅存中段又漫漶殘闕而存字百餘特精健可愛其中有曰頡利可汗乘間內侮有曰詔授左屯衛將軍仍令闕門宿衛有曰鐵勒怙亂乘壯月以控弦候朔風以鳴鏑有曰霍氏辭第竟收絕漠之功有曰以太妃憂去職欒棘之痛若居元王之喪考唐初宗族王者惟河間王孝恭謚元則此爲孝恭之子無疑而新舊二書載孝恭子崇義晦世系表作崇義崇晦又有崇眞其官與功所載俱略不足以相證明竟不知爲何人之碑甚可歎也以古今著錄家皆無此碑而余獨得之故存其概以俟知者

唐昭陵六駿碑

颯露紫西第一紫鷰騮前中一箭平東都時乘紫鷰超躍骨騰神駿氣讋三川威淩八陣特勒驃東第一黃白色喙微黑色平宋金剛時乘應策騰空承聲半漢入險摧敵乘危濟難拳毛騧西第二黃馬黑喙前中六箭背三箭平劉闥時乘月精按轡天駟時行弧矢載戢氛埃廓清青騅東第二蒼白雜色前中五箭平竇建德時乘足輕電影神發天機策茲飛練定我戎衣白蹄烏西第三純黑色四蹄俱白平薛仁果時乘倚天長劍追風駿足聳轡平隴回鞍定蜀什伐赤東第三純赤色前中四箭背中一箭平世充建德時乘瀍澗未靜斧鉞申威朱汗騁足青旌凱歸

宋游景叔題云師雄舊見唐太宗六馬畫像世傳以爲閻立本之筆十八學士爲之贊晚始得唐陵園記云太宗葬文德皇后於昭陵御製刻石文并六馬像贊皆立於陵後敕歐陽詢書高宗總章二年詔殷仲容別題馬贊於石座即知贊文乃太宗自製非天策學士所爲明矣歐陽詢書今不復見惟仲容之字仍存如寫白蹄烏贊云平薛仁果乘闕此葢知唐史誤以果爲杲耳距陵北五里自山下往返四十里嵓徑峭嶮欲登者難之因諭邑官倣其石像帶箭之狀并丘行恭真塑于邑西門外太宗廟廷高庳豐約洪纖寸尺毫毛不差以便往來觀覽者又別爲繪圖刻石

于廡下以廣其傳焉據游景叔題是碑爲景叔所刻蓋倣石像而圖之其贊則依殷仲容所題而書之也景叔言歐陽詢書不可見今仲容所書又不可見則此亦足寶矣六馬贊不見于他書故詳載之於此圖刻六馬帶劒之狀而颯露紫前有一人作勒馬勢卽丘行恭也殷仲容書白蹄烏爲平薛仁杲時乘景叔從之以爲唐史之誤通鑑易杲爲果蓋亦有見于此然二史外其見於傳記者皆作仁杲似未可以一碑筆畫之偶異而疑之也如許洛仁碑作仁杲洛仁碑亦是當時所立此碑劉黑闥祇作劉闥未可執一而論之也

唐三藏聖教序　太宗御製　褚遂良正書　永徽四

年十月

按元裝塔銘序三藏聖教序成神筆自寫是太宗有御書也而今傳于世者褚遂良此本及同州本王行滿本懷仁集右軍書本凡四種世人震于王書幾疑聖教止有懷仁集而不知其最後出也

唐三藏聖教序記　高宗御製、褚遂良正書　永徽四年十二月

此與前聖教序爲二碑與同州本幷爲一碑者不同也後有一行云皇帝在春宮日製此文按三藏塔銘序云廿二年夏六月天皇太帝居春宮又製述聖記即此也遂良自書名前聖教序後云中書令臣褚遂

良書此記後云尚書右僕射上柱國河南郡開國公臣褚遂良書是年十一月柳奭爲中書令也

唐萬年宮銘　高宗御製并行書　永徽五年五月文刻金石文鈔

金石錄作六年五月今按碑作五年柳奭以五年六月罷若在六年則碑陰題名不得仍書中書令也

萬年宮銘碑陰　刻金石文鈔

首一行云奉敕中書門下及見從文武三品以上并學士並聽自書官名於碑陰按碑陰題名上下兩層字形大小不倫然玩其筆意大約不過二三人代爲執筆亦非必人人自書之者其中韓王元嘉鄧王元

裕趙王福曹王明不書姓長孫無忌李勣尉遲敬德
褚遂良亦不書姓又隴西郡王臣下闕名當是博乂
而次于來濟之下不與諸王同列郡王不得與王比
也

唐潁川公韓良碑　于志寧撰　王行滿正書　永徽
六年三月

韓瑗父也碑殘闕然名字猶可見曰諱良字仲良史
于瑗傳但云父仲良而已按碑良有使蜀使突厥及
從平劉黑闥之勳而史但稱其定律令碑謚曰定而
史闕碑稱武德九年爲戶部尚書貞觀三年除刑部
尚書卒贈兵部尚書而史但云終刑部尚書宰相世

系表載其官又但云戶部尚書碑稱祖褒父紹而世系表以仲良與紹並列一行疑皆有闕誤自當以碑爲正

唐化度寺海禪師墓誌　正書　顯慶二年四月

誌僅五十六字記生年俗姓卒葬年月而已爲僧作誌銘祇應如此正書宛似歐陽信本極佳

唐三藏聖教序并記　太宗高宗御製　王行滿正書顯慶二年十二月

王行滿書可見者此與穎川定公碑而已定公碑瘦而露骨似不如此書之骨肉勻稱

唐散騎常侍張[redacted]碑　正書無書撰人姓名　顯慶

三年三月　此據金石錄書之

碑僅上段有曰故金紫光祿大夫張脩及子謙第四子巽第六子小師第五子律師第七子統師等語以世系表證之知其[redacted]後脩也新舊唐書俱名後脩而碑祗曰脩又新書父冲舊書作父中碑闕遂無以證明之

唐衞公李靖碑　許敬宗撰　王知敬正書　顯慶三年五月　此據金石錄書之

侯君集馬過朝門五步而衞公知其必反此非有他術蓋讀禮而知之也然則衞公學問之士而世或以麤材目之或以異人待之皆[redacted]矣余前後爲人跋此

碑數過而皆失其纛偶得舊搨展玩欣然率爾書此
碑稱曾祖懽按宰相世系表作權或碑是而表非也
唐王孝寬塼塔銘　上官靈芝撰　敬客正書　顯慶
三年十月　文刻金石文鈔
銘正書柔媚近世所寶書者敬客在當時亦不顯葢
歐虞褚薛方負盛名于世而王知敬殷仲容王行滿
鍾紹京等皆號能書此敬客者宜其默默于時也碑
出土僅百數十年始分爲二復碎爲六得一本者輒
售兼金信乎時命之說非獨人然物亦有之
唐鄂公尉遲敬德碑　許敬宗撰　正書無姓名　顯
慶四年三月　此據金石錄書之

碑祇存下段而大半殘闕其知爲敬德碑者以封吳國公謚忠武皆與史合也趙子函訪古遊記曰敬德碑埋土中聞十五年前令尹芮賀田掘而搨數十紙余出之丁無一字今去子函又百數十年而余得此碑豈卽芮令所榻者耶不則子函所出者上段而言之不詳也碑敘祖父名字爵位皆斷缺而惟曾祖本眞後魏中郎將明白可讀

唐王友方龍門造塔記　正書　顯慶四年六月

碑前題云前豫州司功參軍事騎都尉王有下闕又云考明威將軍守右武候轘轅府折衝下闕姚漁陽郡李末一行云折衝第二息前郴州司兵參軍友方修立

而其中有曰在於龍門疏山建塔蓋友方爲其父母所建塔也正書尤精健可喜唐人無不能書雖不知名者皆妙絕古今也

唐紀功頌　高宗御製并行書　顯慶四年八月文刻金石文鈔

唐赦王世充斬竇建德唐于是爲失刑矣世充以謟媚得位至於弑君篡國罪不容誅然充之奉侗與唐之奉侑何以異至侗不得其死則充有甚焉若建德起自草澤爲隋討賊放宮人送蕭后于義成公主其所爲非特遠出于充之上唐豈不以建德英雄慮其不測世充小人易制而赦之與然唐于是爲失刑矣

碑頌太宗之功其文無足深論獨史稱顯慶四年閏月幸東都次于十月之下十一月之上則當是閏十月而碑立于八月十五日其文有曰近以五載巡初省方伊洛九冬狩晚講戎許鄭與史爲合而碑記年月不應自誤史又云顯慶二年十一月講武于新鄭恐是文作于二年而碑立于四年爾

唐蘭陵長公主碑　李義府撰　正書　顯慶四年十月　此據金石錄書之

金石文字記引苟好善醴泉志云蘭陵公主碑李義府撰殷仲容八分書存字六百餘又一碑正書存百五六十字可辨前有蘭陵公主字中有詔曰第十九

女字或公主有二碑不可知按金石錄公主碑爲李義府撰正書無姓名今余所得者正書存字六七百以上而仲容八分書者考之古今著錄家皆未載疑醴泉志誤也公主下嫁竇懷悊碑云太穆皇后之孫銀青光祿大夫少府監上柱國德素之子趙子函謂史無德素名而公主傳但云懷悊爲太穆皇后族子皆史之誤不知德素已載于世系表但懷悊當是太穆皇后之曾孫非獨公主傳言族子誤卽碑言孫亦誤也

高祖太穆皇后竇毅之女世系表毅之子照照生彥彥生德明德素德元德素生懷悊德元生懷貞舊唐

書竇德明傳太穆皇后兄之孫也祖照父彥弟德元生懷貞其傳皆與表合故當爲碑之誤[redacted]表之誤也碑孫字上脫曾字耳

唐處士張興墓誌銘　正書　龍朔元年十月　文刻金石續鈔

碑書虔爲䖍或以爲避虎字之故然唐碑書偏傍虎字或避或不避書虔字之首而避之甚無謂也祇是當時省文俗書耳

唐代州都督許洛仁碑　正書無書撰人姓名　無年月　金石文字記作龍朔二年十一月

碑僅上截然其存者尚可讀有曰公諱洛仁字濟博陵聞喜人也有曰文皇引公等數人密圖討擊二凶

授首三軍告慶有曰取汾州下柏壁破宋老生軍有曰薛仁杲妄假大名有曰王充跨據伊瀍有曰自爲其目號曰洛仁驅及天下太平思其驂服卽命刻石圖像有曰又於萬年宫進馬一匹聖情喜悅有曰春秋八十有五及謚曰勇公云云是當斬王威高君雅時有功而其後凡有征討未嘗不身歷行陣勇攻戰善畜牧至于高宗之末而始卒者也唐書附許世緒傳後寥寥數語殊不足見其本末故爲載之如此其所歷官亦頗詳以無關大要故不錄而碑首載曾祖父諱皆斷缺惟祖獻齊字尚可識此幸而存者

唐三藏聖教序幷述聖記　太宗高宗御製　褚遂良

正書　龍朔三年六月

此遂良出爲同州刺史書于倅廳至龍朔三年而後人爲刻之者也書法較永徽本爲遒健紀年一行追刻者所書

唐比邱尼法願墓誌銘　正書無書撰人姓名　龍朔三年十月　文刻金石文鈔

蕭瑀喜佞佛乃至使其女爲尼[illegible]歐滋甚碑不著撰書者名氏而云宋公特深撫異將求嘉匹載佇孫龍以光宋鯉而嚴庭垂訓早沐慈波鼎室承規幼明眞諦微辭婉諷可謂得詩人之意矣

唐道因法師碑　李儼撰　歐陽通正書　龍朔三年

十月文刻金石文鈔

渤海雖時以側筆取姸而中正和平之氣常溢于毫楮之間今醴泉銘及虞恭公碑可見也蘭臺則險勁有餘而規模狹隘氣象褊小殆去其父遠矣

唐騎都尉李文墓誌銘　正書　麟德元年二月文刻金石文鈔

誌不載書撰人姓名然正書遒勁流逸唐初諸名碑外此其最佳者矣碑云時屬[redacted]隨末遑儒業所以學未優贍志在前鋒應接義旗[redacted]誠可紀猶有古人不溢美不虛譽之意而千百世下使其人生平尚可想見後人所不能也李君諱文字緯朱竹垞曰東漢以

來字必以兩字稱一字者寡矣載于唐書房元齡字喬顏師古字籒李衆字師李琇字琇張巡字巡郭曜字曜宇文審字審李悏字祚李條字堅竇思仁字恕張義方字儀此外不多見也按竹垞所數凡十一人然唐書所載以一字者甚多就余所知如祐庶人字賚任瓌字瑋顏師古弟相時字睿武士彠字信武士逸字逖李思訓字建美協字壽楊元琰字温楊仲昌字蔓郭晤字晤郭曖字曖顏杲卿字昕張均字均鮮于仲通字向李叔明字晉陸長源字泳崔倫字泳崔衍字著此外尚多而見于碑刻尤不可勝舉也

唐燕公于志寧碑　令狐德棻撰　子立政正書　乾

封元年十一月　此據金石文字記書之

碑殘闕已甚就其存者與史相較亦無甚異同惟大業十年拜清河縣長舊書作冠氏長所著文集勒成七十卷舊傳作廿卷新書藝文志作四十卷爲異志寧當武氏初立時心持兩端然終以此得罪碑似諱之但陳敘恩寵而已或余所得偶闕其事亦未可知也當更求善本核之

唐紀國先妃陸氏碑　正書無書撰人姓名　乾封元年十二月　此據金石録書之

史載太宗十四子章妃生愼封申後徙紀妃卽其匹也碑云年十三歸于紀貞觀十七年詔冊命爲紀王

妃麟德二年薨於澤州之官舍春秋卅有五按舊史貞觀十七年紀王爲襄州刺史永徽二年授荆州都督累除邢州刺史不云澤州是史闕也妃于麟德二年薨去此二十四年而越王貞起兵討武氏不克死明年紀王坐流巴州薨于道五子皆遇害然則妃之早薨不可謂不幸也碑首殘闕而妃祖立素益州大都督長史太子闕庶子父爽尚書庫部兵部二曹郎是幸而存者

唐碧落碑　篆書　咸亨元年　文刻金石文鈔

右碧落碑後有釋文最末一行題曰咸通十一年歲次庚寅七月辛亥朔十一日辛酉鄭承規奉命書則

未知其奉誰之命而釋此篆也世傳李陽冰毀其佳者數字而去以余觀之似尚未足及陽冰則此言亦未必可信

唐淄川公李孝同碑　諸葛思禎正書　咸亨元年五月

碑前數行殘闕無撰文人姓名末一行云許州臨潁縣令諸葛思禎書碑書賛字作賫倒一虎與高宗書李勣碑同孝同淮安王神通之子先封武鄉縣公武德五年封淄川郡王九年徙爵爲公碑云從朝典也其事具神通本傳

唐內侍張阿難碑　正書　咸亨二年

碑殘闕甚而兩見張阿難字一曰詔曰內侍汝江縣開國侯張阿難一曰銀青光祿大夫行內侍汝江縣開國侯張阿難其前又有建德黑闥及爲謁者監轉內給事等語而其銘有讃陳九德勇冠三軍廓平汧瀧掃清河汾之詞蓋以宦寺從征積勞而封者也碑末有一行字記年月及書者姓名曰咸亨二年闕月廿日瑤臺令闕書亨字作享而月與名不可復辨石墨鐫華與金石文字記皆不著年月殆未見耶

唐三藏聖教序述聖記幷心經　僧懷仁集晉王右軍書

咸亨三年十二月

褚遂良王行滿所書惟序與記而懷仁所集乃附太

宗答敕高宗在東宮時所答敎幷般若波羅蜜多心經幷及奉敕潤色翻譯之經諸臣姓名其字體前後一律今右軍眞蹟雖不可見而見子諸帖所彙大小不一卽一行中亦參差不齊葢筆勢所至非如後世作算子形也而懷[redacted]集爲此[redacted]布[redacted]疏密其行間乃無一筆出入亦無此理矣碑建[redacted]咸亨三年去太宗崩時廿四年矣而昧者以爲太宗書源出聖敎可笑也

唐僧惠蕳造像記　正書　咸亨四年十一月

其文曰大唐咸亨四年十一月七日西京海寺[redacted]僧惠蕳奉爲皇帝皇后太子周王敬造彌勒像一龕二

菩薩神王等並德成就伎顛皇帝聖花無窮殿下諸王福延萬代

按所云太子者宏也周王者中宗時封周王者繼太子而即言周王不及賢者意此本爲周王造也記寥寥數語而多別字緇流之不通文理者也

唐中書令馬周碑　許敬宗撰　殷仲容八分書　上元元年十月　此據金石錄書之

碑極殘闕八分書與褚亮碑結構相同據金石錄爲仲容書則褚碑亦當是仲容書也

唐立南齊明僧紹碑　高宗御製　高正臣行書　王知敬篆額　上元三年四月　文刻金石文鈔

唐高宗優寵明崇儼因爲其祖立碑而碑後乃不敘入崇儼何耶碑今存攝山棲霞寺書法雖有規矩而乏神彩不知刻手之不佳與抑或已經翻刻而今人不之知也碑雖題云明徵君碑而復牽連僧辨法度諸僧以及建寺造像度人賜經爲國祈福雜沓而不知其命意之所在或欲以此掩其榮寵崇儼之跡耶

唐修孔子廟詔表祭文碑　八分書　儀鳳二年七月

文刻金石文鈔

右武德九年太宗詔一通乾封元年高宗詔一通皇太子表一通乾封元年祭文一通共一碑皆八分書而後記儀鳳訖功年月碑蓋立于儀鳳而追書之者

也碑云武德九年十二月廿九日下太宗文武聖皇帝詔者太宗于武德九年八月受禪而詔下於是年十二月故未改元而上蒙高祖之年也石墨鐫華以爲高祖之詔誤矣六朝以來碑字固多別體而此碑書雨露之雨爲兩朕爲賸或有誤也又表中有貝到門徒之語亦未知其所云

唐英公李勣碑　高宗御製幷行書　儀鳳二年十月

碑下段並闕而所存者乃如銀鉤鐵畫粲然可觀其結字與紀功頌同而差小然遒勁倍之矣碑云祖康譙郡太守而世系表祖名元起康乃其叔祖自當以碑爲正又舊書勣卒年七十六新書作八十六碑所

書與舊書合今攷勣年十七從翟讓爲盜二書並同而自大業九年天下盜起至唐總章二年勣卒五十七年耳則新書必誤也

唐李万通造彌勒像記　正書　儀鳳三年七月

內戊寅字作戊寅天后字作天后僧惠蔄造像記后字亦如此寫按顏元孫干祿字書云后正后俗則唐人俗書如此

唐敬善寺石像銘　李孝倫撰　正書無姓名　無年月

文刻金石文鈔

史載太宗十四子韋妃生愼初王申後徙紀此云紀國太妃韋氏則愼之母也銘無國號及建元年月故

中州金石考列之石佛六碣之中而誤次之元魏之下初不知其爲唐建也又云六碣今惟安戎陸渾始平尚存則不知此石已亡而余所得者爲舊拓與抑黄玉圃所著書但據志乘而未嘗深考與銘李孝倫撰而無書者姓名然其書誠得北朝之流風遺韻宜覽者之不能辨而以爲魏碣也

唐奉仙觀造老君石像碑　李審幾撰　沮渠智烈

垂拱元年十二月　文刻金石續鈔

此唐宗李儒意等二百人爲高宗初崩而造以頌德也碑有云闕二字仰惟先顧闡闕二字之徽音皇帝嗣守隆基光武丁之睿道上二句當爲諛武氏語而爲人

揮去四字可見好惡之公愚賤所同而下二句又似爲睿宗元宗得位之讖亦異事也碑爲儷語頗流利而書尤遒健有法唐碑中之最佳者

唐王元宗口授銘　弟紹宗甄録并正書　垂拱二年四月　支刻金石文鈔

王元宗自謂宅性元鄉而令其子好行儒教喪紀之迹其所令反其所好殆有不敢自信者與碑爲其弟紹宗書然紹宗嘗言虞世南被中畫腹與余正同蓄自負其書之同于伯施也今觀其迹結體雖方整而規模不免狹隘是稍能具體蘭臺而遜其險勁者烏足與伯施抗衡哉

唐美原神泉詩序　韋烜撰　尹元凱篆書　垂拱四年四月

碑兩面皆篆書其一面額題美原神泉詩序一面額題大唐裕明子書下有徐彥伯字光文云美原天澗有神泉生焉裕明子明臺子故人韋烜下漫漶不可讀後有詩三首一裕明子河間尹元凱字闕金石文字記作械一左司郎中溫翁念字敬祖一天官員外郎李鵬字至遠似三人爲詩韋烜序之而徐彥伯又述其序之之由也趙明誠金石錄韋元旦撰按碑前一面首一行有美原縣尉闕二字旦字闕合而觀之當是韋元旦字烜也彥伯唐書有傳而云名洪以字行不言其字

光碑尚多可識而余以老眼昏花不復能致力是可歎耳

唐澤王府主簿梁寺墓誌銘　朱賓撰　鄭荘正書

垂拱四年十一月　文刻金石文鈔

碑中間敘述遲糧及園塋之勳大約與梁師亮同當時濫賞所及蓋不止一人矣碑後記書撰人姓名曰四品孫義陽朱賓撰文五品孫滎陽鄭荘書此他碑所未有未敢以意爲説也

余後見錢竹汀先生金石跋尾引新唐書選舉志云三品以上蔭曾孫五品以上蔭孫此朱賓鄭荘者法當得蔭而未得官故云四品孫五品孫也其言有理

因載之

周封祀壇碑　武三思撰　薛曜正書　萬歲登封元年十二月　此據金石錄書之

顧亭林金石文字記云天冊萬歲二年下截剝蝕亡其年月似亭林曾見碑下截而知其書年爲天冊萬歲也余家所藏僅上截無以考證今按武后本紀新舊書並云臘月甲申上登封於嵩嶽大赦改元是登封在天冊萬歲二年然立碑必當在萬歲登封元年其寔萬歲登封元年卽天冊萬歲二年且卽同此十二月也故仍從金石錄書年

周珍州榮德縣丞梁師亮墓誌銘　正書無書撰人姓

名

萬歲通天二年三月　文刻金石文鈔

碑云屬龍庭月滿紫塞塵驚命將出師飛芻挽粟君戶庭不出肇甲匪疲遙同轉輸之勤遂獲茂功之賞永隆二年以運糧勳授上柱國似譏其濫功冒賞者按史無永隆二年卽開曜元年也正月突厥寇原慶二州命裴行儉爲定襄道大總管以伐之九月壬戌行儉俘突厥溫傅可汗阿史那伏念以獻乙丑改元卽其事也師亮起家一醫生耳戶庭不出而冒運糧勳至授上柱國碑據實書之初不爲諱可謂古之遺直而于屬文之體似少商量矣然卽此亦可見當時

■緣虛濫上下相蒙習以爲常恬不知怪故其子孫

亦不以爲嫌而遂用之也

周立昇仙太子碑　武后御製幷行書　聖歷二年六月　文刻金石文鈔

右碑武后御製御書其事不足復污齒頰然其文頗暢行草亦佳不可棄也碑文有曰開廟後之新基得藏中之古劍按陳子昂寘寘君墳記云皇帝因登緱山望少室尋古靈跡得王子晉之遺墟在永水之層曲欲開石室營壽宮庀徒方興得古藏焉内有甓瓦長二丈二尺闊八尺中有古劍一銅椀一瓦器二又有古五銖錢朱漆片及棖撥之應手灰滅卽具物備容還定舊壙哀其銘志磨滅姓位不顯乃錫之名曰

冥寞君云觀子昂之記則碑所云卽其事也然不卽以爲子晉之墳而錫之冥寞君之號可見武氏雖溺情不返而猶有其愼之思焉余壬子歲於金陵市上見一碑體製甚異最中一行爲控鶴監張昌宗上下左右列諸臣名勢若拱衞正書精緻疑爲此碑之陰時倉卒不能細看又囊中無錢不得買之及再往則已失之矣返而懊惱竟日姑記於此以俟知者

周懷州大雲寺碑　賈膺福撰幷八分書　大足元年五月　此據金石錄書之

碑雖漫漶而分書精妙有漢人遺意固遠出唐初褚亮馬周二碑上矣舊唐書武后鑄九鼎圖寫山川物

象命工書人賈膺福薛昌容李元振鍾紹京等分題之今賈書可見者惟此碑而已膺福後以黨太平公主爲元宗所誅蓋有文而無行者碑云河內大雲寺者本隨文帝所置之長壽寺也當武后時和州浮屠上大雲經著革命事后喜詔天下立大雲寺事在天授元年而余碑闕年月據金石錄爲大足元年即長安元年也正月丁丑改元大足十月辛丑改元長安金石錄又云碑陰長安二年蕭懷素書余未得見之

周夏日游石淙詩幷序　武后御製　薛曜正書　久視元年五月　文刻金石文鈔

顧亭林云碑凡大周年者天作而地作埊人作𤯔聖

作𨲢臣作𢘑秊作𠡦月作卐亦作𠥱日作𡆠星作〇

正作𠙺授作𥠢亦作𥡝初作𡔈唯辰字無可考疑是

應字朱竹垞亦云辰辰蓋金輪十三字之一顧炎武吳

任臣均疑爲應字想當然矣今按此碑羣臣和者詩

凡十六其題並曰侍遊應制則辰非應字明矣此碑

金石文字記曝書亭集皆著於錄何其不詳攷也

左春谷曰唐武后所製字據唐史載有十二佩觿集

韻等書則有十九皆無辰字昇仙太子碑武后御製

御書其碑多用新製字然如式授三皇之訣授字仍

書作授聖字既書作𨲢而播聖子之懿範又書作聖

年字既書作𠡦而同秊而語纔睹昔秊之規百穀喜

于豐秊歲往秊移秊載超忽秊字又仍從說文作秊是碑崔融詩龍旗畫𠥱中而下月既作𠥱而姚元崇之詩石泉石鏡恒留月月字又仍作月豈當時雖有創製新字而隨筆所之亦可不拘一轍耶若然則侍遊應制諸詩應不作𠥱亦無容爲亭林竹垞諸公難矣又武后自書昇仙太子碑靈應難窺屢薦昇中之應亦皆作應則又不獨此碑爲然也

周遊仙篇　武后御製　薛曜正書　無年月　詩刻金石續鈔

詩末句云方期久視御隆周則此久視元年之所作而刻之於石者也武氏此詩不見於他書而古今金石家亦未有著于錄者故存之

周立紀信墓碑　盧藏用撰并八分書　長安二年七月　文刻金石文鈔

舊唐書高宗本紀麟德二年十一月丙子次于原武以少牢祭漢將紀信墓贈驃騎大將軍而此文乃云載歷數百莫能表之可謂不善于頌揚君父失作文之體矣碑爲盧藏用篆文并分書字尚完好而乏古意疑爲後人之所翻刻且碑立于長安二年乃不用武氏所製一字何耶

周杜夫人墓誌　正書無書撰人姓名　長安三年十月

碑首三行漫漶而敘夫人之曾祖父下不敘其夫家

但云名爲不朽聞杜氏之春秋年則有行見楊家之
輪轂是其夫楊姓也
唐姜柔遠碑　姜晞撰幷正書　無年月
碑僅下段且漫漶不可識其知爲姜柔遠碑者以中
有公諱遐字柔遠及首行有姪郕國公晞撰幷書字
也史敍柔遠旣簡略而碑復不可證明亦不幸矣

古墨齋金石跋卷三終

古墨齋金石跋卷四

聚學軒叢書第一集

涇縣趙紹祖輯　貴池劉世珩校刊

唐比邱尼法琬碑　沙門承遠撰　劉欽旦正書　景龍三年五月　文刻金石文鈔

法琬曾祖鄭王亮景皇帝之子高祖子元懿亦封鄭王故以大小鄭王別之此所謂大鄭王也祖襄邑王神符淮南靖王神通之弟唐書有傳父懋德初封郡王貞觀初以封德彝之言例降爵爲臨川郡公案宗室世系表稱其官爲刑部尚書傳云少府監碑云少府監宗正卿兵部尚書是史略也碑稱永徽六年襄邑王薨奉爲亡父捨所愛之女請度出家孝慈兩

失懋德之謂矣

唐長安縣丞蕭思亮墓誌銘　顔惟貞撰　正書無姓名　景雲二年二月　文刻金石文鈔

文敍蕭思亮先胄有曰遠則文終翼漢闕侔乎二八近則武皇祚梁業光乎三五王仲寶褚彦回碑宏二八之高模注以爲八元八愷文蓋用此至業光乎三五僻班固事勤乎三五句也秦漢以降世風不古人臣之頌其君者動曰上減五下登三固時事之不容不爾今以唐人而追言梁武乃亦作此等語眞是隨手牽扯用慣不覺也梁武有知應愧謝吾子之過譽矣

唐景龍觀鐘銘　睿宗御製并正書　景雲二年九月

文刻金石文鈔

睿宗書之可見者順陵碑僅存數段而此銘幸全觀其體兼篆隸方整之中時露古意可愛也竇臮述書賦云睿宗垂文規模尙古飛五雲而在天運三光以窺戶其言非虛譽矣

唐田義起石浮圖頌　王利貞撰　正書無姓名　太極元年四月　文刻金石續鈔

其文有曰孝乎惟孝知唐人句讀未改漢舊也頌文鄙俚而前有富潤石室貨積銅山之言後題名有弟燕州大雲寺僧智崇妹明度寺尼護念其富如此而

弟妹並捨去入空門按舊姚崇傳云中宗時公主外戚皆奏請度人爲僧尼亦有出私財造寺者富戶强丁皆經營避役遠近充滿又辛替否疏云當今出財依勢避役姦譌者盡度爲沙門觀此碑知其非虚語也

唐涼州契苾明碑　婁師德撰　殷元祚正書　先天元年十一月　文刻金石續鈔

趙子函謂碑立于先天而仍稱大周革命仍用武氏製字爲不可曉顧亭林亦云先天元年十二月乃元宗授禪之後而碑猶用武氏字不知碑實作且書於萬歲通天之年至先天而始立之者也按此碑爲婁

師德製文師德殁于聖歷二年在武后時得不稱大周革命乎又碑末一行記立碑年月字差小並不用武氏製字而文中稱涼國公聳後言涼國公嵩立是立碑時聳已卒而嵩襲封其非一時之事明矣新舊唐書何力傳皆云父葛而明此碑乃云祖繼（舊唐書父葛繼為莫賀咄特勒然碑不應不書名）新書但言明子聳襲爵而碑有次子嵩又有子崇皆賴以傳者也

端木星垣曰碑于何力既書名則上兩世自應書名但舊書何力傳祇載其父葛而不載其祖新書雖稱鐵勒哥論易勿施莫賀可汗之孫而哥論易勿施以文勢當是可汗稱號固未正言其祖名哥論易勿施

也是碑於明之曾祖及祖兩世名皆缺其曰祖繼者卽舊書繼爲莫賀咄特勒之繼較史少一爲字耳恐非卽以繼當其祖名也又葛與哥論之哥音相近恐亦蕃號中字將無何力少孤入唐後譯音不審並葛亦非卽其父名乎

唐祈雨周公祠碑　賈正義撰　正書無姓名　開元二年十二月　文刻金石文鈔

此河南尹李傑等因開元二年之旱禱於公廟旣雨而爲此頌也碑無書者姓名而正書遒健有力唐碑之至佳者碑云公字朝明余未之前聞此疑好奇者之過也李傑本名務光新舊書皆有傳又舊書劉晏

傳載晏遺元載書云到河陰鞏洛見宇文愷置梁公堰分黃河水入通濟渠大夫李傑新隄飾像河廟儼然如生是傑誠能留心于民事者

唐將作監主簿孟友直女墓誌　正書　開元三年四月

序云女十一娘字心河閒人也年十九適馮貞祐誌不繫其夫姓者女卒于父之廨舍而父母爲葬之也然溺于愛而昧於義矣

唐巂州都督姚懿碑　胡晧撰　徐嶠之正書　開元三年十月　文刻金石續鈔

舊書姚崇父名善懿新書名懿字善懿惟宰相世系

表名懿字善意與碑合當爲是懿葬于硤石而崇別葬其母劉氏於萬安山述遺令曰昔郟根矩沐德信咸以同窆爲非實獲我心當從其議余按昌黎公李道古墓誌銘云其葬用古今禮以元配韋氏夫人祔而葬次配崔氏夫人于其域異墓意唐制繼娶不得同穴懿先娶張氏又娶李氏後娶劉氏崇故述遺令以泯其不得合葬之迹耳不然合葬于防我夫子行之崇不於是法而焉法耶

唐法藏禪師塔銘　田休光撰　正書無姓名　開元四年五月　文刻金石文鈔

文言禪師于永徽中勅爲濮王度所謂天孫利益禪

門得人按史魏王泰以傾太子承乾事降王東萊尋改王順陽貞觀廿一年進王濮高宗卽位詔泰開府置僚屬車服膳羞異等薨年三十五子欣嗣王此言爲濮王度而云天孫利益當是爲嗣王欣度也碑正書頗雅倩但小弱耳

唐宗聖觀主尹文操碑　員半千撰　八分書無姓名

開元五年　文刻金石文鈔

此碑序旣牽强文尤俗鄙半千命名謂應五百之期雖不知量然文義亦當不至是竊疑爲道流之所假託又篇中每有承接不明意義不貫者意碑當大德翻刻時已多殘闕或爲聶志眞所補綴而成之也按

唐書方技傳文操無名舊書高宗本紀上元三年四月戊午幸九成宮秋七月彗起東井指北河漸東長三丈掃中台指文昌宮凡五十八日方滅永湻二年復行封中岳禮上疾而止篇中所述頗多誕妄而此二事卻與史合

唐兗州都督于知微碑　姚崇撰　正書無姓名　開元七年六月

宰相世系表志寍在宣敏下云以宣道子繼知微碑則仍書曾祖宣道也知微唐書無傳碑記其官甚詳而爲岐山縣令累除蒲晉潤三州長史授絳州刺史皆有惠政

唐曲阜縣修孔子廟碑　李邕撰　張庭珪八分書

開元七年十月　交刻金石續鈔

舊書開元三年罷邕爲戸部郎中邕素與黄門侍郎張廷珪善時姜皎用事與廷珪謀引邕爲憲官事洩姚崇嫉邕險躁左遷括州司馬後徵爲陳州刺史此碑立于開元七年繫銜使持節渝州諸軍事守渝州刺史是邕先爲渝州後爲陳州而史不載者闕也碑廷珪書廷字作庭今雅雨堂所刊金石録目從史作廷以未見此碑故也

唐華嶽精享昭應之碑　咸廙撰　劉升八分書　李休光題額　開元八年　交刻金石文鈔

碑刊于後周華嶽頌之陰郎文所謂倬彼金石載刊其陰者也開元八年歲在庚申以旱命舊相蘇頲禱于華岳既雨而祠以報之故爲此碑按史八年二月免水旱州逋負即其事矣咸廙之文頗爲簡古劉升分書亦差有漢意是唐碑中之最佳者後有一行題崔漢衡官銜姓名末又有四言四句爲興元元年華陰縣令盧倣書不知漢衡自題名而詩爲倣所作與抑漢衡爲詩而倣書之也按漢衡貞元三年以兵部尚書爲會盟副使平涼劫盟見執吐蕃或興元元年已爲此官不可知蓋上距開元八年六十五年矣

此文咸廙作述祈雨事以美蘇頲而末云蘇公作頌

孔碩其聲語殆未得吉甫作頌詩意

唐鎮軍大將軍吳文墓誌　僧大雅集王羲之行書

開元九年十月

俗名半截碑中有云惟大將軍吳公諱文故知爲文

誌也文宦寺而有妻李氏其顧命願不合於雙棺則

其幽閉之恨深而死無所諱也碑集右軍書雖形模

具而精神亡矣

唐易州李文安造石浮圖銘　梁高望行書　開元十

年四月　文刻金石續鈔

此易州新安府折衝都尉李文安爲亡妻薛氏造石

浮圖銘也碑無撰人姓名書者爲前遂城縣書助教

梁高望按新唐書地理志易州有府九新安其一也舊唐書職官志自京畿以及中下諸縣皆有助教一人助教而加書字或者其所職與

唐御史臺精舍碑銘　崔湜撰　梁昇卿八分書　開元十一年　文刻金石文鈔

碑前題云中書令崔湜任殿中侍御史日篹文後云開元十一年殿中侍御史梁昇卿追書湜此文作于長安初至開元時已得罪死而猶追書其文是其文必爲一時所重今按其辭不能據理道以導羣愚明政刑以怵罔法而乃云惟佛之國胡不歸命以自保胡不稽首以逭災可謂陋哉而居然曰予忝文儒之

林不可笑乎

御史臺精舍碑陰文刻金石文鈔

陰分侍御史殿中侍御監察御史三列首一人皆入分書後皆正書朱竹垞謂薛偘偘之名凡三見然其中尙有四見五見者不獨偘偘也按舊唐書契丹列傳開元十八年可突于殺邵固降于突厥詔中書舍人裴寬給事中薛偘等分道募壯勇之士意者卽此人歟

唐京苑揔監茹守福墓誌銘正書無書撰人姓名

開元十一年八月文刻金石文鈔

碑無書撰人姓名而正書遒健有渤海筆意茹君卒

于開元十一年六月八日辛丑碑不書其春秋而曰享年三百三甲子四旬有二日矣以歷推之茹君當是庚申日生年五十有一據左傳絳縣老人曰臣生之歲正月甲子朔菡老人卽以是日生故曰四百有四十五甲子矣其季於今三之一也今茹君以庚申日生而曰三百三甲子用事已屬勉强而又日四旬有二日尤爲不韻也

唐楚州淮陰縣娑羅樹碑　李邕撰并行書　開元十一年十月　文刻金石文鈔

翻刻也碑繫銜云海州刺史李邕文并書當在邕爲陳州刺史前而新舊史皆不載

唐龍門山石龕記　行書　無年月

前似有御書字後有開元字而年已缺中間多記諸內侍之名其前則高力士楊思勗蓋造像之記也書多殘闕而存者特精彩異常

唐內侍高福墓誌銘　孫翌撰　行書無姓名　開元十二年正月　文刻金石文鈔

力士本姓馮中人高延福養爲子故冒其姓史但云高延福碑云公名福字延福疑碑是也銘爲孫翌季良撰以力士之奢而爲其義父作墓誌乃云衣食所窘亦可謂不善措辭者矣

唐淨業法師靈塔銘　畢彥雄撰　正書無姓名　開

元十二年六月

延和元年卽先天元年也是年五月辛巳改景雲爲延和八月甲辰改延和爲先天銘云延和元年身現微疾六月十五日告滅卽以其年十月十五日陪窆于神禾原大善導闍黎域内時十月已改先天未爲明了也

唐楊將軍新莊像銘　正書　開元十二年十月　文刻 金石續鈔

此亦當爲楊思勗所造而攷其歲月似在花臺銘之前也按史楊思勗以開元十二年征五溪進輔國大將軍從封泰山進驃騎大將軍封虢國公封泰山在

十三年故此銘但題楊將軍而不云虢國公也但花臺銘不云驃騎而仍云輔國似史載思勗官亦有誤耳

唐涼國長公主碑　元宗御八分書　蘇頲撰　開元十二年十一月

碑雖漫漶尙多可讀有曰公主諱光字花莊有曰故丞相虞公太原溫彥博曾孫曦有曰開元十二年八月薨於京兆永嘉里有曰其年仲冬壬申陪葬于橋陵按公主傳云沇國公主字華莊始封仙源下嫁薛伯陽不言其嫁溫曦汲古閣本涼國乃誤作沇國至花莊作華莊碑無先封仙源嫁薛伯陽事而史已先

載荆山公主下嫁薛伯陽則必有一誤也又宰相世系表曦是彥博元孫而碑爲曾孫皆當以碑爲是金石錄謂碑立于開元十二年八月葢但見其薨之月而未攷其葬之月也

唐虢國公楊花臺銘　申屠液撰　正書無姓名　無年月　文刻金石續鈔

此銘有序而無銘新莊像銘有銘而無序故或疑其本一事而分刻之然新莊像銘在開元十二年而思勗十三年從封泰山始封虢國公此銘題云虢國公楊自在新莊像銘後非一時事也

唐虢國公楊思勗造像記　行書無書撰人姓名　開

元闕年四月

碑殘闕存字不及半而有云則虢國公楊思勗其人也又有鑿石龕及菩薩各一等語知其爲造像記矣碑無書撰人姓名而行書特圓湛精彩唐碑無名于世者字尤妙絕以拓者少後人未鑿改故也

唐右武衛將軍乙速孤行儼碑　劉憲撰　白義晊八分書　開元十三年二月　文刻金石文鈔

昭陵碑皆殘闕而此獨完好然諸碑類多名臣其功炳于史冊固無係于碑之存與不存而此乙速孤行儼者名不見于新舊史而碑適存焉天也雖然名不登於史而碑復不存于世者抑又何限而余能無慨

耶

甲午之春余寓秦淮客舍時婺源王經大名元綸江盌陳澹庵名裕源相與過從經大出此碑見示宋元間舊搨也因以別本囑澹庵校而識之然余時猶未嘗有志于集錄不過適然之事而已丁酉再過白門則澹庵謝世庚子復往訪諸婺源之就省試者則經大又謝世矣數年之間知交零落即是碑亦不知歸于何所每一迴憶不勝憮然

碑云公諱行儼字行儼人之有字或因其名而字之或別有取焉若名字相同不字可也而載于唐書不一其人若李神符郭敬之郭子儀李嗣業張嘉貞尙

可孤白元光侯仲莊張孝忠魏少游戴休顔高崇文劉允濟孟浩然皆是焉其意何哉

唐鄎國長公主碑　張說撰　明皇御八分書　開元十三年四月

按新書公主傳鄎國始封荆山下嫁薛儆又嫁鄭孝義碑不爲諱有云求之令族嬪于薛氏其後君子晨歌天人晝哭未亡爲稱生意盡矣改降鄭氏均養七子麻𧄍二宗汾陰之室忘亡滎陽之黨相慶當時大手筆人作文如此可見唐時節義不明如此等事其相旣明載之其君又親書之而不以爲羞不有宋儒起而昌明其教則泯泯棼棼者將何所底止哉

唐紀太山銘　元宗御製并八分書　開元十四年九月

文刻金石文鈔

嘉慶二年十二月二十九日吳子柳門以太山銘寄示時逼歲除不能展觀三年正月九日風和日美淨掃庭宇與弟繩祖取而覛之見其紙幅百裂顛倒錯亂因委之於地零星補續往來起伏何啻千數自辰至未審定再三文從字順始成全璧胥酸腿硬目花亂飛其樂自如也碑前後凡二十四行行五十一字字徑六寸而中多空格跳行之書闕者三十餘字非碑闕多紙裂耳其寔闕者不過十餘字趙子函石墨鐫華謂下三尺許爲搨工焚蝕遂闕百餘字者彼特

得之傳聞實未嘗留心于此碑也然非余兄弟之喜
事而不憚勞亦烏足以知其言之非哉
元宗封泰山在開元十三年而銘刊于十四年銘文
首云朕宅帝位十有四載者元宗卽位于先天元年
至開元十三年爲十四載也時未改元爲載而曰載
者文中偶一用之也

唐銀青光祿大夫陳憲墓誌銘　八分書　開元十四
年十一月　文刻金石文鈔

碑前半多闕其知爲陳姓者以有洎七葉有漢大將
軍棘蒲侯武之辭也憲不見于唐書而所著有中道
通教二論注周易撰三傳通誌廿卷集內經藥類四

卷合新舊本草十卷末有一載于藝文志者非得此碑盡其湮矣

唐薦福寺思恒律師誌文　常東名撰　正書無姓名　開元十四年十二月　文刻金石文鈔

思恒一俗僧耳而中宗至爲圖像林光殿御製畫讚此可笑也舊唐書姚崇傳崇臨終遺書以誡子孫有曰近日孝和皇帝發使贖生傾國造寺然則事佛求福乃更得禍固非獨自昌黎發之矣碑無書者姓名而撰者姓常闕其名然序末有東名願託勝因之辭則其人名常東名也

唐道安禪師碑　宋儋撰并行書　開元十五年十月

碑斷裂殘闕不可讀宋儋書險急偏側開後來惡札法門絕無唐人端嚴遒勁之意

唐嵩岳少林寺碑　裴漼撰并行書　開元十六年七月

文刻金薤琳琅

碑有云周武帝建德中納元嵩之說斷釋老之敎率土伽藍咸從廢毀明皇帝繼明正位追崇景福大象中初復佛象及天尊象按後周書武帝本紀建德三年五月景子初斷佛道二敎經像悉毀罷沙門道士並令還民并禁諸淫祠禮典所不載者盡除之宣帝本紀大象元年初復佛像及天尊像是其事也但碑以宣皇帝爲明皇帝不知何所依據

叔肖巖曰案周本紀宇文毓謚明皇帝不應稱賛爲明以混其先賛之爲君與齊高洋隋楊廣等後之論者直舉其淫侈之號斥爲周天元耳碑稱爲明皇帝亦作文者徇釋氏之意以其復崇像教故以美名加之亦何依據之有

唐敬節法師塔銘　正書　開元十七年七月

銘有云學比犉毛富如崑玉世俗以犉毛爲喻學之多今按以富如崑玉相儷則上句當是言學之精微耳書者無姓名而正書特謹嚴有法

唐嶽麓寺碑　李邕撰并行書　開元十八年九月

余所得者裝潢本大約不甚殘闕而以失次不可讀

詳其文意不過記寺立于晉太始歷梁陳隋以至唐並有施財之士修寺之僧而已殊瑣瑣不足道而北海所書碑則自兩雲麾外惟此尚有本來面目可寶也

唐代國公主碑　鄭萬鈞撰并正書　開元二十二年十二月

碑殘闕據金石録爲駙馬鄭萬鈞撰并行書今按碑有曰蒙自奉朱顔卅餘載則其爲萬鈞撰無疑但行書當爲正書耳公主史字華婉碑字花婉史睿宗十一女公主列在五碑云第四女皆當以碑爲是碑又云男二女四長子聰次子明新書既爲公主立傳而

皆不載何其略也

又按新書孝友傳有鄭潛曜卽代國公主之子尙臨晉公主者也潛曜當是明之字而以字行臨晉公主傳誤作下嫁郭潛曜

唐大智禪師碑　嚴挺之撰　史惟則八分書并篆額

開元廿四年九月　文刻金石文鈔

大智爲神秀之徒舊唐書有傳新書删之是碑文無足錄而史惟則分書不可棄也

唐嵩山會善寺景賢大師身塔石記　羊愉撰　沙門溫古行書　開元廿五年八月　文刻金石文鈔

景賢爲大通之徒按舊唐書神秀傳卒謚大通禪師

弟子普寂義福並附傳後即此碑所謂寂成福藏者也初達摩西來衣鉢相傳祇授一人及五世而神秀惠能分爲南北宗神秀授徒又如此其衆而南宗尤盛今之緇徒徧天下率一僧授徒數人多者至數十人既爲生民之大蠹亦皆彼敎之罪人其端皆自神秀慧能開之也碑書達摩作達磨唐碑中往往有之

唐三藏無畏不空法師塔記　正書無書撰人姓名

開元廿五年八月

此僞刻也其序事至爲誕妄而後又有辨西域僧呪傅奕事以爲好事者曲爲之說彼張大其敎亦不足言而碑言刊之年月在開元廿五年其論傅奕事則

曰嘗慨資治通鑑稱貞觀中云云不知開元廿五年何以有資治通鑑也意此乃一不曉事俗僧之所僞爲而趙子函盛稱其文可觀不可笑耶又碑稱不空卒於開元廿三年而徐浩所書不空碑在建中二年去此四十七年矣而子函并而論之豈以此爲一人乎子函之紕繆如此曾何足以道古

唐錢唐縣丞殷府君夫人墓碑　顏眞卿撰并正書

開元廿六年正月

碑四面書殘闕不可讀魯公自稱第十三姪男左傳姪其從姑則此稱爲當姪又加男可不必也序首云君号闕定又云君有三子又云特蒙君教直稱女子

爲君此金石叉一例

唐立周蜀公尉遲迥碑　閻伯璵撰敍　顏眞卿撰銘

蔡有鄰八分書并陰　開元廿六年正月　此據金石錄書之文

刻金石續鈔

右唐張嘉祐爲周尉遲迥所立碑廣川書跋據以辨尙書故實之謬是矣然謂迥於魏之亡無慨于懷而於周則以興復爲任其事有疑是使迥不得爲周之純臣也此則非是按史迥父俟兜本妻周太祖之姊迥之歷官于魏皆以從太祖征伐而得是其爲周之心膂而非魏亡國之臣明矣豈得責其不盡節于魏而盡節于周也碑云父俟兜尙太祖姊昌樂長公主

史云大長公主周太祖未授禪當由孝閔以後之追尊耳碑立于後世本約略之辭其歷官亦與史稍異皆當以史爲是

端木星垣曰迥爲周之純臣固已然其始不得謂非魏臣也其官雖從周太祖征伐而得然所得者魏官非卽周官也若以昌樂而言迥尙金明獨非魏公主乎大抵魏晉以降大義不明錚錚者知徇私恩而已士大夫不免何有于武人況迥發憤于王謙司馬消難之先事亦獨烈是迥之於周以恩始實以義終君子善善從長固不欲追魏事耳非於魏遂可無憾也廣川並後事而疑之誠爲深文今乃並前事而護之

又太用寬典矣

尉遲迥碑陰　迥元孫士良撰　蔡有鄰八分書　開元廿六年二月

碑陰下段殘闕其上有額八分書獨全曰周大師蜀公碑陰記開元廿六年二月二十五日元孫士良述文敘迥死節之烈而并述張嘉祐德政百姓歌之之事

唐任城縣橋亭記　游芳撰　王子言八分書　王日雲篆額　開元廿六年閏八月　文刻金石文鈔

開元十三年東封泰山葢橋成於此時而因以其餘資建亭爲記也文爲游芳所纂詞意流麗王子言分

書亦不惡亦唐碑之佳者

唐御注道德經　元宗御注　正書無姓名　開元廿六年十月　其勅刻金石文鈔

此易州本也前有開元廿年勅中分道經德經爲上下而註之後有易州刺史田仁琬奉勅立并列別駕周盡高陽軍副史鄭景宣試司馬杜欽賢道士染虛心撿挍上座解昇名末記奉勅建立之年月葢勅下于廿年而碑立于廿六年也碑無書者姓名然以他碑證之知其爲蘇靈芝靈芝所書田公德政碑但作田琬而此碑曰仁琬與史所載名合

唐易州鐵像頌　王端撰　蘇靈芝書　開元廿七年

五月　文刻金石文鈔

碑後備載盧君在易政績按史盧暉無傳新書地理志瀛州下載開元廿五年刺史盧暉自東城平舒引滹沱東入淇濈田五百餘頃田仁琬德政碑開元廿四年爲易州刺史葢暉遷瀛州而琬代之即此碑所謂盧君遷于瀛田君至自靈者也又舊唐書元宗本紀開元廿八年魏州刺史盧暉開通濟渠自石灰巢引流至州城而西郤注魏橋是暉爲瀛州後又爲魏州而皆有善政合二史與此碑觀之亦可以不朽矣

唐易州刺史田琬德政碑　徐安貞撰　蘇靈芝書

開元廿八年十月　文刻金石文鈔

舊唐書高仙芝傳仙芝少隨父至安西事節度使田仁琬蓋嘉運未甚任用又曰小勃律爲吐蕃所招節度使田仁琬蓋嘉運夫蒙靈詧累討之不捷似仁琬爲安西都尉在蓋嘉運之前今按碑開元廿七年琬朝京師廿八年遷安西都護而史廿七年蓋嘉運破突騎施之衆擒其王吐火仙送于京師廿八年蓋嘉運入獻捷上嘉其功以爲河西隴右節度使則是嘉運遷隴右仁琬始代其任也又王忠嗣傳開元廿九年以田仁琬充河東節度使是仁琬在安西一年卽遷河東而靈詧代之正當在蓋嘉運之後夫蒙靈詧之前史敘次偶倒其文耳新舊史皆云仁琬而碑但

云名琬字正勤然以事攻之寔一人也易州石刻道德經碑後題名作仁琬

唐莒公唐儉碑　正書無書撰人姓名　開元廿九年二月　此據金石錄書之

江甯侯貞友孝廉嘗以此碑索跋既書以歸之矣歲久忘之而余所得本殘闕過甚惟有云惟尉遲敬德頗諳事機公示之以安危告之以成敗似儉陷武周時事而敬德之降儉有力也又前有云封新成縣公尋改爲晉昌郡公史但言爲相國府記室晉昌郡公是略也趙明誠趙子函皆言此碑行書而碑寔正書圓勁秀偉唐碑中不多見惜不得書者姓名耳

唐夢眞容碑　牛仙客奏　蘇靈芝行書　開元廿九年六月　文刻金石文鈔

一本作張九齡當從易州本作牛仙客葢後人不知攷古但以喜九齡之名而易之而不知其浼九齡也碑立于開元廿九年明年改元天寶亦治亂升降一大端矣

唐雲陽觀桓尊師碑　行書　開元廿九年十月

碑殘闕無書撰人姓名而行書可觀其前題云大唐潤州曲阿縣雲陽觀故監齋桓尊師碑文事雖無足採取而古今未有著於錄者中有云斯並載在碑陰布諸人口是碑尚有陰而余未得之

唐雲麾將軍李思訓碑　李邕撰并行書　無年月

碑題下有一行云族子海州刺史邕撰并書邕非宗室江夏李氏也但以同姓故稱族子今翻刻本易作唐刺史李邕書者謬也思訓武后時棄官變名十有六載其擢宗正卿也封眞彤伯韋后三思時又出爲岐州刺史皆史所未詳又史云開元初進彭國公加戶滿四百而碑封隴西郡公時已食邑三千戶其懸絕如此

唐金仙長公主碑　元宗御行書　徐嶠之撰此據金石錄書之無年月

碑行書而前御書二字八分書按公主傳太極元年

金仙公主與玉眞公主皆爲道士築觀京師以方士
史崇元爲師觀始興詔崇元護作日萬人又裴漼傳
睿宗造金仙玉眞二觀時旱甚役不止漼上言春夏
不可起土功召旱疫有如農桑失時戶口流散雖寺
觀營立能救饑寒敝哉不報史言崇元事太平公主
得出入禁中其人可知其事亦可知也艮由唐闈門
不肅公主驕逸擇配得壻尙非所願築觀宮外得以
自由耳公主卒年卌有四史所失載也

金石跋卷四終

古墨齋金石跋卷五

聚學軒叢書第二集

涇縣趙紹祖輯　貴池劉世珩校刊

唐雲麾將軍李秀碑　李邕撰并行書　天寶元年正月　此據金石録書之

金石文字記載春明夢餘録云萬歷初宛平令李蔭署中掘地得六礎洗視乃此碑存者百八十餘字碑首存唐故雲三字而余所得拓本已無之矣蓋存字僅百二十餘然董氏嘗摹此碑於戲鴻堂幾過三百字豈董氏所見者在未爲礎前之本耶余按此殘字中如利倍往昔功省今茲及遼水隴山等語戲鴻堂皆無之疑董氏不無附會且其書恣肆亦不似此碑

之謹嚴也

唐兗公頌　張之宏撰　包文該正書　天寶元年四月

文刻金石文鈔

舊唐書開元廿七年八月甲申制追贈孔宣父爲文宣王顏子爲兗國公餘十哲皆爲侯夾坐後嗣褒聖侯改封爲文宣公此頌爲曲阜令張之宏撰而述都督李庭誨之言宣王既以銘焉兗公豈宜闕爾是之宏先已爲夫子作銘今不可得而見也銘文不足揚亞聖之德而語多自譽何耶

唐韓賞祭華嶽文　韓擇木八分書　天寶元年四月

文刻金石續鈔

碑首云惟廿七祀當是開元廿七年至天寶元年而始書而刻於石也此碑以擇木八分見重於世其署銜榮王府司馬者元宗第六子贈靖共太子琬初名嗣元封甄王後改名滉封榮王開元廿五年改名琬者也

其額云開元十三年六月九日建正書據金石文字記云韓賞告華嶽文在述聖頌碑陰上方述聖頌是開元十三年刻或者此本爲刻述聖頌陰而設僅刻其額而未之刻賞遂因而刻之耶額左右云觀察推官劉繼元節度推官韓翃

唐元元靈應頌　戴琁撰序　劉同昇撰頌　戴伋八

分書

天寶元年七月 文刻金石文鈔

右碑後題名朝散大夫守倉部郎中上柱國戴琁撰序開府儀同三司尚書右僕射曾孫戴伋書疑伋于琁爲曾孫行非必其嫡曾孫也戴氏宰相見唐書者二人胄與至德而已今伋列銜爲尚書右僕射而史不書知史之所闕者多按舊唐書天寶元年二月改左右丞相依舊爲僕射八月李林甫加尚書左僕射李適之兼兵部尚書左僕射裴耀卿爲尚書左僕射其時戴伋或爲右僕射不可知第史復僕射雖在二月而加林甫等以僕射銜則在八月今此碑建于七月而伋已列銜爲右僕射亦當爲史之誤耳

此余前刻金石文鈔跋云爾然戴伋官至僕射史縱不爲立傳亦何至不一見其名蓄之於心疑不釋也後見錢竹汀先生所跋粱寺碑謂四品孫五品孫是當蔭而未得官者深歎其言之有理而例而推之或伋曾祖曾官尚書右僕射法當得蔭曾孫而伋因繫之於署名之上亦未可知惜宰相世系表其載戴胄與至德之子孫甚簡略而無以證明之也碑爲劉同昇撰頌同昇名見杜暹傳舊書曰同升新書曰同昇新書是也

叔肖巖曰按宰相世系表戴胄至德之後惟載良紀一人則伋非胄裔可知粱寺碑四品孫五品孫虛銜

耳既署爲尚書右僕射豈虛銜之比而可繫於名上乎第謂史有闕略則可不必如竹汀先生之説也

唐貞元張尊師碑　蔡瑋撰　韓賛行書　天寶二年六月

自玉眞公主度爲女道士而道流之依影附聲者競趨其門高自標置此張尊師碑觀其文中所述亦殊無異人其死也謚貞元而至題爲淸虛洞府靈都仙聖張大之辭可笑

唐隆闡法師懷惲碑　行書無書撰人姓名　天寶二年十二月　文刻金石文鈔

碑題下有懷惲及書四字蓋後人游戲之刻非原碑

所有也碑敘其祖後不及其父而述其母殊非文體至懷惲之剃落乃託之高宗之夢特令辟召尤浮屠張大之辭不足爲信碑無書者姓名而行書流逸可觀

唐嵩陽觀聖德感應頌　李林甫撰　裴迥題額　徐浩八分書　天寶三載二月　文刻金石文鈔

自秦皇漢武求不死藥前鑒非遙而後之人主踵而行之未有已也然漢武後頗自悔以爲世豈有仙至梁武帝敬信陶弘景委以金丹事竟不成而宏景以爲中原隔絶藥力不精之故帝以爲然然丹之不成梁武不以爲疑宏景要不能自諱也元宗命道士孫

太沖鍊丹嵩陽而李林甫爲此文以頌其事則直云九轉已畢馳馹以獻三事百寮奉觴稱賀欺人耶自欺耶林甫之佞不足責吾不解明皇聰明英武而甘于受欺至於如此恐不得以常情度之謂惑于邪說巧佞而不知也

又按舊唐書李德裕傳敬宗迎隱士周息元李德裕獻書中有高宗朝劉道合元宗朝孫甑生俱成黃金二祖竟不敢服之語德裕之所謂甑生者或即此碑之孫太沖也若然則元宗雖面受林甫之欺而心自明了此所以能永其年歟

唐翊麾副衞薛良佐塔銘　再從兄鈞撰　正書無姓

名　天寶三載閏二月

其末云以來年閏二月十二日建塔于終南山施陁林善知識之次其實天寶二祀也則葬預定于來年而撰文刊石則在二年也碑敘良佐溺於佛教而其卒也小斂在牀乃有三旬而出膚不改常百日開空色不渝舊之語尤爲非禮余問之今學釋氏教者亦未有行之者也

唐御註孝經　元宗御序御註并八分書　皇太子亨題額　附李齊古表止書　元宗御批草書・天寶四載九月　表批刻金石續鈔

前爲御製序中刻孝經并註後有國子祭酒李齊古

表表後有元宗批荅草書三十八字其下有李林甫等題名四十五人林甫不書姓嵩陽觀聖德感應頌林甫亦不書姓也惟內有間不書臣者不知何故當是脫誤耳據齊古表是孝經刊成打本以獻則表與批荅是後所附刊也

唐逸人竇天生碑　李邕撰　段清雲正書　范文題額　天寶六載二月

碑正書而略帶行意亦佳逸人諱天生字自然其文剝落不可讀碑立于天寶六載二月而邕于是年正月得罪死蓋先爲之故清雲書之也

唐世稱隱逸爲逸人故舊書楊炎傳云父播名在逸

人傳武元衡傳云祖平一事在逸人傳然舊書但有隱逸傳而無逸人傳此蓋唐史臣原文未刪正者天生宦者明禮之父其以逸人稱固非播與平一之比然亦可見唐時之例稱隱逸如此蓋逸人猶逸民唐避民字故也

唐文林郎潘智昭墓誌銘　正書無書撰人姓名　天寶七載七月　文刻金石續鈔

碑首云遠國流芳楚大夫汪之緒也汪即潘崇之子潘尪爾不言崇而言汪豈以其躬弑楚成恥而諱之耶漢潘乾校官碑不諱崇後漢質于唐也

唐王屋山闕尊師碑　弟齊莊撰　翟闕行書　天寶

十一載二月

碑首殘闕遂不得其姓下有故靈昌郡太守息翟闕書而後有弟道士曰齊莊鴒原永懷式昭至德之語知其所撰也碑有云法師諱若水字齊物彭城人有云玉眞公主旣捨館陶之封卜居平陽之洞以爲常娥餌藥乘兎輪以長生嬴女吹簫登鳳樓而久壽遂于仙人臺下建立山居按貞元張尊師碑亦云公主幽居曰平陽洞府小有仙臺先生亦德契言從道同心一良由唐闈門不肅公主假出家之名卜居于外而一時羽流之無行者依影附聲相率出其門下其徒不以爲羞又張而大之也二碑本無可採取故余

不錄于文鈔以古今未有著于錄者因略而言之如此

唐永泰寺碑　沙門靖彰撰　荀望正書　天寶十一載閏三月　文刻金石文鈔

永泰公主中宗女也大足中忤張易之爲武后所殺中宗極悲念之號墓爲陵故緇流之善逢迎者緣此而請立寺此永泰寺所由名也碑書後魏孝明帝上空三格殆不通古今之徒者

唐千福寺多寶佛塔碑　岑勛撰　顏眞卿正書　徐浩題額　天寶十一載四月　文刻金薤琳琅

書法之弊極矣而魯公此書近世猶知寶愛若其他

則非惟棄而不觀直不知人間尚有是物矣然善本
難得余兒時買一本學書則七偈已皆殘闕今去此
又數十年其損壞更將何如哉從叔方齋家藏此卷
後有蕭氏數印本鄉先生蕭慕渠家物也余非能書
者而好論書故時時借玩不忍釋手焉今歸于余弟
繼之慕渠名雍明史與其兄彥同傳

唐雲麾將軍劉感墓誌銘　李震撰　席彬行書　天
寶十二載十月　文刻金石文鈔

此碑文既草率書又俗惡大不類唐人物其敘述祖
父處似有不全而碑完好無闕尤屬可疑但詳玩文
意似明皇誅太平公主時有功之人今史載岐薛二

王郭元振王毛仲姜皎王琚崔日用李令問王守一
高力士李守德而不及劉感史旣無其名余又棄其
碑非仁人君子之用心也與其過而廢也寍過而存
之

唐內侍省內常侍志廉墓誌銘　申堂構撰　韓獻之
行書　天寶十三載六月

銘前一行多闕遂不得其姓但據文而知其諱志廉
字惠達而已然其文有曰吳稱帝業飛龍肇起于江
東漢辟賢臣易道超來於北海則其人孫姓也志廉
無他事蹟文但敘其所歷官與其夫人卒葬之年月
爲宦者作誌銘如此足矣撰者申堂構其名見新書

藝文志包融詩註

唐書東方朔畫贊　晉夏侯湛撰　顏眞卿正書　天寶十三載十二月

碑陰記自言葢取其字大可久以公之功名節義自當與天地相終始而尚汲汲于身後之名如此然則萬不及公之一者宜何如慨歎也

畫贊碑陰記　顏眞卿撰并正書及題額　天寶十三載十二月　文刻金石文鈔

記中所言河北採訪使東平王者安祿山以天寶九載封東平郡王兼河北採訪處置使也同謁廟者平洌李史魚皆祿山幕下之人而當是時忠與逆則尚

未分一朝失足千古同恨觀是碑者可不懼哉

唐張希古墓誌銘　無撰人姓名　田頴行書　天寶十五載四月　文刻金石文鈔

右張希古墓誌敘其祖父而不著其名即希古亦僅稱其字未免過于簡矣碑爲田頴書賨泉述書賦中有此人其兄賨嘗注其下云志凡識滯今觀此書肥而少骨誠哉是言也

唐永仙觀主田尊師碑　行書無書撰人姓名　無年月

碑殘闕其知爲田尊師者以碑額存而知之也其文有曰元宗賜額曰永仙觀又曰五藏六府四支百節

均令不寒調令不熱此尊師妙絕葢通岐黃之術者

唐憫忠寺寶塔頌　張不矜撰　蘇靈芝行書　至德二載十一月　文刻金石文鈔

朱竹垞曰碑首范陽郡三字史思明三字次行大唐等十二字文中維唐紹統及彼命啟與傳虞又東宅四水西都八川暨唐祚字至德二載字其文深陷考思明之降在至德二載十二月至明年正月肅宗始加尊號碑既建于二載十一月不應預書尊號思明肅宗授以歸義王范陽節度使若碑建於降後宜大書王爵不當稱御史大夫則是碑之建葢在思明未降唐之前范陽郡三字其初本二字祿山僭稱范陽

爲東都必東都也大唐一行其初必祿山父子僞號
文中唐字其初必燕字至德二載其初必祿山父子
僭號之年載攺安慶緒襲位賜思明姓安名榮國迨
既降附復更舊名因命靈芝改書者爾碑文以左爲
前宜人謂書丹于石之故或從祿山俗尚未可定也
嘉慶三年元旦從兄師臣名文標自京師函寄此碑拓
手精妙其深陷處皆隱隱可見反覆觀之愈歎竹垞
之言至爲精細中當日情事故備録之但案舊唐書
耿仁智說思明之降有令聞孝感皇帝云云似至德
二載天下已知尊號不必定册于三年史之自相矛
盾者固多矣碑末蘇靈芝書名一行經略二字亦深

昭

唐顏魯公祭姪文　顏眞卿撰并行書　乾元元年九月

文刻金石文鈔

今世所傳石本卽停雲館所摹之本也戲鴻堂亦有此帖筆畫絶異而似稍佳豈淸河書畫舫中所謂眞蹟卽戲鴻堂所摹者是而此與停雲館刻果屬僞迹耶槪眞蹟不可得見其是非究不能知徒結想於夢寐云爾

昔㬌繹會據史以跋此帖至爲詳悉第謂泉明購屍洛陽杲卿僅得一足則因新史之文未明而誤按舊書泉明求其父屍于東都得行刑者言杲卿被害時

先斷一足與履謙同坎瘞之及發瘞得屍果無一足即日與履謙之屍合爲一柩護還長安其文明白因錄于此

唐金天王祠題名記　顏眞卿撰并正書　乾元元年十月　文刻金石續鈔

公爲宰相所厭出爲蒲州刺史又爲御史唐旻誣劾貶饒州刺史此在道謁金天王祠而題記也書法較公他書尤勁絶

唐金天王廟祈雨記　張惟一撰　李權八分書　乾元二年二月　文刻金石文鈔

舊唐書開元元年九月封華岳神爲金天王此其廟

祈雨記也記張惟一撰文特高簡李權八分亦饒有漢意記云初發言雲興倏登車雨降宋人睹祈雨詩青天白日沛然下早蓋青旗猶未歸其言蓋權與于此張惟一見呂諲傳又見蕭穎士傳

唐通微道訣碑　元宗御製　行書無姓名　乾元二年六月　文刻金石文鈔

此元宗所御製觀其語意似爲之以訓皇子者也顧其言頗得道妙而乃希不死以鍊丹於嵩陽託之夢以迎像于盩厔何耶意者非言之難而行之難與抑此猶當開元全盛中心未炫惑之時與至若肅宗艱難再造孽妖方昌而乃信王璵荒唐之說慇勤禱祠

聽方上誕妄之言脩崇靈跡雖立石建碑示無忘乎
先訓而曾何足以語此旨哉

唐縉雲縣城隍廟記　李陽冰撰并篆書　乾元二年
八月　文刻金石文鈔

記爲李陽冰篆而宋吳延年之所重勒然神采飛動
尚可寶貴趙子函謂以爲原碑而以歐陽公之言爲
疑殆未見延年跋也子函云歐謂世言此石與忘歸臺孔子廟三石俱活歲久漸生刻處幾合若然今去歐公又四五百年寧不爲無字碑乎

城隍之名見于易而廟祀則不知其所始此記云祀
典無之吳越有之歐陽公跋謂今天下皆有縣猶少
而自明以來則無縣無之而臚于祀典矣按明史禮

志洪武二年命加城隍以封爵京都爲明靈王開封臨濠太平和州滁州皆封王其餘府爲威靈公州爲靈佑侯縣爲顯佑伯命詞臣撰制文以頒之三年詔去封號祇稱某府州縣城隍之神明臨安徐炬明夫撰古今事物原始載其制詞然則各邑有廟而載在典禮實始于明初也

唐嶽祠題名　李樞八分書并篆　上元元年十二月

上爲篆下爲八分篆曰大唐上元元年冬十有二月壹日同謁嶽祠書記八分曰華陰縣令王宥前令王紓丞王沭尉李齊佺尉闕　頌鄭縣主簿張彬尉竇彧下邽縣丞李演尉邢涉處士王季友張彪著作郎孟

闕原京兆府法曹叅軍李樞書并篆此後上元也樞卽書金天王廟祈雨記李權之弟按寳泉述書賦注權工八分樞工小篆今觀此記則樞亦工八分也又按宗室世系表二人俱淮南靖王神通之元孫膠西郡公孝義之曾孫

唐工部尚書臧懷恪碑　顏真卿撰并正書　李秀巖篆額　廣德元年十月文刻金薤琳琅

碑載懷恪曾爲朔方五城都知征馬使都元敬誤刊作兵馬使按下戎事齊足十萬維羣則征馬使當是監牧之官而新舊唐書皆未之見也碑又云嘗以百五十騎遇突厥十萬餘衆于狠頭山公徒且殲于時

僕固懷恩父設支適在其中獨遮護之由此獲免遂與設支部落二千帳來歸按舊書懷恩父爲乙李啜拔新書作乙李啜不名設支即設支爲名爲突厥官名不可知而新舊書並云貞觀二十年鐵勒九姓降置九都督府乙李啜生懷恩世襲都督不應至開元初方隨懷恪來歸然魯公於碑末云公之世家竊備聞見則是信而有徵疑史所未詳也設支都氏亦誤刊作設之凡金薤琳琅所已刻余無力重刻之然其中錯誤不一爲略舉其要者

唐贈太保郭敬之廟碑　代宗御題額　顏眞卿撰并正書　廣德二年十一月　文刻金石文鈔

碑敘郭氏先世云漢有光祿大夫廣意宰相世系表作廣智碑云隋金州司倉諱履球篤生唐涼州司法諱昶世系表作隋涼州法曹皆當以碑爲是又按元和姓纂廣敬生昶今碑與世系表合而按世系表廣敬乃昶之從伯姓纂誤也

郭廟碑陰　行書無姓名　文刻金石文鈔

碑陰載敬之子孫及曾孫官銜與世系表亦多不合且敬之孫曾孫數十人而碑所載祇此數人亦不知何故碑爲魯公書而碑陰絕不類然頗婉雅可愛自是當時之能書者

唐顏魯公與僕射郭英乂書　行書　無年月　當是廣德二年

十一月文刻　金薤琳琅
書云一昨以郭令公父子之軍破犬羊兇逆之眾眾
情欣喜恨不頂而戴之是用有興道之會挍舊唐書
廣德二年十月僕固懷恩引吐蕃二萬寇邠州丁卯
寇奉天京師戒嚴先鋒郭晞斬賊營于邠州西俘斬
數百計子儀屯涇陽十一月乙未懷恩與蕃軍自潰
京師解嚴丁未子儀自涇陽入覲詔宰臣百寮迎之
於開遠門上御安福寺待之即其事也文又云又一
昨裴僕射誤欲令左右丞勾當尚書裴僕射者裴冕
也是年二月以澧州刺史裴冕爲左僕射也金薤琳
琅釋裴爲棠誤矣此書俗謂之爭坐位帖魯公行草

尤佳宋四家書皆從此出余嘗得舊搨本臨之數十過而凡骨如故天生十指如懸錐奈之何哉

唐左武衛大將軍白道生神道碑 于益撰 摯宗行書并篆額 永泰元年三月 文刻金石文鈔

此白元光父碑也元光附見李光弼傳但云父道生歷靈朔州刺史而已碑頗著其功伐有曰以宗室之賢受登壇之寄每有討伐命公先鋒其上爵位名氏漫漶不全以史按之當是信安王禕拔石堡破奚契丹諸戰而道生會從之耳書者摯宗運筆闊卓幾與北海埒

唐怡亭銘 裴虬撰 李陽冰篆 李莒八分書 此據金石

錄書永泰元年五月文刻金石文鈔之

右銘前篆後八分書集古金石二録具載之前刻文鈔時偶未檢及故有誤

唐李氏栖先塋記　李季卿撰　李陽冰篆書　大歷二年文刻金石續鈔

碑殘闕不多而余所得蔚裁本故間有不屬處但就其殘者録之以俟好古之君子正之也季卿先塋初在霸岸未幾三兄俱卒方士邵權以爲不吉而爲改卜于鳳栖此其遷塋記也堪輿家禍福之説君子所不言今觀此碑則唐時已信之如此但不知李氏遷塋之後其吉凶又何如耳碑爲陽冰篆書題曰從子

按世系表陽冰與宰相游道固言同族無曜卿季卿名益以同姓而稱從子猶李北海書思訓碑而自稱族子也

又按季卿舊唐書以爲宰相李適之之子新唐書以爲李適之之子在文苑傳考新書李適傳云再遷工部侍郎又敕其子曰霸陵原西視京師吾樂之可營墓樹千松焉今碑有先侍郎即世及建塋霸陵遺命也之語則皆與新書合而舊傳之誤必矣碑又云永泰中小宗伯賈公至爲之敘上澤悅幽明按舊唐書永泰元年李季卿吏部侍郎賈至禮部侍郎並集賢院待詔時正同寮也

唐李氏三墳記　李季卿撰　李陽冰篆書　大歷二年四月　文刻金石續鈔

季卿既遷先塋于鳳栖而以三墳祔前碑所云伯氏仲氏叔氏三墳陪側此碑所云馳之若鴈行然是也然以堪輿家書考之凡一穴必有坐落朝對左右沙水之宜今曰陪側則其向背不一不知其操何術也

唐光祿卿王訓墓誌銘　嗣澤王溓撰并正書　大歷二年四月　文刻金石續鈔

誌云娶嗣紀王鐵城之季女按宗室世系表嗣紀王澄初名鐵誠而傳作嗣紀王證證者澄之訛鐵誠者鐵城之訛也

唐謙卦碑　李陽冰篆書　無年月

此明嘉靖間張大用所重刻也在蕪湖縣學宫筆法瘦健勝于先塋三墳諸記惜不得原刻見之不知精彩當更何如耳世稱其書謙字無一同者此則不足為陽冰重

唐聽松二字　篆書

字頗精健世亦傳此為陽冰書其前有跋漫漶不可審視

唐敬愛寺大證禪師碑　王縉撰　徐浩正書　大歷四年

碑極殘闕不可讀王縉喜佞佛度其為僧作誌必無

可觀而徐浩正書存者特精彩焕然較勝于不空和尚碑也

唐撫州南城縣麻姑仙壇記　顔眞卿撰并正書　大歷六年四月　文刻金薤琳琅

神仙傳所載王方平麻姑蔡經事如方平之赫奕麻姑之狡獪蔡經之妄想飲食之豐腆問答之淺俚可謂荒誕不經而魯公作記盡舉而書之别無論譔其後乃附鄧紫陽之異蹟并記黎瓊仙及紫陽之姪與其弟子之清修而止然則此記乃紫陽之徒所爲非魯公筆也歐陽永叔嘗疑其僞信矣

唐中興頌　元結撰　顔眞卿正書　大歷六年六月

唐初沿六朝遺習文尙駢儷至開元天寶之間稱燕許大手筆然泄泄沓沓其實一也而元結挺然拔出於俗不爲時尙所染信豪傑之士哉韓昌黎數本朝之文所以爲之首屈一指也此頌高古簡要斬盡支辭雖昌黎平淮西碑柳州平淮西雅覺未免有著意費力者在而其首曰若今歌頌大業刻之金石非老于文學其誰宜爲眞無愧于自譽可與魯公之書輝映千古矣

唐太尉文貞公宋璟碑　顔眞卿撰并正書　大歷七年九月　文刻金薤琳琅

碑所載與新舊史互有詳畧公名德碩彥其美固不可勝詳也獨碑云七子而所載實八子長復同次昇次尚次渾次恕次延次華次衡與宰相世系表合而新舊書本傳祇云六子無復同及延然則碑云七子傳云六子皆誤也碑側記稱第三子渾第六子衡以碑所序及世系表次之則渾當第四衡當第八既自相刺謬而反與傳合然則欲據碑以正史碑亦有不能明者也此碑是公之孫儼追造攷世系表儼是華之子又公于二十一年致仕與舊書元宗本紀合而傳並云二十年公爭二豎內史令敕公出碑不書名舊史曰楊再思新史曰姚璹亦未知孰是

宋文貞公碑側記　顔眞卿撰并正書　大歷十三年三月文刻金薤琳琅

文卽刻于前碑兩側所載文貞逸事新舊史皆無之金石錄既論之矣文中載公孫儼泣請論譔而碑乃薛嵩命封演購石所建當郎是著封氏聞見記之人

唐宋州官吏八關齋會報德記　顔眞卿撰并正書　大歷七年文刻金石文鈔

新唐書田神功傳頗依此記纂輯故較舊史爲詳此所謂事增于前者也神功忠勇有功于唐中間雖爲鄧景山所引大掠揚州而要不以一眚掩至慕光弼之爲人待下以謙羣帥感之祈禳報德亦其情也而

趙子函乃謂神功故非良臣徐向等媚其主帥非佳事不亦過乎

唐曲阜縣文宣王廟新門記　裴孝智撰　裴平八分書并篆額　大歷八年十二月

碑殘闕其文有曰孟公首之盧公翊之因命縣大夫裴公新其南門書時也其前有曰刺史孟休鑒判官郡功曹盧曈則所謂孟公盧公者卽其人而惟縣大夫裴公闕其名

唐清源公王忠嗣碑　元載撰　王縉正書　大歷十年四月　文刻金石文鈔

舊史序忠嗣之功稍略既不足與碑相證明而新書

則依此碑纂輯較舊史爲詳而序次殊無倫理葢碑雜以儷語前後不明年月不具難以依據故也史載忠嗣拒董延光下石堡事爲讒言之所自興而碑不書何耶

唐茅山元靖先生李含光碑　顔眞卿撰并正書　大歷十二年五月　文刻金薤琳琅

碑今裂爲數十塊然拓而連綴其辭尚班班可讀魯公好神仙家言其爲此文亦不無溢美然元靖當金仙玉眞假借元門羽流奔輳之際而甘心遐僻雖屢蒙徵召懇辭還山誠心羞其事而能超然遠引者宜公之欲結契于生前而更徘徊其身後也芝生丹所

露遍仙壇並圖奏以上聞要是元靖之累耳

唐無憂王寺大聖眞身寶塔碑銘　張彧撰　楊播行書　大歷十三年四月

碑中段漫漶不可讀玩其文意寺似魏初所建隋改爲成實道場唐中宗又改爲無憂寺也碑後有云撿挍刑部員外郎兼侍御史張公增當是書段行琛碑者書者楊播楊炎父也舊書云名在逸人傳今檢隱逸傳中無之

唐贈揚州都督段行琛碑　張增行書　李同系篆額　大歷十四年閏五月　文刻金石續鈔

行琛秀實父也新書稱秀實曾祖師濬今按碑爲德

濬乃行琛之曾祖秀實之高祖又新舊二書皆言秀實居父憂在肅宗即位靈武後而碑言行琛天寶九載奄歸無物碑當時立宜得其實也碑無撰人姓名書者張增按通鑑李懷光之叛遣將孟保惠靜壽孫福達將精騎趣南山邀車駕遇諸軍糧料使張增於盩厔與三將謀紿其眾東就糧于佛祠由是百官從行者皆得入駱谷以時攷之疑即此張增耳

唐修吳季子廟記　蕭定撰　張從申正書　大歷十四年八月　文刻金石文鈔

歐陽公甚薄張從申書然故自不惡雖未足與李北海齊名而今世可見者惟此記而已亦所當寶惜也

記爲潤州刺史蕭定撰定瑀曾孫以見惡于元載而外遷後朱泚反詭姓名爲張誕不浼于賊則其人固大有可稱者

嘉慶戊辰秋於蘇賈肆內見舊搨唐元靖先生碑柳識撰張從申行書李陽冰篆大歷七年八月俗謂之三妙帖書甚精妙非季子碑已經翻刻者比也以索價過高不得買之又有宋搨蘭亭後序及歐書數種殘闕不全後有培風堂主人林吉人汪退谷何義門跋並佳妙附記于此

唐容州都督元結碑　顔眞卿撰并正書　無年月 文刻

金石文鈔

此碑雖中有殘闕而首尾班班可讀按史龐承鼎以中泰芝事被殺嚴郢坐流見嚴郢傳今碑言俾君按覆君建明承鼎無罪而史不之載何耶又舊書呂諲傳泰芝作奉芝張皇后傳又作大芝今碑作泰芝之舊書誤也

唐送劉太沖序　顔眞卿撰并行書　無年月　文刻金石文鈔

劉太沖宣城人其弟太眞唐書文藝有傳敘有云公山正禮策高足於前者漢劉繇字正禮兄岱字公山也碑今在溧水縣學宮中癸卯秋邂逅楊聿修名崇德於秦淮客邸出漢校官碑及此敘相贈余觀董思白戲鴻堂帖中所刻其精彩較勝于此意董從眞蹟鈎

墓而此則後人據拓本而翻刻者也

唐劉中使帖　顏眞卿撰并行書　無年月文刻金石文鈔

按盧子期之擒在大歷十年十月吳希光之降在十一月新舊史皆同而魯公此帖敘希光降于子期擒前蓋傳聞之異耳史言擒子期事多不同彼李承昭李寶臣皆身爲主帥史歸之功亦不足異而新書謂爲王武俊所擒舊書武俊傳又云寶臣將有節生擒子期以獻今此帖乃云舍利將軍撿獲之何其異耶有節史旣不著其姓而此所謂舍利將軍亦不舉其姓名則此二人之不幸也舊書寶臣爲中使馬承倩所詬武俊說之與承嗣合曰今中貴人劉淸潭在驛

斬首送承嗣立質妻孥矣然則所謂劉中使者必劉清潭也吳希光後從朱泚叛賊平李晟斬之於安國寺前

唐贈太子少保顏惟貞廟碑　子眞卿撰并正書　李陽冰篆額　建中元年七月　文刻金薤琳琅

廣韻顏姓出琅邪本是魯伯禽支庶有食采顏邑者因而著族此本王儉之說今魯公自敘先世以爲出于顓頊之孫祝融融孫安爲曹姓其裔邾武公名夷甫字顏遂以顏爲氏葢據圈稱陳留風俗傳葛洪要纂故元和姓纂及宋鄧名世姓氏書皆本此爲定也碑序其先世而但加諱字此自屬臨文不諱之義然

徐浩與公同時其子現書浩碑末有一行云表姪前
河南府叅軍張平叔填諱則填諱亦始於唐人而顧
亭林謂今人述先人行狀而使他人填諱非古引此
碑以證之殆未見徐浩碑也碑于建中元年七月鐫
畢而八月眞卿遷太子少師男頵碩姪頂頵頎皆封
男此碑前敘官階所不能及故又記之於後
左春谷曰唐人避家諱甚嚴往往有出于禮法之外
者父名晉肅子不得舉進士父名臯子不得于主司
姓高下登科父名龜從子不列姓歸人于科籍相習
成風執迷不悟嘻亦太甚矣顏公爲其父作廟碑序
其先世直書名而但加諱字此臨文之不得不然然

如徐浩碑末後另書填諱人姓名一行則亦未嘗不得禮之意也若韓昶自作墓誌在大中九年與此碑相距不遠而序其先世曾祖祖父曰叡素曰仲卿曰愈皆直書名而并不加諱字揆之名終將諱之之義果安在乎此又考古者所不能無疑者也

唐顔眞卿奉使書　自撰并行書　無年月　文刻金石文鈔

金石文字記載此書在同州上有公像下有靖康元年唐重題字而余所得本無有豈別一刻與公以峭直爲宰相所忌斥逐非一亦未必定是使希烈時書但觀其言詞慷慨意旨悲惋彌令人歎息痛恨于靑蠅之詩也

唐景教流行中國碑　僧景淨撰　呂秀巖正書　建中二年正月　文刻金石文鈔

舊唐書佛菻國一名大秦在西海之上貞觀十七年遣使獻赤玻璃綠金精等物今此碑言阿羅本於貞觀九祀至於長安是史所未載也碑有云先天末下士大笑訕謗于西鎬似指葉法善擠排佛法之事又云大施主金紫光祿大夫同朔方節度副使試殿中監賜紫袈裟僧伊斯葢以僧而爲郭汾陽偏裨累功而封者非此碑則亦無傳于後世矣

唐大興善寺不空和尙碑　嚴郢撰　徐浩正書／建中二年十一月　文刻金石文鈔

顧亭林云不空以僧而官至大鴻臚開府儀同三司肅國公遂爲後代沙門授官之祖然余按舊史中宗二年僧會範道士史崇元等授官封公以賞造聖善寺功也則授官不始于不空矣

唐吳嶽祠堂記　于公異撰　令朝陽行書　興元元年十月　文刻金石文鈔

右吳嶽祠堂記于公異文令朝陽書文既簡明書亦遒勁唐碑中之佳者也李晟平朱泚收京城公異爲露布上行在云臣已肅淸宮禁祗奉寢園鍾簴不移廟皃如故德宗覽之泣下故宜其文精拔爲時所稱吳嶽在雍州據爾雅河西嶽之文則吳嶽在周五嶽

之内而自漢以來並以中嶽爲嵩高而吳嶽不與故此碑但云山鎮之秩同於方嶽耳

唐懷素藏眞律公二帖　草書

此宋游師雄所摹刻後有周越馬宗晦文彥博呂大防孫固劉摯趙瞻韓忠彥許將蔣之奇跋又刻李白贈懷素草書歌而師雄自爲序于後太白歌前人以爲僞作信然

唐僧懷素自敘　草書

此明文彭三樵所刻諸跋後三樵自爲小楷以釋之然此文已刻于宋朱長文墨池編矣素草書自足以傳世而自敘乃不述筆法精微之妙僅雜取諸名公

贊賞之言未免有攀援借重之意殆亦有不自信者
耶似又不及藏眞一帖寥寥數語爲簡而得要也

金石跋卷五終

古墨齋金石跋卷六　　聚學軒叢書第二集

涇縣趙紹祖輯　　貴池劉世珩校刊

唐華陽三洞韋景昭法師碑　陸長源撰　竇泉正書并篆額　貞元三年正月　文刻金石文鈔

顏魯公李元靖碑謂景昭爲元靖之門人此碑乃云師事包士榮葢景昭曾爲元靖所使與魯公書札往來後又爲元靖求碑于魯公故公誤以爲元靖之門人耳碑陸長源撰竇泉書泉嘗作述書賦七千餘言收羅美備闡幽發微可謂極書家之意趣者故宜其書之老健如是

唐李元諒懋功昭德頌　張濛撰　韓秀弼八分書

李夔篆額　貞元五年十月　文刻金石文鈔

右李元諒懋功昭德頌張濛所撰濛自言約行軍司馬兼御史中丞董叔經之奏章而成者也碑序元諒之功與史略同惟李懷光之死史云爲大將牛名俊所斬碑云自絞中閤疑碑爲得其實或懷光死後名俊斬之以爲功也張濛見舊史德宗本紀貞元四年和重陽賜宴詩上品其優劣以劉太眞爲首而濛則與殷亮等在又次之列者

按新舊二書李懷光傳並言爲牛名俊所斬馬燧傳二書亦同惟新書韓游瓌傳言懷光自縊死與碑同

唐姜嫄公劉新廟碑　高郢撰　張誼行書　張瑄篆

額　貞元九年　文刻金薤琳琅

此張獻甫節度邠寧時所重建也碑無年月而有云

粤以貞元六年十一月九日作新廟于南郭焉又曰

祠成三歲矣而銘記尚闕則當在貞元九年也碑云

貞元四年邠寧節度觀察使撿校刑部尚書兼御史

大夫郎寧郡王張公獻甫戎醜是膺授鉞而至獻甫

封郎寧郡王是新舊二書之所未載

唐立武侯新廟記　撰人闕　元錫正書　貞元十一

年正月

碑云貞元三祀時乘盛秋左僕射馮翊嚴闕揔帥文

武將佐營軍汧陽巖下闕一字而有武字之形按嚴

武以永泰元年卒至此已久且亦無直書姓名之理也汅陽屬山南而貞元時爲節度者嚴震震于興元元年進位左僕射貞元元年陪際員巳必嚴震也嚴字下當爲公字時已漫漶而爲無知者妄刻作武字之形耳

唐嵩高戒壇記　陸長源撰　陸郢八分書并篆額　貞元十一年七月　文刻金石文鈔

郢八分雖乏古意然方整刻削亦有可觀史稱長源以峻法繩驕兵因以致禍意其人當爲崛强自好之士而文殊靡靡不稱其爲人何耶

唐澄城令鄭楚相德政碑　陳京撰　此據金石錄書之　鄭雲逵

行書　婁元素篆額　貞元十四年正月

金石文字記云公字叔敖鄭州滎陽人而不得其名今按碑雖剥泐而可識者尚多其前云詔諭銘記左馮翊澄城令鄭楚相功德于其理所之南門也則楚相卽其名惟其名楚相是以字叔敖也其後又云於是百姓孫士良等報闕誠明請命朝省而斯頌作焉葢百姓請之而詔俞之也碑中敘其先世頗詳高祖元冑官闕曾祖慈力朝議大夫蔡州刺史祖敬賓梓州通泉丞考琨冀州南宫尉而下敘楚相之釋褐及歷官德政多殘闕有曰甲擢秀才第爲東觀秘書郎有曰授長安尉而至宰是邑有曰枯闕由靈而並出

蠹蝕抱義而大去有曰訪善良之疾苦降服闕于鄉亭唐史既不入之循吏傳而攷古者幸見斯碑又率意如此余恐後人之不復見也故掇其大略載之

唐會稽郡公徐浩碑　張式撰　子現正書并篆額

貞元十五年十一月　文刻金石續鈔

碑雖漫漶殘闕尚可讀其記浩歷官較史爲詳然文各有體亦未足以爲史病惟碑不書浩謚但曰會稽公而新書謚曰定碑云黜朗州別駕而新舊書並曰明州此恐皆史之誤碑撰文與書者名皆闕按金石錄爲張式撰次子徐現書碑後有一行云表姪前河南參軍張平叔填諱當以現自書故此金石之又一

例也

唐劒州長史李廣業碑　鄭雲逵撰　行書無姓名

貞元廿年十二月

按史孝同曾孫國貞國貞父廣業趙子函以爲孝同世次明滅史冊間得此碑而後顯不知神通子孝同孝同子璲璲子廣業廣業子國貞國貞子錡其世次已詳于宗室表故史于傳不復贅子函未之檢爾昔劉知幾之論表歷以爲得之不爲益失之不爲損用使讀者莫不先看本紀越至世家表在其間緘而不視語其無用可勝道哉不知宗室宰執之親貴其世次間有事無可登名未可滅表實簡而括焉知幾自

負史識其爲此論誠過而要其言學者讀書之弊可謂決決痛暢矣碑缺廣業卒年月日而立于貞元廿年葢廣業孫錡追而立之者又五年而錡以謀反伏誅矣

唐千福寺楚金禪師碑　沙門飛錫撰　吳通微正書

貞元廿一年七月　文刻金石文鈔

碑後有貞元十三年追謚號記按碑楚金卒于乾元二年碑建于貞元廿一年葢吳通微追書飛錫之所撰而并附之者也碑之所載與多寶塔碑大略相同通微行楷其源亦出聖教但力弱耳

唐忠武軍監軍朱孝誠碑　蘇遇撰　曹鄖行書并篆

額　長慶元年二月

觀邢國公功德銘幾以裴李滅蔡之功全推之梁守謙今觀此碑又幾以光顔血戰之功盡委之朱孝誠矣當時監軍冒功受賞史削不書可謂有識然伯靖之降天德之城史皆有其事而亦無一語及孝誠者非此碑之傳世其不復知有孝誠乎此亦孝誠之幸也又按裴度往蔡視師悉請罷去諸道宦官監軍此朱孝誠者何以得留忠武軍也豈當時度請之而憲宗未盡從之耶故余之留心於敘錄者非獨古物可愛亦以廣見聞也

唐孟再榮記　行書　元和三年七月

其文曰大唐元和三年歲次戊子七月辛巳朔十二日壬辰淸信弟子大盈庫染坊等使雲麾將軍左監門衛將軍員外置同正員上柱國賜紫金魚袋孟再榮建立葢造像記也

唐左拾遺舒州刺史竇叔向碑　羊士諤撰　竇公直正書此據金石錄書之　元和三年十月

碑僅上截存字二百餘而高祖善衡字尙可識按世系表善衡乃叔向之曾祖而碑曰高祖當以碑爲正叔向羣之父易直之從叔也碑闕書者姓名據金石錄爲竇公直世系表無公直名亦恐爲易直之誤

唐立諸葛武侯祠堂碑　裴度撰　柳公綽正書　元

和四年二月　文刻金石文鈔

舊唐書柳公綽傳武元衡罷相鎮西蜀公綽與裴度俱爲元衡判官尤相善先度入爲吏部郎中度以詩餞别有兩人同日事征西今日君先捧紫泥之句此碑之立正其同在元衡幕下時也公權書名烜赫而不知公綽之書正復遒勁如是葢時爲其弟所掩而正不必以此自表見耳

唐處士施昭墓誌銘　華闕名撰并正書　元和四年五月　文刻金石續鈔

從弟杞舊同居近買得屋徙而居焉嘉慶四年五月余居憂杜門有來告者曰杞治圃得古碑余不之信

少頃杞來問之果然葢工人掘土築牆見石而取之
兩石相麗碎其上石而碑見又有甆缾銅鏡等項皆
爲工所破惟瓦盂一頗完稍後見古壙遂掩之如舊
不復掘余亟使人取碑來則唐施處士昭之墓誌銘
也銘石如粉糜出土時爲無知者見字以手挼視遂
多模糊然猶可讀書碑及刻字者之名闕焉涇于唐
爲僻邑其初有左難當以武顯後則汪遵許棠兩進
士載于傳記萬巨汪倫以李白詩見萬晏以孝梅氏
五娘以烈節此外不多見矣而區區一處士忽得傳
其姓名于千百年之後可不謂厚幸歟于此歎誌墓
之功之不可忽也涇俗溺于風水多竭財以卜地而

葬禮則略而不講雖縉紳士大夫之家鮮有能誌其墓者豈知世遠年湮猝有不可知之事旣以傳其姓名而又藉以博仁人君子之用心而不忍廢其舊宅者有如此也哉銘曰瘞此南坡知今之城在唐城外之南也又曰日月其逝恐易山河雖銘辭套語然慮之遠矣

唐內侍李輔光墓誌銘　崔元畧撰　巨雅正書　元和十年四月　文刻金石文鈔

按史貞元十年黃洞首領黃少卿叛孫公器請討之德宗不許命中人招諭不從後卒用兵至大和而後止今證以此碑則所使中人卽輔光也碑特虛張其

功績耳碑又云太原軍帥李自艮薨于鎮監軍使王定遠爲亂兵所殺公馳命安撫下車乃定按通鑑據實錄載定遠踰城而墜爲枯枿所傷而死舊唐書以爲定遠傷而未死有詔削奪長流崖州而皆不言爲亂兵所殺輔光宦者無傳而見于裴洎傳中云嚴綬守太原政一出監軍李輔光洎劾其懦以李鄘代之葢自艮卒後軍帥爲李説而鄭儋代説嚴綬代儋鄘又代綬卽碑中所云前後三易節制軍府晏如者當時宦官倚權勢以陵軍帥而碑易惡爲美可謂有愧于辭故觀金石者實事則當證之於碑虛譽則當考之于史也又楊惠琳劉闢之叛嚴綬遣李光顔助討

賊想其時輔光自聯名上奏故碑亦以其功歸之

唐柳井字　行書　元和十二年

碑首行存君刻二字下云闕城柳神闕守驅厲鬼出匕首福四民制九醜元和十二年柳宗元後有跋云天啟三年龔重得此於柳井中其文與龍城錄所載有數字不同疑當以此爲是

唐平淮西碑殘字　正書

碑存字一百三十六乙巳之冬余得之于秦淮市上古色燦然韓碑既仆段文昌改撰之碑相傳爲宋陳珦磨去仍刻韓文不知此爲原刻與抑卽陳所刻者與問之收藏諸家則皆云未見也其亦足以寶矣

唐邠國公梁守謙功德銘　楊承和撰并正書　陸邳篆額　長慶二年十二月　文刻金薤琳琅

此宦者梁守謙寫經立經堂一所而令其副楊承和銘而書之者也碑雖立于長慶二年而所敘則元和十三年事憲宗英武而信任宦官遂階數世之禍可勝慨哉文敘守謙之功有曰滅蔡之功十有其七遂使裴李諸公無立腳處

唐西平郡王李晟碑　裴度撰　柳公權正書并篆額　大和三年四月　文刻金薤琳琅

舊唐書所載西平歷官與碑多合惟先後小異而都元敬條其與新史不同者至四五百言趙子函又盡

舉而載之于石墨鑴華蓋皆未嘗攷舊史也西平有大功于唐史自不容闕略非若勳伐微小必藉碑以傳者晉公此文祇著大節自爲得體而不嫌于畧特西平先封合川郡王其卒也謚忠武此皆不可不載而碑亦略之非也舊唐書載十五子侗佃偕無祿早世其下十二子與碑正同則史未嘗誤子函謂當從碑作十二子亦非也

唐醴泉縣白鹿鄉井谷村佛堂內新修功德碑　石文素撰　徐艮鄃行書　大和三年十一月

其文有曰則有我比邑耆宿長幼士女等矻矻勤心孜孜不怠從元和初遞相謂曰各減毫分捨施共修

功德預造橋梁者日來月往世事如流俄爾之間廿餘年按此一方人士好善之心久而不倦眞可謂俗美風醇而惜其不學不知用以建義倉立義學卽所云預造橋梁者亦託之空言而此廿餘年之勤施苦捨所修功德乃石燈臺講堂佛殿石幢石和尙鐘樓等項而已

唐奉義郎吳達墓誌銘　寇同撰　正書無姓名　大和四年十月　文刻金石續鈔

碑云累試泮王府長史憲宗子有泮王忻也其前云文王封太伯于吳語未爲典

唐眞空寺陁羅尼石幢紀　張模述并行書　大和六

年八月

余所得本下段殘闕書亦懷仁聖教之遺意

唐阿育王寺常住田碑　萬齊融撰　范的行書并篆額　大和七年十二月　文刻金石文鈔

碑本萬齊融文徐嶠之書以廢于盜大和七年明州刺史于季友邀處士范的重書之而自爲後記且附與的相酬贈二律於末按碑記寺田之興廢其事本不足道齊融文殊雜沓瑣細的書雖源出聖教而運筆亦覺草率所以錄之者欲以見當時長吏之好賢其綢繆亡已有如是也呵殿之勢盛而寒素却走諂媚之徒進而風雅道衰可慨也夫舊唐書賀知章傳

有賀朝萬齊融並文筆俊秀名揚上京而以賀朝萬爲一人齊融爲一人疑傳寫之誤而即此撰文之人也于季友頔之子有惠政于明州見新書地理志而傳不載故又識之

唐義陽郡王苻璘碑　李宗閔撰　柳公權正書并篆額　無年月　文刻金石文鈔

璘爲苻令奇之子附其父見唐書忠義傳此碑記事較史爲詳而與史略同惟大父暉弟琳瑤子濟澈澤史皆不載其名而得見于此碑雖曾祖與一子之名漫漶不可識而其存者不可謂不幸矣家豎潛遁馬燧遺帶史所不書護兵還齊嚙臂爲別碑亦不著此

其異焉者也碑又曰西蕃寇邊偏師擊解當是馬燧次石州之舉而使璘別將耳碑無年月金石文字記引金石錄云題中書侍郎同平章事李宗閔撰宗閔大和七年爲此官今按史宗閔大和三年爲吏部侍郎同中書門下平章事傳云遷中書侍郎而未記其年表曰四年七年罷爲山南西道節度使八年至京復守中書侍郎同中書門下平章事九年六月始貶明州此碑之立上距璘卒葢三十餘年而宗閔自大和四年至九年前後兩爲中書侍郎亦未必定立于七年也

唐李德裕劒閣詩　八分書　無年月

大和四年德裕爲牛李所擠出爲劍南節度使此詩當是其時所作也八分書板重而呆滯不稱其豪邁俊爽之氣

唐安國寺寂照和上碑　段成式撰　僧无可正書　顧元篆額　無年月　文刻金石文鈔

成式自云腹笥三藏信乎其腹笥三藏矣顧士大夫爲僧作誌銘而但取浮屠之說彙以成文其卑卑者豈獨在文體耶成式之言多非余所知余亦不必求其知也而僧无可書則勁健可喜亦當時之善學柳書者

紀僧年而分俗歲僧臘本屬多事今此碑云僧年七

十六僧夏五十七尤爲異也

唐贈吏部尚書馮宿神道碑　王起撰　柳公權正書并篆額　開成二年五月　文刻金石文鈔

按舊書稱宿爲東陽人新書亦曰婺州東陽人而碑云冀州長樂人碑後半已缺其所記子孫不可知新書曰子圖大中時終戶部侍郎而此碑書宿之葬在開成二年五月又云既葬其孫纍然泣血請文不言其子而言其孫何也

唐句容縣大泉寺新三門記　姚䛒撰　沙門齊操行書　開成三年十一月　文刻金石文鈔

碑云後劉宋開明二年有邑令顔繼祖捨宅移寺劉

宋紀年無開明誤也吾涇水西有崇慶寺舊志云南齊永平元年相國淳于棽捨宅建南齊有永明而無永平其事與此相類大抵釋氏之徒妄爲之說而不讀書之士從而文之訛以傳訛遂至於此

唐三藏大遍覺法師塔銘　劉軻撰　沙門建初行書

開成四年五月　文刻金石文鈔

此唐僧元奘塔銘也舊唐書有元奘傳新書削之而見答秦王破陣樂事於西域傳可謂有識按舊史稱元奘翻譯凡成七十五部碑言七十四部史言卒於顯慶六年年五十六碑言卒麟德元年年六十九皆當以碑爲是佛自東漢入中國當時未有聞焉晉氏

東遷天下大亂羣雄割據南北遂分乃得創其邪說鼓動一世此無怪爾唐太宗以英武之姿致貞觀之治乃亦隨波逐靡留心梵教何哉蓋由當時無皋夔稷契之臣致其君於堯舜三代之上也碑曰主當文皇臣當蔡粱天下貞觀佛氏以光嗚呼可勝歎哉

碑言趙公英中書令褚引入于殿內英字下當有公字而碑脫之

唐基公塔銘　李宏慶撰　沙門建初行書　開成四年五月　文刻金石文鈔

碑云按吏部李侍郎乂碣文是基公卒時已有墓碣今不可得而見矣碑序基公先世而云先考宗松州

都督伯父鄂國公國初有大勳力因知尉遲敬德尙有弟宗會官松州都督而史不爲附載非此碑之傳宗其湮哉

唐大達法師元秘塔銘　裴休撰　柳公權正書并篆額　會昌元年十二月　文刻金薤琳琅

其文有曰朝廷方削平區夏縛吳斡蜀瀦蔡蕩鄆而天子端拱無事其文可謂偉矣下乃續之曰詔和下闕二字緇屬迎眞骨於靈山開法場于秘殿爲人請福親奉香燈可以發一笑哉不有韓公一書靡靡者獨在文體耶其後云俗壽四十七僧臘五十八休又嘗撰圭峰傳法碑亦云俗歲六十二僧臘三十四今人記

僧年之所祖也

唐陁羅尼石幢　沙門契元行書　會昌二年九月

楚金禪師碑有萬善寺上座契元楚金之表妹也寂照和上碑有門人契元篤說者也以時考之當是寂照之門人

唐杜順和尚行記　杜殷撰　董景仁行書　大中六年闕月

文有曰堯之苗裔則杜卽其姓也爲僧記而不去其姓又不曰俗姓緣姓此又一例文中敍師事甚奇而碑殘闕不可讀遂不得其始末最後有曰殷師之裔孫語尤奇

唐圭峰禪師傳法碑　裴休撰并正書　柳公權篆額

大中九年十月　文刻金石文鈔

裴公美身爲宰相而佞佛太過後之輯釋氏書者至收之法嗣之列雖云借重可謂辱矣舊史稱公善爲文長於書翰自成筆法今按此碑果然葢歐陽通王紹宗之流亞也余少從舅氏翟雲樓先生受句讀授此搨以學書不能好也輒棄去隨俗作字旣乃以閲金石文之多稍識用筆心始悔焉而力不能及矣雲樓先生諱蔓靑字燕荷能文工書尤善畫竹人得其尺楮寸縑者以爲寶

唐韓昶自爲墓誌銘　子闕名正書并篆　大中九年十

二月文刻金石文鈔

昶棄其家學而學樊宗師又不能竟學而改從俗學以取進士誌中自敘如此宜其文之不能也然昶之歷官行事頗見於此可以補史氏之闕又昌黎集有符讀書城南詩後之註者雖亦疑符爲昶之小字而紛紛取證不能一決今讀此誌云生符之符離小名曰符爲之釋然快也

唐霍夫人墓誌銘　周遇撰　正書無姓名　大中十年正月　文刻金石文鈔

唐之宦官有權位者則得娶婦而遇慓士奇材則養以爲子夫宦豎之人虛以形勢威侮良家此後漢劉

瑜周舉所爲頌言唐乃踵而不禁可爲寒心而仇士良請以開府蔭其子爲千牛李中敏批曰開府階固宜蔭子謁者監何由得兒一時以爲快也此霍夫人者寺伯劉某之妻唐制內侍省官有內侍有內常侍有內謁者監內給事有謁者有典引有寺伯寺人又有五局局有令有丞而以內侍爲之長劉某碑不著其名官祗寺伯度非有權要不過一平常宦者耳而亦得娶令族有子三試爲想其赫濯者其豪橫當更何如也碑文之昭也作文之韶按文選顏延年應詔作曲水詩注云晉文王諱昭改爲韶今以唐人而諱昭爲韶誤矣

唐魏公先廟碑　崔璵撰　柳公權正書并篆額　無
年月
碑前題云博陵縣開國子食邑五百戶賜紫金魚袋
崔而闕其名其文中有他日使門吏左補闕鄭愚闕
璵滌慮虔闕又有璵聞命震悚卽走相君之門固辭
語按史崔璵傳稱大中七年權知戶部侍郎進封博
陵縣子食邑三百戶則撰文者必崔璵而金石錄以
爲崔珦誤也相君者魏謩也碑云府君諱馵按宰相
世系表作憑必馵之誤也當以碑爲是碑旣殘闕而
余本又以翦裁失次不可讀故無從與史細爲核對
而略其可知者如此

唐內侍劉遵禮墓誌銘　劉瞻撰　崔筠正書并篆蓋　咸通九年十一月　文刻金石文鈔

瞻以學士貟宰相之望而爲宦寺作誌乃云九原與歸不亦過乎文稱遵禮爲劉行深之第五子按舊唐書僖宗卽位左軍中尉劉行深右軍中尉韓文約居中執政並封國公乾符四年以開府行內侍監致仕劉行深爲內侍省觀軍容守內侍監致仕此碑立于咸通而已云致仕徐國公則封公不待僖宗卽位之故而在咸通時亦嘗致仕矣

唐孔温裕修孔子廟碑　賈防撰　正書無姓名　咸通十年九月　文刻金石文鈔

碑次列賈防文次孔温裕奏次中書牒敕孔廟多漢碑故敍列略倣其意可觀也書法有裴柳筆意而無書者姓名温裕孔巢父從子戣之子也舊書巢父傳云從子戡戣戢新書曰戣戡戢蓋據孔岑父碑正之舊書戡傳云巢父兄岑父之子而新書畧之以其世次已見于世系表也岑父碑今不可見故余于此記之

唐王夫人墓銘　行書　乾符三年二月

其文曰夫人即故玉冊官內供奉賜緋魚袋強瓊之妻公先歿已十五年葬在醴泉本鄉也夫人年七十七有子四人女二人乾符元年十二月廿三日忽染

膏肓之疾終羣賢里第三子一女先亡合幼男女共二塋葬禮以三年二月廿四日卜于祁村男側

按銘刻于陁羅尼經之後余所得其前半已失之當是建石幢于塋側刻經而附銘也

唐北嶽廟李克用題字　正書　中和五年三月　文刻金石文鈔

新書藩鎮盧龍列傳中和末李可舉約吐渾都督赫連鐸鎮州王鎔連和乃遣票將李全忠率衆六萬圍易州鎔以兵攻無極處存求援太原克用自將赴之即此事也新舊史皆言李全忠爲處存所敗懼罪合餘衆反攻幽州可舉自燔死而此云幽州請就和斷

意全忠本蓄叛心密與處存克用通和揚言戰敗出可舉之不意而襲之耳不然敗亡之餘安能及此史殆不得其實也又舊唐書中和三年制以檢校司空王處存檢校司徒同平章事而此仍云易定司空何耶題字兩段前一段五年二月廿一日來救時所題後一段三月十七日班師時所題也

唐內樞密使吳承泌墓誌　裴庭裕撰　行書名闕　董壞篆蓋　乾寧二年十一月　文刻金石文鈔

嗚呼唐宦者之禍烈矣至于昭宗乃欲得而甘心焉然始斬復恭繼誅季述至緇郎外倚全忠搆兵數歲芟除快志而唐祚隨移社與狐而同夷蠹與木而俱

盡豈不哀哉此吳承泌者賜死於乾寧二年正月迹其本末葢楊復光復恭之黨而始則見擠於田令孜繼則坐復恭之罪而見殺者也碑有曰傳檄諸道與王處存屯東渭橋則隨復光討賊事也有曰中和三年充許蔡通和慰諭使不克前征朝廷罪之則秦宗權攻許州時復光已死田令孜斥復恭而因以事并出承泌事也有曰聖上虔承大寶歷訪舊臣則復恭迎昭宗卽位因復承泌事也有曰乾寧二年正月薨于滻水稟君命也則復恭以乾寧元年誅因賜承泌死事也有曰冬十一月一日許公昭雪則李克用爲復恭申雪詔復其官因并復承泌事也惟景福二年

復恭已叛而承泌猶加秩增食意承泌未有顯惡或
後而始發者也碑雖諱不言復恭黨然其大略固歷
歷可尋矣攷新舊書無承泌其人則承泌非有大權
要亦非有大過惡然已至于封伯封侯食邑千戶則
宦者積重之勢其可想也唐欲不亡豈可得哉

唐淨住寺釋迦文賢劫像銘　八分書　無年月

碑僅上截亡其年月與書撰人姓名其中有云河東
裴行純胄啟膏腴姻連棣華又曰承顔靡託同氣無
依蓋即造像之人而爲其父母兄弟以資冥福者也

唐華嶽廟碑殘石　八分書　無年月

石近出土凡三段一有權倕文字一有權倕不敢怠

也字或者遂疑一碑而分爲三其實非也二者雖皆
分書而字形大小不等其用筆亦小異覽者自能辨
之

唐王夫人墓誌銘　正書　無年月

碑凡九行行存七字八字不等題云王夫人墓誌銘
而中有吳郡人也及長子珣等字人多附會以爲晉
之短主簿然果爲短主簿母則碑題亦不當云王夫
人也又有西北七里武邱山字避虎爲武惟唐人則
然定之爲唐物亦聊以厭好古之心

唐柱國爾朱達墓碣　程彥矩撰　正書　無年月

文敘其先世曰負緣車服其敘達又曰家藏鉅萬益

世富而以入貲得官者後又云以其年五月卒于江陵府無競里而不得其年文既草率書又拙惡不足觀也以唐物存之

唐金剛經石闕 行書 無年月

碑僅下截不知何年所建其前有銘後有重修記下截佛弟子人名數十按云寶歷元年移于當曹南院仁刹安置自後闕至開成二年五月故隴西李公友誠闕至會昌二年二月四日闕長李公重修則闕之建立尚在寶歷前或以爲幢而作會昌年者誤也重修記則會昌年刻耳

唐尊勝經咒 行書 無年月

書法精健絶倫凡六十餘行殘闕過半而前後似猶未全也唐建陁羅幢所在多有余之棄者多矣而惟書法稍佳者存之

唐錢本草　張説撰　樊厚行書　無年月　文刻金石續鈔

昔沈補蘿先生諱鳳署涇令與先祖雲翔公先叔祖季重公相善也嘗以其所翻摹定武蘭亭及錢本草見贈故余得而藏之然先生雖精于鈎勒而刻手未精筆法小弱竊疑其僞後謁袁太史簡齋于隨園適于案頭見之即補蘿所翻之原本也墨光如鑑精神完足真數百年前物後有汪退谷諸人跋最後補蘿自跋以爲碑自順治間出土見筠廊偶筆此係未入土

時所搨也然余訪之故家所藏實未見有第二本亦未見有出土後新搨本其前題云唐燕公張說文樊厚書則樊厚自非唐人當是宋元間人書燕公之所作耳錢本草之文不見于他書故附存之

吾兄殫數十年勤始刻金石文鈔繼刻續鈔於此道可謂篤好而不遷矣然金薤琳琅所已刻者不復重刻葢以力不足故又如嵩高諸闕昭陵陪葬諸碑以及殘碣斷石之偶存於世其文不可讀者未嘗不反覆詳盡攷之史冊證之他書以求其所以異此金石跋之作往往超軼前人而有所新得不彙而刻之恐不足以厭好古者之心而藝林將

歎爲闕事故爲自夏迄唐比次其年月詳記其篆隸八分行草并書撰者之姓氏以便探古之士之觀覽焉嘉慶十五年四月二十日弟繩祖謹跋

金石跋卷六終